Paul E. Miller

BETEND LEBEN

PAUL E. MILLER

BETEND LEBEN

Wie Sie in jeder
Lebenslage mit Gott
im Gespräch bleiben

francke

ÜBER DEN AUTOR:

Paul E. Miller ist der Gründer und Direktor von seeJesus, einer christlichen Organisation, die sich der Jüngerschaftsschulung verschrieben hat. Das Thema Gebet liegt ihm seit Jahren besonders am Herzen. Er ist verheiratet, hat sechs Kinder und zwölf Enkelkinder und lebt in der Nähe von Philadelphia.

Bibliografische Information der Deutschen Nationalbibliothek
Die Deutsche Nationalbibliothek verzeichnet diese Publikation in der Deutschen Nationalbibliografie; detaillierte bibliografische Daten sind im Internet über http://dnb.ddb.de abrufbar.

ISBN 978-3-86827-680-0

Originally published in English in the U.S.A under the title:
A Praying Life, by Paul E. Miller

Represented by Tyndale House Publishers, Inc.
Deutsch von Anja Findeisen-MacKenzie
Umschlagbild: © iStockphoto.com / opico
Umschlaggestaltung: Verlag der Francke-Buchhandlung GmbH
Satz: Verlag der Francke-Buchhandlung GmbH
Printed in Czech Republic

www.francke-buch.de

INHALT

Im Gedenken an Benjamin Edward Miller

10. März 2009

Unser siebtes Enkelkind und Schatz im Himmel

VORWORT

Beten ist gar nicht so einfach. Uns fällt es oft schon schwer, einen Freund, dem wir vertrauen, um etwas dringend Benötigtes zu bitten. Doch wenn diese Bitte die Bezeichnung „Gebet" trägt und der Freund „Gott" heißt, dann wird es oft richtig kompliziert. Wir alle haben beim Beten schon seltsam konstruierte Sätze, formelhafte Phrasen, sinnlose Wiederholungen, vage Nichtbitten, einen frömmelnden Tonfall und Unsicherheit erlebt. Wenn wir so mit unseren Freunden und unserer Familie reden würden, dann würden sie denken, wir hätten den Verstand verloren! Aber möglicherweise haben wir selbst auch schon so mit Gott geredet. Wir kennen Leute, für die das Gebet so etwas wie ein Talisman ist, der Unglück abwehrt und zum Glück verhilft. Wir kennen Leute, die sich schuldig fühlen, weil sie nicht so häufig beten, wie es offenbar von ihnen erwartet wird. Und vielleicht gehören wir selbst auch dazu.

Das Gebet – es wird immer mehr zu einer Leistung, die von uns gefordert wird, und zu einem Problem.

Das Leben – es ist immer eine Leistung, die von uns gefordert wird, und ein Problem. Wir kreisen um unsere To-do-Listen, um Sorgen, Ablenkungen, Stress, Freude und Ärger.

Gott – er ist da, irgendwo, manchmal.

Und irgendwie scheinen diese beiden Leistungsbereiche und der Herr über Himmel und Erde nicht so recht zusammenzupassen.

Doch das Gebet ist eigentlich nicht als eine Leistung gedacht, die von uns erwartet wird, und auch nicht als ein Problem. Und Gott ist hier, jetzt. Das Gebet soll ein Gespräch sein, bei dem unser Leben und unser Gott sich begegnen. Paul Miller hat das verstanden. Das vorliegende Buch lädt uns dazu ein, es ihm gleichzutun und diese Auffassung vom Beten in unserem Leben umzusetzen.

Ein Leben, in dem gebetet wird, ist etwas seltsam Normales. Das Beste, was diese Welt uns zu bieten hat, ist, dass sie uns beibringt, wie wir mit *uns selbst* reden: Wenn du anders mit dir selbst redest, dann werden sich auch deine Gefühle, deine Einstellung zu dir selbst verändern. Rede beruhigend auf dich ein, und du regst dich nicht mehr über Dinge auf, die du nicht ändern kannst. Verändere die Dinge, die du verändern kannst, zum Positiven. Das sind die besten Ratschläge, die wir von der Welt um uns herum erhalten. Das ist zwar ein gängiger Lebensstil, aber ein abnormaler.

Jesus lebt und lehrt etwas ganz anderes. Was er tut – und wozu er uns verhilft –, ist zwar nicht gängig, aber eigentlich normal. Es ist menschlich, und es ist human. So soll das Leben sein. Er lehrt uns, wie wir *aufhören* können, mit uns selbst zu reden. Er zeigt uns, wie wir davon wegkommen, das Gebet zu einer Leistung zu machen. Jesus bringt uns bei, mit unserem Vater zu reden – mit „meinem Vater und eurem Vater“ (Johannes 20,17), wie er es Maria aus Magdala gegenüber ausdrückte. Er zeigt uns, wie wir mit dem Gott sprechen können, der die Welt regiert und der sich freiwillig dazu entschlossen hat, sich um unser Wohlergehen zu kümmern.

Wenn wir mit diesem Gott, der ganz und gar präsent ist, ins

Gespräch über unser Leben vertieft sind, trägt das zu Recht die Bezeichnung „Gebet". In der Bibel finden sich Hunderte von Beispielen dazu, und Paul Miller hat hier genau hingehört. Die Gebete aus der Bibel haben mit unserem Alltag und mit dem wahren Gott zu tun. Sie bringen echte Probleme und Nöte vor einen Gott, der wirklich zuhört. Sie erscheinen nie als eine Leistung, die vom Menschen gefordert wird. Sie klingen echt und fühlen sich echt an, weil sie es auch *sind*.

Paul Miller möchte uns zeigen, wie sich eine gute Gemeinschaft mit Gott auf unser Denken, Reden, Fühlen und Handeln auswirkt. Er nimmt uns in sein eigenes Familienleben und Gebetsleben hinein. Wenn wir erkennen, wie das Leben und Gott miteinander verwoben sind, entdecken wir, welche Freude es ist, ein Kind Gottes zu sein und das Abenteuer zu erleben, dicht neben unserem Vater und Guten Hirten zu gehen.

Dieses Buch wird Ihr Gebet mit echtem, pulsierendem Leben erfüllen. Nehmen Sie es daher mit offenem Herzen auf.

Dr. David Powlison
Geschäftsführer der *Christian Counseling and Educational Foundation*
Autor zahlreicher Bücher und Herausgeber des *Journal of Biblical Counseling*

EINFÜHRUNG

Eigentlich wollte ich nie ein Buch über das Gebet schreiben. Ich habe nur irgendwann festgestellt, dass ich das Beten gelernt hatte. Die unerwarteten Wendungen des Lebens hatten in meinem Herzen einen Weg zu Gott geschaffen; Gott hatte mich das Beten durch Leiden hindurch gelehrt.

Ende der 1990er-Jahre bat mich ein Pastor, ihn im Sommer für einen Monat auf der Kanzel zu vertreten. Ich sagte zu und an einem Nachmittag arbeitete ich aus, was ich über das Gebet gelernt hatte. Aus diesen Notizen entstand ein Gebetsseminar, das mein Freund Bob Allums und ich mittlerweile fast 150-mal gehalten haben. Die Reaktionen auf das Seminar waren überwältigend. Anscheinend hatte es bei vielen Menschen einen Nerv getroffen.

Meiner Meinung nach genügte das Seminar; ein weiteres Buch zum Thema Gebet hielt ich für überflüssig. Außerdem war ich nicht sicher, ob ich die Zeit dafür hätte. Doch mein Freund David Powlison und meine Frau Jill drängten mich zum Schreiben, und meine Vorstandsvorsitzende Lynette Hull schlug mir vor, meinen Tag mit Schreiben zu beginnen. Also schrieb ich. Ich schrieb für Christen, die in ihrem Leben so manche Kämpfe durchstehen müssen, die mit dem Beten Probleme haben, sich aber dennoch nach einer Verbindung zu ihrem himmlischen Vater sehnen.

Das Buch beginnt mit einem Kapitel über frustrierende Gebetserfahrungen und mit einem Kapitel, das unsere Ziele beschreibt. Teil 1 „Kinder unseres Vaters im Himmel" erforscht, was es bedeutet, unserem himmlischen Vater wie ein Kind zu begegnen. In Teil 2 „Neu vertrauen lernen" graben wir noch ein bisschen tiefer und schauen uns die erwachsenen Verhaltensweisen an, die unser Herz gegenüber dem Gebet abstumpfen lassen und uns daran hindern, uns in das Leben des Vaters hineinnehmen zu lassen. Teil 3 „Den Vater bitten" untersucht, was uns am Bitten hindert und wie wir hier durch den Zeitgeist geprägt sind. Teil 4 „In der Geschichte meines Vaters leben" führt alle diese Gedanken zusammen. Wenn wir ein Leben des Gebets führen, wird uns bewusst, welche Geschichte Gott in unser Leben hineinschreibt, und wir werden bereit, uns in diese Geschichte hineinzubegeben. Der Schlussteil „Beten im echten Leben" stellt uns verschiedene Hilfsmittel und Gebetsformen vor, die für viele Menschen hilfreich waren. Während wir uns diese anschauen, lernen wir noch mehr über uns selbst und darüber, wie Gott Geschichten schreibt und sie in unser Leben hineinwebt.

Das ist das Grundgerüst dieses Buches. Mit Leben erfüllt wird es durch die Familiengeschichten, die ich erzähle. Sie sind nicht besonders dramatisch; es sind ganz alltägliche Berichte vom Überleben und vom Wachsen und Gedeihen in einer Welt voller Belastungen und Enttäuschungen. Wenn Sie uns zuschauen, hoffe ich, dass Sie die Gegenwart von Jesus erfahren.

Der Apostel Paulus sagt uns, wie jeder wahre Dienst für Gott aussieht: „Weil wir Christus gehören und ihm dienen, müssen wir viel leiden, aber in ebenso reichem Maße erfahren wir auch seine Hilfe" (2. Korinther 1,5). Ich bitte Gott darum, dass Sie durch mein relativ leichtes Leiden, das ich in diesem Buch schildere, in Ihrem Leben Gottes Hilfe erfahren, indem Sie dazu befreit werden, sich dem Herzen Gottes zu nahen.

1. „WOFÜR SOLL ES DENN GUT SEIN?“

Ich fuhr mit fünf von unseren sechs Kindern für ein Wochenende zum Campen in die Berge von Pennsylvania. Meine Frau Jill blieb mit unserer acht Jahre alten Tochter Kim zu Hause. Nach einer katastrophalen Campingerfahrung im Sommer davor war Jill ganz froh, dass sie daheimbleiben konnte. Sie meinte, sie könne ja in der Fastenzeit auf das Campen verzichten.

Als ich vom Campingplatz zu unserem Auto ging, sah ich meine vierzehnjährige Tochter Ashley vor dem Van stehen; sie sah besorgt und aufgewühlt aus. Als ich sie fragte, was los sei, antwortete sie: „Ich habe meine Kontaktlinse verloren. Sie ist weg.“ Ich schaute mit ihr gemeinsam auf den Waldboden, der mit Laub und Zweigen bedeckt war. Es gab eine Million kleiner Ritzen, in die die Linse hineinfallen und verschwinden konnte.

„Ashley, beweg dich nicht“, sagte ich, „lass uns beten.“ Doch bevor ich mit dem Gebet beginnen konnte, brach sie in Tränen aus. „Wofür soll es denn gut sein? Ich habe für Kim gebetet, dass sie sprechen lernt, aber sie spricht nicht.“

Kim leidet unter Autismus und ist entwicklungsverzögert. Aufgrund ihrer schwach ausgeprägten Feinmotorik und Problemen mit der motorischen Abstimmung ist sie außerdem stumm.

Nachdem sie fünf Jahre lang zur Sprachtherapie gegangen war, verließ sie eines Tages die Praxis des Therapeuten weinend vor Frustration. „Damit ist jetzt Schluss“, sagte Jill, und wir beendeten die Therapie.

Das Gebet war für Ashley mehr als nur eine leere Formel. Sie hatte Gott beim Wort genommen und ihn darum gebeten, dass Kim das Sprechen lernt. Doch nichts geschah. Kims Stummheit war das Zeugnis für einen schweigenden Gott. Das Gebet, so schien es, wirkte nicht.

Kaum jemand hat den Mut so wie Ashley, diese stille Skepsis und die geistliche Ermüdung zu äußern, die in uns entstehen, wenn ein von Herzen kommendes Gebet nicht erhört wird. Wir verstecken unsere Zweifel sogar vor uns selbst, weil wir nicht wie schlechte Christen klingen wollen. Warum sollten wir uns mit unseren Zweifeln auch noch blamieren? Also verschließen wir unser Herz.

Die leichtfertige Art, wie manche Leute über das Beten sprechen, verstärkt unsere Skepsis häufig noch. Wir beenden ein Gespräch mit den Worten: „Ich nehme dich in mein Gebet hinein.“ Wir besitzen ein ganzes Fachvokabular des Gebets, wie zum Beispiel „Ich *bringe* dich im Gebet *vor Gott*“ oder „Ich *denke an dich* im Gebet“. Viele, die solche Phrasen verwenden, beten am Ende doch nicht, und zu diesen Leuten gehören wir auch. Warum? Weil wir nicht davon überzeugt sind, dass Beten tatsächlich hilft.

Zweifel und Leichtfertigkeit sind aber nur ein Teil des Problems. Die frustrierendste Erfahrung ist das Beten selbst. Wir halten ungefähr fünfzehn Sekunden durch und dann taucht aus dem Nichts die To-do-Liste des Tages vor unserem geistigen Auge auf, und wir geraten auf Nebengleise. Wir ertappen uns dabei und zwingen uns, wieder zum Gebet zurückzukehren. Doch bevor wir uns dessen bewusst sind, passiert es wieder. Statt zu beten, schweifen wir mit unseren Gedanken ab und machen uns Sorgen. Dann tauchen die Schuldgefühle auf. *Irgendwas stimmt bei mir nicht. Andere Christen haben nicht solche Schwierigkeiten beim Beten.* Nach fünf Minuten geben wir auf und sagen: „Ich kann das einfach nicht. Ich kann genauso gut auch an die Arbeit gehen."

Tatsächlich stimmt bei uns etwas nicht. Unser natürliches Bedürfnis zu beten kommt von der Schöpfung her. Wir sind nach dem Bild Gottes geschaffen. Unsere Unfähigkeit zu beten kommt vom Sündenfall. Das Böse hat dieses Bild verzerrt. Wir wollen mit Gott sprechen, aber wir können es nicht. Unser Wunsch zu beten wird durch unsere schwer beschädigte Gebetsantenne behindert, und das führt zu einem ständigen Frust. Es ist, als hätten wir einen Schlaganfall erlitten.

Erschwerend kommt noch hinzu, dass wir gar nicht so genau wissen, was eigentlich ein gutes Gebet ausmacht. Wir haben das vage Gefühl, dass wir uns am Anfang auf Gott konzentrieren sollten und nicht auf uns selbst. Also versuchen wir, unser Gebet mit der Anbetung Gottes zu beginnen. Das geht ungefähr eine Minute lang gut, aber es fühlt sich erzwungen an. Dann setzen die Schuldgefühle wieder ein. Wir fragen uns: *Habe ich Gott genug angebetet? Habe ich es wirklich ehrlich gemeint?*

In einem Anflug von spiritueller Begeisterung stellen wir eine Liste mit Gebetsanliegen auf, aber die Liste herunterzubeten wird eintönig, und es scheint sich nichts zu tun. Die Liste wird lang und beschwerlich; wir verlieren viele Anliegen aus dem Blick. Das Gebet scheint nichts als vergebliche Liebesmühe zu sein. Wenn jemand geheilt wird oder Hilfe erfährt, fragen wir uns, ob das nicht vielleicht sowieso passiert wäre. Und dann verlieren wir die Liste komplett aus dem Auge.

Das Gebet bringt ans Licht, wie selbstzentriert wir sind, und es legt unsere Zweifel offen. Für unseren Glauben war es leichter, *nicht* zu beten. Schon nach wenigen Minuten ist unser Gebet ein Chaos. Kaum sind wir über die Startlinie hinaus, brechen wir auch schon auf dem Seitenstreifen zusammen – zweifelnd, voller Schuldgefühle und hoffnungslos.

DER SCHWIERIGSTE GEBETSORT AUF DER GANZEN WELT

Die Länder der westlichen Kultur sind für das Gebet wahrscheinlich der schwierigste Ort auf der Welt. Wir sind so beschäftigt, dass es uns unangenehm ist, wenn wir unser Tempo verringern, um zu beten. Leistung wird bei uns hoch geschätzt. Das Gebet aber ist nichts anderes als ein Gespräch mit Gott. Es fühlt sich nutzlos an, so als ob wir unsere Zeit vergeuden. Alles in uns schreit: „Geh an die Arbeit!"

Wenn wir nicht arbeiten, sind wir es gewohnt, unterhalten zu werden. Fernsehen, Internet, Videospiele und Handys füllen unsere Zeit genauso aus wie unsere Arbeit. Wenn wir kürzertreten, sind wir wie benommen. Erschöpft vom raschen Tempo des Lebens, vegetieren wir vor einem Bildschirm oder mit zugestöpselten Ohren dahin.

Wenn wir versuchen, still zu sein, werden wir von dem attackiert, was C. S. Lewis „das Königreich des Lärmes" nannte.[1] Egal wohin wir gehen, überall hören wir Hintergrundgeräusche. Und wenn wir den Lärm nicht geliefert bekommen, dann bringen wir ihn selbst auf unserem iPod mit.

Sogar unsere Gottesdienste sind von dieser rastlosen Energie gekennzeichnet. Der Stille vor Gott wird wenig Raum gegeben. Wir wollen etwas vom Gottesdienst haben, und darum muss immer etwas los sein. Die Stille ist uns unangenehm.

---

1 C. S. Lewis: *Dienstanweisung für einen Unterteufel. Herder-Verlag, 25. Aufl. 1983, S. 137.*

Ein äußerst raffiniertes Hindernis für das Gebet ist wahrscheinlich auch das am weitesten verbreitete. In unserer Kultur und auch in unseren Gemeinden schätzen wir Intelligenz, Kompetenz und Wohlstand. Weil wir im Alltag auch ohne Gott ganz gut zurechtkommen, erscheint uns das Gebet zwar ganz nett, aber unnötig. Schließlich können wir mit Geld das erreichen, was das Gebet bewirken soll, und das geht schneller und kostet weniger Zeit. Unser Vertrauen auf uns selbst und unsere Talente machen uns von Gott strukturell unabhängig. Folglich laufen Aufrufe zum Gebet bei uns ins Leere.

DER MERKWÜRDIGE CHARAKTER DES GEBETS

Noch schwieriger wird es, wenn wir darüber nachdenken, wie seltsam Beten eigentlich ist. Wenn wir telefonieren, dann hören wir eine Stimme und können antworten. Wenn wir beten, sprechen wir in die Luft. Nur verrückte Leute reden mit sich selbst. Wie reden wir mit einem geistigen Wesen, mit jemandem, der nicht mit hörbarer Stimme spricht?

Und wenn wir glauben, dass Gott mit uns durch das Gebet spricht, wie können wir seine Gedanken dann von unseren unterscheiden? Das Gebet ist nicht einfach zu begreifen. Wir ahnen zwar, dass der Heilige Geist irgendwie daran beteiligt ist, aber wir wissen nie genau, ob und wann beim Gebet ein Geist auftaucht und was das überhaupt bedeutet. Manche Leute scheinen viel vom Heiligen Geist zu haben. Wir nicht.

Richten wir unser Augenmerk einmal weg von Gott und auf uns selbst: Wo kommen wir in dem Ganzen vor? Können wir um alles bitten, was wir wollen? Und welchen Sinn macht das Beten überhaupt, wenn Gott schon im Voraus weiß, was wir brauchen? Warum sollen wir ihn langweilen? Es ist, als würden wir ihm auf die Nerven gehen. Wenn wir so über das Gebet nachdenken, dann wird die Sache immer komplizierter.

Ist das auch Ihre Erfahrung? Wenn ja, dann sind Sie damit ganz und gar nicht allein. Die meisten Christen sind frustriert, wenn es ums Beten geht!

EIN BESUCH BEIM GEBETSTHERAPEUTEN

Stellen wir uns einmal vor, wir gehen zu einem Gebetstherapeuten, um unser Gebetsleben in Ordnung zu bringen. Der Therapeut sagt: „Beginnen wir damit, uns Ihre Beziehung zu Ihrem himmlischen Vater anzusehen. Gott sagt: ‚Ich werde euer Vater sein, und ihr werdet meine Söhne und Töchter sein' (2. Korinther 6,18). Was bedeutet es, dass Sie ein Sohn oder eine Tochter Gottes sind?"

Sie antworten, es bedeute, dass Sie freien Zugang zu Ihrem himmlischen Vater durch Jesus haben. Sie haben eine innige Gemeinschaft mit ihm, die nicht darauf basiert, dass Sie ein guter Mensch sind, sondern auf der Güte von Jesus. Doch nicht nur das. Jesus ist auch Ihr Bruder. Sie sind gemeinsam mit ihm ein Erbe.

Der Therapeut lächelt und sagt: „Das stimmt. Sie haben die *Lehre* der Gotteskindschaft sehr zutreffend beschrieben. Nun erzählen Sie mir mal, was es *für Sie persönlich* bedeutet, dass Sie mit Ihrem himmlischen Vater zusammen sind. Wie ist es, wenn Sie mit ihm *sprechen*?"

Vorsichtig eröffnen Sie Ihrem Therapeuten, wie schwer es Ihnen fällt, auch nur für ein paar Minuten in der Gegenwart Ihres Vaters zu sein. Ihre Gedanken gehen auf Wanderschaft. Sie wissen nicht so recht, was Sie sagen sollen. Sie fragen sich: *Bewirkt das Gebet tatsächlich etwas? Ist Gott überhaupt da?* Dann fühlen Sie sich schuldig wegen Ihrer Zweifel und geben das Beten einfach auf.

Ich fragte mich:
Bewirkt das Gebet tatsächlich etwas?
Ist Gott überhaupt da?

Ihr Therapeut sagt Ihnen, was Sie schon geahnt haben: „Ihre Beziehung zu Ihrem himmlischen Vater ist gestört. Sie reden, als ob Sie eine innige Beziehung zu ihm hätten, aber das haben Sie nicht. Theoretisch sind Sie ihm nahe, praktisch sind Sie distanziert. Sie brauchen Hilfe."

ASHLEYS KONTAKTLINSE

Ich brauchte Hilfe, als Ashley vor unserem Van stand und in Tränen ausbrach. Ich war wie gelähmt, gefangen in ihren Zweifeln und in meinen eigenen. Ich hatte keine Ahnung, dass sie für Kim gebetet hatte. Das Beunruhigende an Ashleys Tränen war: Sie hatte recht. Gott hatte ihre Gebete nicht beantwortet. Kim war immer noch stumm. Ich fürchtete um den Glauben meiner Tochter und um meinen eigenen. Ich wusste nicht, was ich tun sollte.

Würde ich durch ein Gebet das Ganze nur noch schlimmer machen? Wenn wir zusammen beteten und die Kontaktlinse nicht fanden, dann würde Ashley in ihrem wachsenden Unglauben nur bestätigt werden. Schon jetzt fanden Jill und ich nur noch schwer Zugang zu ihr. Ihr Kinderglaube an Gott war durch den Glauben an Jungs ersetzt worden. Ashley war hübsch, warmherzig und kontaktfreudig. Jill konnte mit Ashleys wechselnden Freundschaften kaum Schritt halten, darum bezeichnete sie die Jungs wie ehemalige Könige: Ashleys erster Freund hieß Frank, und seine Nachfolger waren folglich Frank der Zweite, Frank der Dritte und so weiter. Jill und ich brauchten Hilfe.

Ich war wenig zuversichtlich, dass Gott etwas tun würde. Trotzdem betete ich im Stillen: *Vater, das wäre eine wirklich gute Gelegenheit, dich zu zeigen. Du musst dieses Gebet um Ashleys willen erhören.* Dann betete ich laut zusammen mit Ashley: *Vater, hilf uns die Kontaktlinse zu finden.*

Als wir das Gebet beendet hatten, beugten wir uns hinunter, um zwischen dem Dreck und den Zweigen zu suchen. Da, mitten auf einem Blatt, lag die verlorene Kontaktlinse.

Das Gebet hatte also doch etwas bewirkt.

2. DAS ZIEL VOR AUGEN

Wenn Sie den Eindruck haben, ein schlechter Beter zu sein, dann müssen wir herausfinden, was ein gutes Gebet ausmacht, damit wir ein Gebetsleben entwickeln können. Wenn wir das Ziel vor Augen haben, kann uns das auf der Reise dorthin helfen. Bevor wir uns also damit beschäftigen, wie wir beten sollen, wollen wir uns erst einmal ansehen, wohin die Reise geht.

DAS GEBET … IST WIE EIN SCHÖNES ESSEN MIT GUTEN FREUNDEN

Der Höhepunkt in Kims Woche ist der Samstagabend, wenn wir mit ihrer Oma in einem nahe gelegenen Restaurant essen gehen. Kim arbeitet bei einem Hundezüchter und führt die Tiere spazieren. An heißen Sommer- oder kalten Wintertagen kommt sie erschöpft nach Hause. Aber wenn sie sich dann mit ihrer Oma zum Essen hinsetzt, lebt sie sichtlich auf. Wir bauen ihren Sprachcomputer vor ihr auf, und mithilfe von dessen 112 Tasten unterhält sie sich dann mit uns. Es wird nicht langweilig, ihre elektronische Stimme zu hören, denn bei ihr weiß man nie, was als Nächstes kommt.

Neulich waren wir in einem Restaurant und Kim bestellte mithilfe ihres Sprachcomputers eine Lasagne. Sie wählte drei aufeinanderfolgende Symbole aus und der Computer sagte das Wort *Lasagne*.[2] Als die Kellnerin Kim eröffnete, die Lasagne sei vegetarisch, schlug Kim, die kein Gemüse mag und auch keine Veränderungen irgendwelcher Art, so fest mit der Faust auf den Tisch, dass das Silberbesteck und die Teller hüpften. Die arme Kellnerin fiel fast um vor Schreck. Als sie mit dem Essen wiederkam, schlich sie vorsichtig, fast auf Zehenspitzen, um uns herum, nicht wissend, ob sie noch so eine Vorstellung erleben würde. Unsere Familie wird sich diese Geschichte wohl noch jahrelang erzählen.

Unsere besten Begegnungen sind die gemeinsamen Mahlzeiten. Zu Hause schieben wir nach jedem Essen das Geschirr beiseite und bleiben noch für einen Kaffee oder eine heiße Schokolade zusammen. Wir haben dann keine bestimmte Tagesordnung, sondern genießen einfach unser Miteinander. Wir hören uns gegenseitig zu, reden und lachen. Wenn Sie das auch mit guten Freunden oder der Familie erleben, dann wissen Sie, dass das ein Stück Himmel ist.

Wenn Jesus die Gemeinschaft beschreibt, die er sich mit uns wünscht, dann redet er vom gemeinsamen Essen. „Merkst du nicht, dass ich vor der Tür stehe und anklopfe? Wer meine Stimme hört und mir öffnet, zu dem werde ich hineingehen, und wir werden miteinander essen – ich mit ihm und er mit mir“ (Offenbarung 3,20, NGÜ).

Beim Beten ist es wie bei einer Familienmahlzeit, denn beim Beten geht es um Beziehung. Es ist eine enge Gemeinschaft, die

---

2 Für das Wort *Lasagne* klickt Kim zuerst das Apfel-Symbol an, unter dem Essensgruppen aufgelistet sind, dann das Lkw-Symbol, mit dem sie italienisches Essen auswählt. Als drittes Symbol nimmt sie den Regenbogen, denn dessen verschiedene Farbstreifen stehen für die Schichten der Lasagne. Wenn Kim dieses dritte Bild antippt, spricht der Computer das Wort *Lasagne* aus.

auf die Ewigkeit hinweist. Wir denken nicht über *Kommunikation* oder *Worte* nach, sondern darüber, mit wem wir reden. Das Gebet ist nur das Medium, durch das wir Gott erfahren und mit ihm in Kontakt kommen.

Seltsamerweise bemühen sich viele Menschen darum, richtig beten zu lernen, weil sie sich auf das Gebet konzentrieren und nicht auf Gott. Wenn wir das Gebet zum Zentrum machen, dann ist das so, als ob wir die *Konversation* zum Mittelpunkt einer Familienmahlzeit machen. Aber wenn wir uns im Gebet darauf konzentrieren, welche Worte wir wählen, dann ist das so, als ob wir beim Autofahren *auf* die Windschutzscheibe schauen statt durch sie hindurch. Das lähmt uns, und wir werden unsicher, wo wir hinfahren sollen. Das Gespräch ist nur das Medium, durch das wir einander erleben. Darum steht das Gebet auch nicht im Mittelpunkt dieses Buches. Im Mittelpunkt steht das Kennenlernen einer Person, nämlich Gott.

DAS GEBET ... IST MIT UNSEREM GANZEN LEBEN VERBUNDEN

Weil es beim Beten um Beziehung geht, können wir das Gebet nicht als isolierten Teil unseres Lebens betrachten. Das wäre so, als ob wir ins Fitnessstudio gingen und nur unseren linken Arm trainierten. Dann hätten wir zwar einen durchtrainierten linken Arm, aber es würde seltsam aussehen. Bei manchen Menschen kommt der Gebetsfrust daher, dass sie am Gebet arbeiten wie an einer abstrakten Disziplin.

Das Beten lernen wir aber nicht, wenn wir es vom Rest unseres Lebens trennen. Nehmen wir ein Beispiel: Je mehr ich unsere jüngste Tochter Emily liebe, umso mehr bete ich für sie. Doch umgekehrt stimmt es auch: Je mehr ich lerne, wie ich für sie beten kann, umso mehr liebe ich sie. Auch der Glaube ist nicht vom

Gebet zu trennen. Je mehr mein Glaube wächst, umso kühner werden meine Gebete für Jill. Und je mehr meine Gebete für sie erhört werden, umso mehr wächst mein Glaube. Auch durch Leiden lerne ich, wie man betet. Und wenn ich lerne, wie man betet, lerne ich auch, das Leiden zu ertragen. Dieses Zusammenspiel gilt für jeden Aspekt des christlichen Lebens.

Da das Gebetsleben mit jedem anderen Bereich unseres Lebens in Verbindung steht, ist das Erlernen des Betens fast identisch mit dem Reifen unserer Person über eine ganze Lebensspanne. Wie fühlt es sich an, erwachsen zu sein? Es sind tausend verschiedene Gefühle an tausend verschiedenen Tagen. So ist es auch, wenn wir das Beten lernen.

Daher sollten wir beim Gebet nicht nach einem bestimmten Gefühl Ausschau halten. Tief in uns wünschen wir uns eine Erfahrung mit Gott oder eine Erfahrung im Gebet. Doch sobald wir danach streben, verlieren wir Gott aus den Augen. *Wir erfahren Gott nicht, wir lernen ihn kennen.* Wir ordnen uns seinem Willen unter. Wir freuen uns über ihn. Immerhin ist er eine Person.

Folglich ist ein Leben des Gebets nicht etwas, was man innerhalb eines Jahres erreicht. Es ist eine Reise, die ein ganzes Leben lang dauert. Dasselbe gilt, wenn es darum geht, unseren Ehepartner oder einen guten Freund lieben zu lernen. Solange wir noch nicht im Himmel sind, hören wir nicht auf zu lernen. Menschen sind so tiefschichtig, dass unsere Liebe zu ihnen nicht allzu schnell das Ziel erreicht. Auch die Tiefen Gottes sind so groß, dass wir mit unserem Gebet nicht allzu schnell das Ziel erreichen.

Erwachsen werden und *lieben lernen* – das sind Dinge, die unser ganzes Leben umfassen. Es sind langsame, stetige Entwicklungen mit Höhen und Tiefen. Nicht spektakulär, aber trotzdem real. Es gibt keine Wunderwaffe, mit der wir unser Ziel sofort erreichen, sondern das Ganze erfordert unzählige kleine Schritte, die uns auf eine geistliche Reise oder Pilgertour mitnehmen. Und jede Pilgerreise ist eine Geschichte.

DAS GEBET … MACHT UNS DIE GESCHICHTE UNSERES LEBENS BEWUSST

Wenn Gott souverän ist, dann hat er die Macht über alle Details meines Lebens. Wenn Gott liebevoll ist, dann gestaltet er diese Details so, dass sie Gutes für mich bewirken. Wenn er weise ist, dann erfüllt er mir nicht jeden Wunsch, denn ich weiß ja nicht, was ich brauche. Wenn er geduldig ist, dann lässt er sich für dies alles Zeit. Fassen wir diese Aussagen zusammen – Gottes Souveränität, Liebe, Weisheit und Geduld –, dann haben wir eine Geschichte, die Gott schreibt.

Manche Menschen sprechen über das Gebet so, als ob es mit dem, was Gott in ihrem Leben tut, nichts zu tun hätte. Doch wir sind wie Schauspieler in Gottes Theaterstück, die auf ihren Einsatz warten und innerlich still werden, damit sie die Stimme des Autors hören können.

Zu jeder guten Geschichte gehören Spannungen und Konflikte und Dinge, die schiefgehen. Unerhörte Gebete schaffen eine solche Spannung in der Geschichte, die Gott in unser Leben hineinwebt. Wenn wir das erkennen, wollen wir wissen, was Gott tut. Welches Muster webt er?

DAS GEBET … BRINGT HOFFNUNG HERVOR

Wenn Gott mit unserem Leben eine Geschichte schreibt, dann gibt es bei uns keinen Stillstand mehr. Wir werden durch das Leben nicht mehr gelähmt, sondern wir können hoffen.

Viele Christen geben einer stillen Skepsis nach, die uns unbeweglich macht, ohne dass wir es merken. Dann sehen wir die Welt als starr und eingefroren an. Wenn wir Gott um eine Veränderung bitten, dann sind wir mit unseren Zweifeln konfrontiert, ob das Gebet tatsächlich etwas bewirken kann. Ist Veränderung überhaupt möglich? Hat Gott nicht sowieso alles unter Kontrolle? Und wenn ja, warum sollen wir dann beten? Doch weil es uns unangenehm ist, mit unserem Unglauben in Berührung zu kommen, unseren Zweifeln von Angesicht zu Angesicht zu begegnen, lullen wir unsere Seele mit Aktivitäten ein.

Viele Christen haben zwar nicht aufgehört, an Gott zu glauben, aber sie leben praktisch wie religiös angehauchte Menschen – die an die Existenz Gottes glauben, ihn jedoch auf Distanz halten. Sie betrachten die Welt als eine Schachtel, die klar definierte Kanten hat. Doch wenn wir uns die Mühe machen, das Beten zu lernen, dann entdecken wir, dass diese Welt unserem Vater gehört. Und weil mein Vater Macht über alles hat, kann ich ihn bitten, und er wird mich hören und handeln. Weil ich sein Kind bin, ist Veränderung möglich – und die Hoffnung ist geboren.

DAS GEBET ... BRINGT MEIN LEBEN IN EINKLANG MIT GOTT

Viele Menschen denken: Wenn jemand fromm ist, kann ihm das Leben nichts anhaben, Stress und Belastungen lassen ihn unbeeindruckt. Die Vorstellung, dass ein religiöser Mensch quasi über den Dingen steht, stammt aus der antiken Welt und geht besonders auf das griechische Gedankengut zurück – obwohl auch die fernöstlichen Religionen von diesem Denken tief geprägt sind.

Schon ein oberflächlicher Blick auf das Leben von Jesus zeigt, dass er ziemlich viel zu tun hatte. In allen vier Evangelien, besonders aber bei Markus, wird beschrieben, wie ausgefüllt sein Leben war. An einem Punkt fühlte sich sogar seine Familie zum Eingreifen veranlasst: „Dann kehrte Jesus nach Hause zurück. Sogleich liefen wieder so viele Menschen zu ihm, dass er und seine Jünger nicht einmal Zeit zum Essen hatten. Als seine Angehörigen das erfuhren, wollten sie ihn mit Gewalt von dort wegholen. ‚Er hat den Verstand verloren!', sagten sie" (Markus 3,20-21). Wenn man bedenkt, welchen wichtigen Stellenwert in der damaligen Zeit das gemeinsame Essen hatte, dann scheint das Leben von Jesus tatsächlich aus den Fugen geraten zu sein. Aber er liebt die Menschen und hat die Macht zu helfen, und so wird er immer wieder in dem, was er gerade tut, unterbrochen. Wenn Jesus heute leben würde, dann würde sein Handy unablässig klingeln.

Beten zu lernen heißt nicht,
ein ruhigeres Leben zu haben,
sondern ein ruhigeres Herz.

Die Suche nach einem beschaulichen Leben kann in Wirklichkeit etwas sehr Selbstzentriertes sein; dann geht es nur noch um mich und meine Stille. Wenn wir die Menschen lieben und die Möglichkeit haben, ihnen zu helfen, dann werden wir immer sehr beschäftigt sein. Beten zu lernen heißt nicht, ein ruhigeres Leben zu haben, sondern ein ruhigeres Herz. Selbst wenn wir sehr viel zu tun haben, können wir eine innere Ruhe entfalten. Weil wir innerlich weniger hektisch sind, haben wir mehr Kraft zu lieben ... und folglich noch mehr zu tun, was uns wiederum noch tiefer in ein Leben des Gebets hineinführt. Wenn wir im Gebet Zeit mit unserem Vater verbringen, dann kommt unser Leben mit seinem in Einklang, mit dem, was er in uns wirkt. Unser Leben wird runder, es wird ruhiger, geordneter, mitten in verworrenen und belastenden Situationen.

DAS GEBET … OFFENBART UNSER HERZ

Wenn wir unseren himmlischen Vater immer besser kennenlernen, dann lernen wir am Ende auch unser eigenes Herz besser kennen. Während sich unsere Beziehung zu ihm fortentwickelt, werden wir selbst verändert. Oder besser gesagt: Er verändert uns. Wahre Veränderung beginnt in unseren Herzen.

Oft vergessen wir, dass Gott eine Person ist. Wenn wir eine Person kennenlernen, geht das nicht, ohne dass auch wir uns dabei verändern. Das ist das Wesen der Liebe, in der sich das Herz Gottes widerspiegelt. Weil Gottes Liebe unwandelbar ist, trägt die zweite Person der Dreieinigkeit, Jesus von Nazareth, nun Narben an ihrem Körper. Wegen der Liebe hat die Dreieinigkeit sich verändert.

Wenn sich Ihre Beziehung zu Ihrem himmlischen Vater weiterentwickelt, werden auch Sie sich verändern. Sie werden die Zweifel, den Stolz und den Eigenwillen erkennen, die sich in Ihrem Herzen eingenistet haben. Die Masken werden fallen. Niemand von uns möchte gern bloßgestellt werden. Auf einen Zustand der Abhängigkeit reagieren wir allergisch. Und doch ist es gerade dieser Zustand des Herzens, der für ein gebetserfülltes Leben am nötigsten ist. Ein bedürftiges Herz ist ein betendes Herz. Unsere Abhängigkeit von Gott ist der Herzschlag des Gebets.

Wenn es also ungemütlich wird, dann ziehen Sie sich nicht von Gott zurück. Er beginnt gerade erst an Ihnen zu arbeiten. Haben Sie Geduld.

Lassen Sie mich die oben dargelegten Gedanken mit einer Begebenheit aus meinem Leben zusammenfassen.

UNTERWEGS ZUM BAHNHOF

Nach der Arbeit ging ich zu Fuß zum Bahnhof, und unterwegs fing ich unwillkürlich an, die Missionsgesellschaft, für die ich gerade arbeitete, mit einer anderen zu vergleichen. Es dämmerte mir, dass ich neidisch war, dass ich versuchte, meinen eigenen Namen auf Kosten einer anderen Person groß zu machen. Diese Eifersucht überraschte mich. Es war nicht das erste Mal, dass sie in diesem Zusammenhang auftauchte, aber es war das erste Mal, dass ich sie beim Namen nannte.

Während ich weiterging, dachte ich: *Das ist ja lächerlich, dieser Neid; mich insgeheim in Konkurrenz zu anderen Christen zu sehen, obwohl wir doch alle in derselben Arbeit stehen.* Bevor ich in den Zug stieg, fing ich an zu beten und übergab Jesus in der Stille meine Arbeit. Ich weiß noch, dass ich dachte, er könnte sie mir sogar wegnehmen.

Und das tat er dann auch. Das geschah im Verlauf von mehreren Jahren, und es begann mit meinem Burn-out wenige Monate später. Nach sechs Jahren stand ich woanders auf dem Bahnsteig und wartete auf meinen Zug nach Hause, als die Tränen zu fließen begannen. Ich hatte einen harten Arbeitstag hinter mir und mir war plötzlich bewusst, dass es vorbei war. Ich musste der Arbeit, die ich so liebte, den Rücken kehren.

Was hat dieses Erlebnis mit dem Gebet zu tun?

- ❑ Erstens zeigt sich darin eine echte Beziehung. Während dieser sechs Jahre zog Gott mich immer näher an sein Herz heran. Es war ein Festmahl für meine Seele. So wie meine Frau es manchmal tut, wies Gott meinen Geist eindrücklich auf einen Bereich meines Lebens hin, der nicht in Ordnung war.
- ❑ Zweitens war mein Gebet mit allen anderen Aspekten meines Lebens verbunden. Es wirkte sich auf meine

Einstellung zu meiner Arbeit aus – ja, eigentlich auf alles. Dass ich die Kontrolle abgab über etwas, das ich gern machte, öffnete die Tür zur Gemeinschaft mit Gott.

- Drittens wurde mein Leben zu einer Geschichte, die mit Spannung erfüllt war, was schlussendlich zur Veränderung führte und zur Hoffnung. Denn während dieser sechs Jahre lernte ich zu beten.
- Viertens: Mein Leben kam in Einklang mit Gott. Ich verstand die Verbindung zwischen meinem Gebet und einigen schweren Erfahrungen, die ich machen musste. Das Gebet war nicht von meinem übrigen Leben isoliert.
- Und schließlich war mein Gebet nicht zu trennen von meiner Reue und meiner Begegnung mit Gott. Wie Anthony Bloom, ein griechisch-orthodoxer Schriftsteller, es ausdrückte: „Verlass alles, denn du bekommst den Himmel."[3] Wenn wir Gott unser Leben übergeben, dann verschenkt er sich selbst an uns.

Nun wollen wir Schritt für Schritt lernen, wie man ein Leben des Gebets entwickelt.

---

3 Anthony Bloom: *Beginning to Pray*. New York, Paulist Press, 1970, S. 66.

TEIL 1

KINDER UNSERES VATERS IM HIMMEL

3. WIE EIN KLEINES KIND WERDEN

Bei mehreren Gelegenheiten fordert Jesus seine Jünger auf, wie kleine Kinder zu werden. Am bekanntesten ist die Begebenheit, bei der junge Mütter versuchen, in Jesu Nähe zu kommen, damit er die Kleinen segnen kann. Als die Jünger die Frauen abweisen, tadelt Jesus sie scharf: „Lasst die Kinder zu mir kommen und haltet sie nicht zurück, denn Menschen wie ihnen gehört Gottes Reich. Ich versichere euch: Wer sich Gottes Reich nicht wie ein Kind schenken lässt, der wird ganz sicher nicht hineinkommen" (Markus 10,14-15). Die Jünger müssen über diese Zurechtweisung erstaunt gewesen sein. Es kam ihnen bestimmt seltsam vor. Denn im ersten Jahrhundert wurden Kinder nicht für süß und unschuldig gehalten. Erst in der Romantik des 19. Jahrhunderts fing man damit an, Kinder zu kleinen Idolen zu machen.[4]

Ein anderes Mal sind die Jünger unterwegs und fangen an zu streiten, wer von ihnen der Wichtigste sei (siehe Markus 9,33-37). Als sie beim Haus von Petrus in Kapernaum ankommen, fragt Jesus sie, worüber sie unterwegs gesprochen hätten. Die Jünger

4 Rousseau, der Vordenker der französischen Aufklärung, lehrte, dass Kinder von Geburt an gut seien, aber von den Menschen verdorben würden. Es überrascht nicht, dass er selbst fünf Kinder hatte, die er jedoch alle ins Waisenhaus gab.

schauen nur verlegen zu Boden. Zuerst sagt Jesus gar nichts. Er setzt sich hin, ruft einen kleinen Jungen herbei und stellt ihn in ihre Mitte. Dann nimmt er das Kind auf den Arm und sagt: „Wenn ihr euch nicht ändert und so werdet wie die Kinder, kommt ihr ganz sicher nicht in Gottes himmlisches Reich" (Matthäus 18,3). Kleine Kinder sind Jesus wichtig, auch wenn sie schon erwachsen sind.

Weniger bekannt ist eine andere Geschichte. Die Jünger kehren aufgeregt von ihrer ersten Missionsreise zurück und sagen: „Herr, sogar die Dämonen mussten uns gehorchen, wenn wir uns auf deinen Namen beriefen" (Lukas 10,17). Jesus reagiert darauf mit einem von Freude erfüllten Gebet: „Ich preise dich, Vater, du Herr über Himmel und Erde, dass du das alles den Weisen und Klugen verborgen, den Unmündigen aber offenbart hast" (Lukas 10,21, NGÜ). Jesus freut sich darüber, dass seine Jünger wie „Unmündige", also wie Kinder sind.

Tatsächlich benehmen sich die Jünger oft wie kleine Kinder. Was tut zum Beispiel Petrus, wenn ihm etwas durch den Kopf geht? Er plaudert es aus. Genau wie ein Kind. Einmal habe ich in einer Gemeinde gepredigt, die in einem Stadtzentrum lag. Eine Frau sang mit ihrer Opernstimme ein Solo. Nach dem Gottesdienst ging sie freundlich auf Kim zu und fragte sie, wie ihr der Gesang gefallen hätte. Kim, die aufgrund ihres Autismus laute Musik nicht ertragen kann, berührte mit ihrer Faust die Stirn, das Zeichen für „blöd". Die Sängerin wandte sich an Jill und fragte, was Kim ihr damit sagen wollte. Jill musste schlucken. Sie machte gerade eine Ausbildung in Gehörlosensprache, bei der man lernt, genau das zu übersetzen, was die betreffende Person gesagt hat. Also antwortete Jill: „Es war blöd."

So wie Kim sprechen auch die Jünger genau das aus, was ihnen durch den Kopf geht, anscheinend ohne lange darüber nachzudenken. Nach dem Abendmahl sagen sie zu Jesus: „Jetzt redest du klar und deutlich zu uns, ohne Gleichnisse und Bilder" (Johannes 16,29). Als Jakobus und Johannes die Nummer eins und zwei im Reich Gottes werden wollen, schicken sie ihre Mutter vor, um

Fürsprache für sie zu halten (Matthäus 20,20-21). Die Jünger (mit Ausnahme von Judas) spielen anderen nichts vor.

So möchte auch Jesus, dass wir aufrichtig sind, wenn wir im Gebet zu ihm kommen. Doch wir versuchen oft, jemand zu sein, der wir nicht sind. Wir beginnen damit, uns auf Gott zu konzentrieren, doch in null Komma nichts schweifen unsere Gedanken in zig verschiedene Richtungen ab. Die Probleme unseres Alltags verdrängen unseren gut gemeinten Vorsatz, geistlich zu sein. Wir versetzen uns selbst innerlich einen Tritt und versuchen es noch einmal, doch das Leben überlagert unser Gebet. Wir wissen, dass das Gebet nicht so sein sollte, und so geben wir verzweifelt auf. Genauso gut könnten wir auch an die Arbeit gehen.

Worin besteht das Problem? Wir versuchen, geistlich zu sein, es richtig zu machen. Wir wissen zwar, dass wir nicht perfekt sein müssen, um Christen zu werden, doch wenn es ums Gebet geht, dann vergessen wir das. Wir benehmen uns wie Erwachsene, die sich zusammenreißen. Jesus aber will, dass wir wie kleine Kinder zu ihm kommen, genau so, wie wir sind.

MIT MEINEM GANZEN CHAOS ZU IHM KOMMEN

So zu Gott zu kommen, wie wir sind, ist ein Problem für uns, weil wir so chaotisch sind. Und beim Beten wird das noch schlimmer. Wenn wir uns Zeit zum Gebet nehmen, werden wir sofort mit unserer ungeistlichen Haltung konfrontiert, mit unserer Schwierigkeit, uns auf Gott zu konzentrieren. Wir wissen nicht, wie schlecht wir wirklich sind, bis wir versuchen, gut zu sein. Nichts bringt unseren Egoismus und unsere geistliche Ohnmacht so deutlich zum Vorschein wie das Gebet.

Kleine Kinder dagegen lassen sich durch ihre Ichbezogenheit nicht lähmen. Wie die Jünger kommen sie so, wie sie sind, ganz und gar um sich selbst kreisend. Dabei halten sie sich nicht an irgendwelche Regeln oder Vorschriften. Als Eltern oder Freunde wissen wir das. Und trotzdem sind wir (meistens!) erfreut darüber herauszufinden, was sie auf dem Herzen haben. Wir verachten sie nicht, weil sie ichbezogen oder ängstlich sind. Sie sind eben so.

So ging es auch uns mit Kim. Jill und ich wussten nicht, ob sie jemals imstande sein würde zu gehen, und als sie dann endlich mit drei Jahren ihre ersten Schritte tat, sagten wir nicht: „Kim, das ist ja alles schön und gut, aber du bist zwei Jahre zu spät dran. Du musst noch ganz viel aufholen, zum Beispiel kannst du noch nicht weite Strecken zurücklegen, auch das Rennen, Hüpfen und Springen klappt ja noch gar nicht." Wir haben Kim doch nicht kritisiert, weil sie noch so unbeholfen lief und so spät damit begonnen hatte. Was taten wir stattdessen? Wir schrien vor Freude, wir jubelten, wir sprangen in die Luft. Die ganze Familie kam angerannt und wollte wissen, was los war. Kameras wurden gezückt, und Kim wiederholte ihren Triumph. Es war einfach wunderbar.

Und genauso geht auch Gott mit uns um. Gott jubelt auch, wenn wir mit unseren unbeholfenen, unsicheren Gebeten zu ihm kommen. Jesus sagt nicht: „Kommt alle her zu mir, die ihr gelernt habt, wie man sich beim Beten konzentriert, deren Gedanken nicht mehr abschweifen, und ich werde euch Ruhe geben." Nein, Jesus öffnet seine Arme für seine hilfsbedürftigen Kinder und sagt: „Kommt alle her zu mir, die ihr euch abmüht und unter eurer Last leidet! Ich werde euch Ruhe geben" (Matthäus 11,28). Unsere Erschöpfung ist der Grund, warum wir zu Jesus kommen dürfen. Wir sollen kommen, wenn die Last des Lebens uns niederdrückt. Wir sollen mit unseren unruhigen Gedanken kommen. Mit unserem ganzen Chaos.

Wir sollen kommen, wenn die Last des Lebens uns niederdrückt.
Wir sollen mit unseren unruhigen Gedanken kommen.
Mit unserem ganzen Chaos.

Wenn wir erschöpft sind, dann fällt es uns schwer, uns zu konzentrieren. Dann haben die Probleme unseres Alltags unsere Gedanken fest im Griff. Wir fühlen uns vom Leben überwältigt.

Wie ist es, wenn wir unter unserer Last leiden? Genauso. Wir haben so viele Probleme, dass wir gar nicht wissen, wo wir anfangen sollen. Wir werden nicht mehr allein mit dem Leben fertig. Jesus will, dass wir dann so zu ihm kommen! Unsere Erschöpfung treibt uns zu ihm.

Versuchen wir also gar nicht erst, beim Beten alles richtig zu machen. Sagen wir Gott einfach nur, wo wir stehen und was wir auf dem Herzen haben. So machen es auch kleine Kinder. Sie kommen genau so, wie sie sind, mit laufender Nase und allem, was dazugehört. Wie die Jünger sprechen sie ganz einfach aus, was ihnen durch den Kopf geht.

Dass wir nicht perfekt sein müssen, um Christen zu werden, das wissen wir, aber wenn es ums Beten geht, dann vergessen wir das total. Wir singen das schöne Lied „Jesus, zu dir kann ich so kommen, wie ich bin", aber beim Beten kommen wir nicht so, wie wir sind. Statt ganz Kind zu sein, versuchen wir, wie es Erwachsene auch tun, erst alles bei uns in Ordnung zu bringen.

Das persönliche Gebet ist eine der letzten großen Bastionen der Gesetzlichkeit. Um wie ein Kind zu beten, müssen wir erst das unpersönliche, unwirkliche Gebet, das man uns beigebracht hat, verlernen.

MEIN WAHRES ICH

Warum ist es eigentlich wichtig, so zu Gott zu kommen, wie wir sind? Weil wir sonst unecht sind wie die Pharisäer. Sie haben Jesus selten direkt gesagt, was sie dachten. Jesus warf ihnen vor, Heuchler zu sein, maskierte Schauspieler mit zwei Gesichtern. Sie waren nicht echt. Und sie mochten kleine Kinder nicht. Die Pharisäer waren empört, als die kleinen Kinder in den Tempel strömten (nachdem Jesus die Händler hinausgetrieben hatte) und Jesus verehrten. Jesus antwortete mit einem Zitat aus Psalm 8: „Aus dem Mund der Kinder und Säuglinge lässt du dein Lob erklingen" (Matthäus 21,16).

Wenn wir zu Gott kommen wollen, dann müssen wir unsere geistlichen Masken abnehmen. Unser wahres Ich muss dem wahren Gott begegnen. Er ist eine Person.

Statt uns also von dem, was uns so sehr beschäftigt, lähmen zu lassen, sollten wir mit Gott über unsere Sorgen sprechen. Sagen wir ihm doch, dass wir erschöpft sind. Wenn wir nicht dort beginnen, wo wir sind, dann kommt dieses „Wo wir sind" durch die Hintertür wieder herein. Unsere Gedanken wandern wieder zum Ort unserer Erschöpfung zurück.

Oft sind wir so beschäftigt und niedergedrückt, dass wir nicht mehr wissen, wo unser Herz ist, wenn wir versuchen, zur Ruhe zu kommen und zu beten. Oft wissen wir gar nicht, was uns wirklich beunruhigt. So seltsam es klingen mag: Vielleicht müssen wir erst beunruhigt sein und uns Sorgen machen, bevor wir mit dem Beten beginnen. Dann ergeben unsere Gebete nämlich einen Sinn, weil sie sich dann um unser wahres Leben drehen.

Manchmal, mitunter gar nicht so selten, sind wir mit unserem Herzen nicht so ganz bei der Sache, sondern befinden uns in Schieflage. Sollten wir deswegen lieber nicht beten und warten, bis wir erst alles geordnet haben? Nein, wir sollten trotzdem beten. Jesus ist nicht für die Gerechten gekommen. Er kam für die Sünder. Und zu denen gehören wir alle. Das, was wir gerne loswerden würden – unsere Erschöpfung, unser Abgelenktsein, unser Chaos –, genau das öffnet uns die Tür zu Gott! So wirkt das Evangelium, und so soll auch unser Gebet sein.

Wenn wir mit unserem wahren Ich zu Jesus kommen, dann kann er an unserem wahren Ich arbeiten, und dadurch werden wir allmählich verändert. Das Königreich wird kommen und am Ende sind wir weniger egoistisch.

Das Königreich bricht an, wenn Jesus der König unseres Lebens wird. Aber es muss auch *unser* Leben sein. Wir sollten gar nicht erst versuchen, besser zu sein, als wir wirklich sind, und eine

Maske aufsetzen, hinter der wir unser wahres Ich verbergen. Denn das nennt Jesus Heuchelei.

Seltsamerweise führen viele Versuche, das Beten zu lernen, zu einer geteilten Persönlichkeit. Man lehrt uns, wie man „richtig" betet. Statt mit unserem wahren, chaotischen Ich vor Gott zu treten, versuchen wir uns neu zu erschaffen, indem wir geistlich werden.

Kein Wunder also, dass das Gebet so unbefriedigend ist.

Wir sollten uns von unseren Unzulänglichkeiten nicht lähmen lassen, sondern genau damit beginnen. So wirkt das Evangelium. Gott beginnt sein Werk mit Menschen, die nicht perfekt sind, ja mitunter sogar verkorkst. Das mag uns ein wenig Angst einflößen.

Werden wir also wie die kleinen Kinder, mit denen Jesus sich umgab. Als Nathanael von Jesus hört, spricht er aus, was ihm zuerst in den Sinn kommt: „Nazareth? Was kann von da schon Gutes kommen!" (Johannes 1,46). Das ist der wahre, unzensierte Nathanael. Jesus begrüßt ihn, und man kann sich gut vorstellen, wie Jesus lächelt, als er sagt: „Hier kommt ein wahrer Israelit, ein ganz und gar aufrichtiger Mensch!" (Vers 47). Jesus geht gar nicht auf Nathanaels abschätzige Bemerkung über ihn, seine ganze Familie und seine Freunde in Nazareth ein. Er freut sich einfach nur, dass Nathanael echt ist, ohne Maske, ein Mensch, der anderen nichts vormacht. Jesus scheint die Sünde zu übersehen und seinen Blick auf die Person zu richten. Das ist typisch für ihn. Er liebt authentische Menschen.

Jesus hat gesagt, dass er für die Sünder gekommen ist, für Menschen, die es vermasselt haben und die es immer wieder vermasseln (siehe Lukas 15,1-2). Kommen wir also mit unserem ganzen Schmutz zu ihm. Der springende Punkt am Evangelium ist, dass wir unfähig sind, mit Gott und seinem Reich zu beginnen. Viele Christen beten ständig dafür, dass Gottes Reich kommt. Sie beten für die Mission, die Gemeinde und vieles andere, aber dabei sind sie die ganze Zeit nur mit sich selbst beschäftigt. Wir können doch nicht Gottes Reich wie eine Schicht Farbe über unsere eigenen Belange legen.

DAS HERZ UNSERES VATERS BERÜHREN

Das Vaterunser heißt so, weil es genau mit diesen Worten beginnt: *Vater unser*. Wir stehen im Mittelpunkt der Liebe und Zuneigung unseres himmlischen Vaters. Hier finden wir Ruhe für unsere Seele. Wenn wir das Gebet losgelöst von dem Herzen Gottes betrachten, das uns willkommen heißt (wie das häufig in Predigten über das Vaterunser geschieht), dann wird das Gebet zu einer gesetzlichen Pflicht, die wir erfüllen. Aber dabei berühren wir nicht das Herz Gottes. Wenn wir dagegen erschöpft und schwer beladen zu Gott kommen, dann entdecken wir sein Herz. Der Himmel berührt die Erde und sein Wille geschieht.

Es gibt noch viel mehr über das Gebet zu lernen, aber wenn wir wie ein kleines Kind zu unserem Vater kommen, dann haben wir das Wichtigste begriffen. Ich sage hier ganz bewusst „wir“, weil auch ich immer wieder vergesse, wie einfach das Beten eigentlich ist. Ich bin vielleicht deprimiert; und weil es mir nicht gelingt, diese Niedergeschlagenheit zu überwinden, gebe ich auf und bleibe Gott fern. Ich vergesse, dass mein Vater ein offenes Herz für mich hat. Er will, dass ich deprimiert zu ihm komme, so wie ich bin.

Wenn wir diese einfache Wahrheit verstehen, dann haben wir, so wie Kim, unsere ersten unsicheren Schritte getan. Und vielleicht möchten Sie selbst jetzt einen kleinen Schritt unternehmen und innehalten, um wie ein kleines Kind zu beten.

4. MIT UNSEREM VATER SPRECHEN

Wie lernen wir es, mit unserem Vater zu reden? Indem wir wie ein Kind bitten, wie ein Kind glauben und sogar wie ein Kind spielen.

BITTEN WIE EIN KIND

Schauen wir uns doch einmal an, wie kleine Kinder um etwas bitten.

Worum bitten sie uns? Um so ziemlich alles. Wenn sie von einem tollen Freizeitpark hören, dann wollen sie gleich am nächsten Tag dorthin.

Wie oft bitten Kinder um etwas? Immer und immer wieder. Sie gehen uns damit regelrecht auf die Nerven. Und manchmal geben wir nach, nur damit sie endlich ruhig sind.

Wie bitten Kinder? Ganz unverblümt. Sie sagen einfach, was sie auf dem Herzen haben. Sie haben kein Bewusstsein dafür, ob ihre Bitten angemessen sind oder nicht.

Wenn wir lernen wollen, wie man im Gebet um etwas bittet, dann sollen wir die kleinen Kinder beobachten. Dazu fordert Jesus uns auf. In der Bergpredigt hat er uns gezeigt, wie man kühn betet („Bittet Gott, und er wird euch geben"). Nun sagt er uns, warum wir so mutig bitten sollen: „Würde etwa jemand von euch seinem Kind einen Stein geben, wenn es um ein Stück Brot bittet? Oder eine Schlange, wenn es um einen Fisch bittet? Trotz all eurer Bosheit wisst ihr Menschen doch, was gut für eure Kinder ist, und gebt es ihnen. Wie viel mehr wird euer Vater im Himmel denen Gutes schenken, die ihn darum bitten!" (Matthäus 7,7.9-11).

Als unser Sohn John sechs Monate alt war, streckte er seine Hand in Richtung Butter aus und sagte „Bubu". Wir haben ihm nicht gesagt: „John, du sollst ‚bitte' sagen. Und es heißt nicht ‚bubu', sondern ‚B-U-T-T-E-R'. Außerdem denkst du gerade nur an dich selbst, und wenn wir diese Einstellung nicht korrigieren, wird sie dein Leben ruinieren." *Bubu* war das erste Wort, das unser Sohn gesprochen hat, und darüber haben wir uns gefreut, wir haben gelacht und ihm die Butter gegeben.

Kim bekam ihren ersten Sprachcomputer, als sie fünf Jahre alt war. Wir nahmen das Gerät mit in den Urlaub ans Meer. Wir erklärten ihr, wie es funktionierte, und warteten. Sie beugte sich über die Tastatur und drückte die Taste mit dem kleinen goldenen McDonald's-M. Die elektronische Stimme erwachte zum Leben und sagte „McDonald's". Es war zwei Uhr nachmittags und wir hatten gerade erst gegessen. Trotzdem ließen wir alles stehen und liegen, sprangen mit Kim ins Auto und sausten zu McDonald's, wo Kim einen Hamburger und Limonade bekam. Wir waren begeistert. Es dauerte nicht lange, bis Kim bei McDonald's eine ganze Mahlzeit bestellen konnte. Und sie freut sich immer, wenn Mama gerade nicht in der Nähe ist und sie Pommes frites bestellen kann.

Wenn wir als Eltern in all unserer Unvollkommenheit unseren Kindern Gutes geben, wird unser Vater im Himmel es dann nicht erst recht tun? Die Bitten unserer Kinder, so banal sie auch sein mögen, rühren unser Herz an. Und so ist es auch bei Gott.

GLAUBEN WIE EIN KIND

Das Zweite, was wir tun müssen, wenn wir das Beten lernen wollen, ist, wie ein Kind zu glauben.

Kinder vertrauen unerschütterlich auf die Liebe und Macht ihrer Eltern. Das tun sie ganz instinktiv. Sie vertrauen darauf, dass ihre Eltern ihnen Gutes tun wollen. Wenn sie wissen, dass ihre Eltern sie lieben und beschützen, dann eröffnet ihnen das eine Welt voller Möglichkeiten. Sie reden einfach drauflos und sagen, was sie auf dem Herzen haben.

So ist es auch in der Welt des Gebets. Wenn wir beten lernen, dann lernen wir auch wieder das Träumen. Ich sage deshalb „wieder", weil jedes Kind automatisch träumt und hofft. Wenn wir beten lernen, dann treten wir in die Welt eines Kindes ein, in der alle Dinge möglich sind. Kleine Kinder können sich nicht vorstellen, dass ihre Eltern nicht irgendwann Ja sagen. Sie wissen: Wenn sie ihre Eltern nur lange genug nerven, werden diese irgendwann nachgeben. Der kindliche Glaube führt zu dieser Hartnäckigkeit.

Doch wenn wir älter werden, sind wir weniger naiv und werden misstrauisch. Dann sind Enttäuschungen und nicht gehaltene Versprechen das Normale und nicht mehr das Hoffen und Träumen. Unser kindlicher Glaube stirbt tausend kleine Tode. Aber Jesus ermutigt uns, wie kleine Kinder zu glauben, indem er uns Geschichten von Erwachsenen erzählt, die sich wie Kinder verhalten: das Gleichnis von der hartnäckigen Witwe, die ein Nein als Antwort des ungerechten Richters nicht akzeptiert (siehe Lukas 18,1-8), und das Gleichnis von dem Mann, der seinem Nachbarn in den Ohren liegt, damit dieser ihm drei Brote leiht für einen Freund, der mitten in der Nacht zu Besuch gekommen ist (siehe Lukas 11,5-8).

Wenn Jesus einem Erwachsenen begegnet, der wie ein Kind glaubt (was selten genug vorkommt), dann ruft er laut: „Schaut euch diesen Menschen an. Seht, wie er glaubt!" Das geschieht nur zweimal. Beide Male handelt es sich um Menschen, die nicht zur Gemeinschaft der Glaubenden gehören, also um Nichtjuden.

Der erste ist ein römischer Offizier, ein Zenturio. Er glaubt fest daran, dass Jesus seinen gelähmten Diener heilen kann. Und so bittet er Jesus, ihn zu heilen, ohne überhaupt sein Haus zu betreten: „Sag nur ein einziges Wort, dann wird mein Diener gesund" (Lukas 7,7). Jesus ist erstaunt. Er wendet sich an die Menschenmenge, die ihm folgt, und sagt: „Eins ist sicher: Nicht einmal unter den Juden in Israel bin ich einem Menschen mit einem so festen Glauben begegnet" (7,9). Die zweite Person ist eine kanaanitische Frau, deren Tochter von einem Dämon besessen ist. Obwohl Jesus sie zurückweist, kommt sie wieder. Jesus staunt über sie und verleiht ihr den zweiten Oscar des Glaubens: „Dein Glaube ist groß! Was du willst, soll geschehen" (Matthäus 15,28).

Im vorangegangenen Kapitel haben wir gesehen, dass der Glaube an das Evangelium – das Wissen, dass wir durch Jesus von Gott angenommen sind – uns hilft, mit unserem ganzen Chaos zu Gott zu kommen. Nun sehen wir, dass das Evangelium uns auch frei macht, damit wir um das bitten können, was uns wirklich auf dem Herzen liegt.

DAS SPIELEN WIEDER LERNEN

Beim Beten geht es allerdings nicht nur darum, wie ein Kind zu bitten und zu glauben. Es geht überraschenderweise auch darum, das Spielen wieder zu lernen. Wie spielen kleine Kinder? Wenn Sie eine Mutter fragen, wie lange ihr einjähriges Kind sich mit ein und derselben Sache beschäftigt, wird sie wahrscheinlich nur lächeln. Die Antwort lautet wahrscheinlich: zwischen drei Sekunden und drei Minuten. Jedenfalls ist es keine sehr lange Zeit, und diese Angabe ist auch nicht besonders zuverlässig.

Wie kann uns das beim Beten helfen? Denken wir einmal nach. Wie strukturieren wir das Gespräch zwischen Erwachsenen? Gar nicht. Vor allem, wenn wir mit alten Freunden reden, springt die Unterhaltung von einem Thema zum anderen. Das hat etwas Lustiges, Lockeres, Spielerisches an sich. Warum sollte unser Gebet anders sein? Immerhin ist Gott ja auch eine Person.

Selbst das Gebet des Apostels Paulus im Epheserbrief hat einen spielerischen Charakter. Er beginnt mit den Worten: „Ich höre nicht auf, Gott dafür zu danken. Jedes Mal wenn ich bete, denke ich auch an euch. Ihn, den Gott unseres Herrn Jesus Christus, den Vater, dem alle Herrlichkeit gehört, bitte ich darum, euch durch seinen Geist Weisheit und Einblick zu geben, sodass ihr ihn und seinen Plan immer besser erkennt" (1,16-17). Er betet mehrere Verse lang weiter, aber irgendwann hört er wieder auf. Zu Beginn des dritten Kapitels fängt er wieder an zu beten: „Weil ich, Paulus, euch Nichtjuden diese rettende Botschaft verkündete, bin ich nun im Gefängnis. Als Gefangener von Jesus Christus bete ich für euch [...]." Doch als er die Nichtjuden erwähnt, scheint er in eine andere Richtung gelenkt zu werden und hört auf zu beten. Schließlich nimmt er das Gebet in 3,14 wieder auf: „Darum knie ich nieder vor Gott, dem Vater, und bete ihn an." Das Gebet von Paulus scheint keinem bestimmten Plan zu folgen und wirkt ziemlich sprunghaft. Er beginnt zu beten, dann unterbricht er sich selbst, fängt wieder an zu beten, lässt sich in eine andere Richtung lenken und beendet schließlich sein Gebet.

Ein Gebet, das diese spielerischen Eigenschaften nicht hat, ist fast schon autistisch. Autisten fällt es nämlich schwer, von anderen Personen soziale Verhaltensweisen zu lernen. Kim zum Beispiel ruft mich mittags gegen halb eins an, wenn sie von der Arbeit nach Hause kommt. Sie drückt die Lautsprechertaste unseres Telefons, wählt meine Handynummer und erzählt mir mithilfe ihres Sprachcomputers, wie ihr Tag war. Sie sagt nie „Hallo", sondern beginnt sofort mit der Beschreibung ihres Tages. Dann legt sie auf. Kein „Tschüss" oder „Bis nachher". Einfach nur *klick*.

Wenn Ihre Gedanken beim Beten abschweifen, dann seien Sie wie ein kleines Kind. Machen Sie sich keine Gedanken darüber, wie Sie geordnet beten und beim Thema bleiben können. Paulus hat das auch nicht getan! Denken Sie daran, dass Sie sich in einem Gespräch mit einer Person befinden. Statt sich selbst Vorwürfe zu machen, lernen Sie doch das Spielen wieder! Beziehen Sie das, was Ihnen gerade in den Sinn kommt, in Ihr Gebet ein. Vielleicht ist dieses Thema gerade wichtig für Sie. Vielleicht möchte der Heilige Geist, dass Sie über etwas anderes nachdenken.

DAS PLAPPERN WIEDER LERNEN

In den letzten neun Jahren hat Jill fast jeden Tag Sprachtherapie-Übungen mit Kim durchgeführt. Dadurch hat Kim große Fortschritte gemacht, doch jetzt ist sie in der Phase, wo sie einfach nur die Worte herausbringen muss, egal wie fehlerhaft sie klingen. Meistens ist ihr das Ergebnis peinlich. Heute Morgen bin ich mit Kim zum Arzt gegangen, weil ihr rechtes Knie Probleme macht und deswegen geröntgt werden musste. An diesem Vormittag ist sie dreimal aus der Haut gefahren, das letzte Mal, weil sie für die Röntgenaufnahme stillhalten musste. Als wir wieder zu Hause waren, habe ich mich mit ihr hingesetzt und sie gefragt, wie sie den Vormittag erlebt hat. „Tut mir leid", hat sie geschrieben. „Benutze deine Stimme", habe ich sie dann aufgefordert. Also hat sie mit stockenden Worten gesagt: *Bitte vergib mir, dass ich wütend geworden bin.* Es war kaum verständlich, aber es kam aus tiefstem Herzen.

Mit dem Beten ist es ganz ähnlich. Auch wir müssen unsere Worte herausbringen. Wenn Sie möchten, dann sprechen Sie jetzt ein Gebet. Es ist nicht schlimm, wenn Ihre Gedanken abschweifen oder Ihr Gebet unterbrochen wird. Es muss uns nicht peinlich sein, dass unser Herz so bedürftig ist und so sehr um Gnade betteln muss. Fangen wir doch einfach an zu beten. Denken wir daran: Beim Christsein geht es nicht darum, eine Menge Wahrheiten zu lernen, damit wir Gott nicht mehr brauchen. Wir lernen Gott nicht im Abstrakten kennen. Wir werden in sein Leben hineingenommen.

Es muss uns nicht peinlich sein,
dass unser Herz so bedürftig ist
und so sehr um Gnade betteln muss.
Fangen wir doch einfach an zu beten.

Werden wir also wie ein kleines Kind, das bittet, glaubt und spielt. Wenn wir aufhören, uns wie Erwachsene benehmen zu wollen, die alles richtig machen, dann beginnt unser Gebet zu fließen, denn Gott hat etwas Erstaunliches an uns getan. Er hat uns eine neue Stimme gegeben. Seine eigene nämlich. Gott hat unsere so stark beschädigte Gebetsantenne durch eine neue ersetzt – den Heiligen Geist. Er ist in uns und betet. Paulus sagt uns, dass der Heilige Geist das betende Herz von Jesus in uns hineinlegt. „Gott schenkte euch seinen Geist, denselben Geist, den auch der Sohn hat. Jetzt können wir zu Gott kommen und zu ihm sagen: ‚Abba, lieber Vater!'" (Galater 4,6). So können wir entdecken, dass unser Herz mit dem Herzen Gottes eins wird.

Wir entdecken, dass das Gebet ein Fest ist. Wenn wir das ganze Wirrwarr ablegen, das unser Herz und unseren Verstand umgibt, ist es einfach, in Gottes Gegenwart still zu sein. Dann können wir wie David sagen: „Ich bin zur Ruhe gekommen, mein Herz ist zufrieden und still. Wie ein kleines Kind in den Armen seiner Mutter, so ruhig und geborgen bin ich bei dir" (Psalm 131,2).

5. ZEIT MIT UNSEREM HIMMLISCHEN VATER VERBRINGEN

Weil Jesus der Sohn Gottes ist, müsste man eigentlich davon ausgehen, dass er das Beten nicht nötig hat. Zumindest braucht er wohl keine extra Gebetszeit, denn er betet sowieso ständig. Man würde erwarten, dass er einen direkten Draht zu seinem himmlischen Vater hat, so eine Art Standleitung in den Himmel. Zumindest könnte man davon ausgehen, dass es ihm viel leichter fällt, den Lärm der Welt auszublenden. Doch überraschenderweise schien Jesus die Zeit mit Gott genauso nötig zu haben wie wir.

Am ersten Tag seines öffentlichen Wirkens, einem Sabbat, lehrt Jesus in der Synagoge von Kapernaum (siehe Markus 1,21-39). Während die Zuhörer über seine Autorität staunen, schreit ein von einem Dämon besessener Mann: „Ich weiß, wer du bist: Du bist der Heilige, den Gott gesandt hat!" Jesus weist den bösen Geist scharf zurecht und treibt ihn mühelos aus. Darüber ist die Menschenmenge verblüfft.

Nach dem Synagogen-Gottesdienst kehrt Jesus zum Sabbatmahl in das Haus von Petrus zurück, nur um festzustellen, dass die Schwiegermutter von Petrus mit Fieber im Bett liegt. Jesus nimmt sie bei der Hand und heilt sie auf der Stelle. Sie steht auf und bereitet das Essen zu.

In der kleinen Hafenstadt Kapernaum verbreitet sich die Nachricht von der Heilung und der Dämonenaustreibung in Windeseile. Doch die von den Ältesten überlieferte Tradition erlaubt Heilungen am Sabbat nur, wenn ein Leben auf dem Spiel steht. Also warten die Leute aus der Stadt bis zum Abend, wenn der Sabbat vorüber ist. Markus berichtet, dass kurz nach Sonnenuntergang „die ganze Stadt vor Simons Haus versammelt" ist (1,33). Man kann sich gut vorstellen, wie die Straße vor dem Haus durch das sanfte Glimmen von Hunderten von Öllampen erhellt ist, die in der Dunkelheit flackern. Jesus heilt bis tief in die Nacht. Darum ist er gekommen – eigentlich soll es keine stummen Kinder, keine sitzen gelassenen Frauen oder rücksichtslosen Chefs geben.

Am nächsten Morgen wacht Jesus schon vor Sonnenaufgang auf, begibt sich an einen einsamen Ort außerhalb der Stadt und betet. Er ist so lange weg, dass sich vor dem Haus schon wieder die Menschenmassen versammeln und die Jünger darum gebeten werden, ihn zu suchen. Als Petrus ihn findet, sagt er zu Jesus: „Alle Leute fragen nach dir!" (Markus 1,37).

Es ist ein bemerkenswerter Tag – der Abend und Morgen des ersten Tages einer neuen Schöpfung. Der neue Adam macht den Fluch rückgängig und durchschneidet das Böse. Die Dämonen und die Krankheit fliehen vor der Gegenwart dessen, der das Leben ist. Aslan ist im Kommen.

WARUM JESUS DAS GEBET NÖTIG HATTE

Warum betet Jesus morgens an einem einsamen Ort, wo er nicht gestört werden kann? Sein Leben gibt uns darauf drei Hinweise.

Hinweis #1: seine Identität

Immer wenn Jesus über seine Beziehung zu seinem Vater im Himmel spricht, wird er wie ein Kind, ganz und gar abhängig. „Von sich aus kann der Sohn gar nichts tun" (Johannes 5,19). „Ich kann nicht eigenmächtig handeln" (Johannes 5,30). „Dann werdet ihr einsehen, dass ich nichts von mir aus tue, sondern weitergebe, was mich mein Vater gelehrt hat" (Johannes 8,28). „Der Vater hat mich gesandt und mir gesagt, was ich reden und verkünden soll" (Johannes 12,49). Nur ein Kind würde sagen: „Ich tue nur das, was ich meinen Vater tun sehe."

Wenn Jesus uns auffordert zu werden wie kleine Kinder, dann verlangt er nur das von uns, was er selbst bereits tut. Jesus ist ohne Frage das abhängigste menschliche Wesen, das je gelebt hat. Weil er das Leben nicht allein bewältigt, betet er. Und betet. Und betet. Lukas berichtet, dass Jesus „sich immer wieder in die Einsamkeit zurückzog, um zu beten" (5,16).

Wenn Jesus uns sagt: „Ohne mich könnt ihr nichts ausrichten" (Johannes 15,5), dann lädt er uns ein, an seinem Leben teilzuhaben, einer gelebten Abhängigkeit von seinem Vater im Himmel. Wenn Jesus uns auffordert zu glauben, dann meint er damit nicht, dass wir ein gewisses Maß an spiritueller Energie aufbringen sollen. Er möchte uns erkennen lassen, dass wir so wie er nicht die Kraft zum Leben in uns selbst haben. Wenn uns – wie Jesus auch – bewusst ist, dass wir das Leben nicht allein bestreiten können, dann macht das Gebet absolut Sinn.

Wenn uns – wie Jesus auch – bewusst ist,
dass wir das Leben nicht allein bestreiten können,
dann macht das Gebet absolut Sinn.

Doch das Ganze geht sogar noch tiefer. Jesus beschreibt sich selbst nur in Beziehung zu seinem himmlischen Vater. Adam und Eva begannen mit der Suche nach ihrer eigenen Identität erst nach dem Sündenfall. Erst als sie anfingen, unabhängig von Gott zu handeln, entwickelten sie einen Sinn für das eigene Ich.[5] Da Jesus aber kein unabhängiges Selbstempfinden hat, hat er auch keine Identitätskrise und keine Angst. Folglich muss er auch nicht versuchen, „sich selbst zu finden". Er kennt sich nur in Beziehung zu seinem Vater. Er kann sich seine Identität nicht außerhalb dieser Beziehung vorstellen.

Angenommen, wir würden Jesus fragen, wie es ihm geht, dann würde er wahrscheinlich sagen: „Meinem Vater und mir geht es gut. Er hat mir alles gegeben, was ich heute brauche." Und wir antworten: „Es freut uns, dass es deinem Vater gut geht, aber in diesem Moment geht es gerade um dich. Jesus, wie geht es *dir*?" Dann würde uns Jesus verwundert anschauen, als ob wir eine fremde Sprache sprächen. Die Frage macht für ihn einfach keinen Sinn. Er kann die Frage „Wie geht es dir?" nicht beantworten, ohne seinen Vater im Himmel mit einzubeziehen. Darum war es für Jesus so furchtbar, als er in Getsemane die Schrecken der Kreuzigung auf sich zukommen sah. Er hatte noch nie einen Augenblick erlebt, an dem er nicht in der Gemeinschaft mit seinem Vater war. Die Ängste, die Jesus dort ausstand, sind für uns der Normalfall.

Das Gebetsleben von Jesus ist ein Ausdruck seiner Beziehung zu seinem Vater. Er möchte gern mit der Person, die er liebt, allein Zeit verbringen.

Hinweis #2: seine Konzentration auf eine einzige Person

Wenn Jesus mit Menschen zusammen war, konzentrierte er sich ganz auf den Einzelnen. Als er am Teich von Betesda einem gelähmten Mann begegnet, sieht er zuerst die Menschenmenge, „viele Kranke [...]. – Blinde, Gelähmte und Verkrüppelte", dann sieht er nur noch ihn (Johannes 5,3.6). Wenn Jesus mit jemandem zusammen ist, ist diese Person für ihn praktisch der einzige Mensch im Raum. Jesus hält inne und konzentriert sich immer

---

5 R. Scott Rodin: *Stewards in the Kingdom.* Downers Grove, Illinois, InterVarsity Press, 2000, S. 99.

auf den Einzelnen. Seine Liebe zu den Menschen ist so wie sein Gebet zu seinem Vater.

Wenn wir lieben, stellen wir uns ganz auf diese eine Person ein. Die Liebe gewinnt Gestalt, wenn wir innehalten und uns ganz dem geliebten Menschen widmen. Wir lieben nicht die Allgemeinheit, sondern immer nur eine Person zu einem bestimmten Zeitpunkt. Daran muss ich jeden Morgen denken, wenn ich vor Kim knie und ihre schmutzigen Arbeitsstiefel schnüre. Es ist ein täglicher Dienst der Fußwaschung für meine Seele.

Hinweis #3: seine begrenzte Menschlichkeit

Jesus konzentriert sich ganz und gar auf eine einzige Person. Daran zeigt sich, dass ihm, der ganz Mensch war, das Multitasking nicht leichtfiel.[6] Er musste sich von den anderen entfernen, um sich auf seinen himmlischen Vater einzustellen.

Theoretisch hätte sich Jesus auf seinen Vater konzentrieren können, während er die Menschen heilte. Er hätte seine Göttlichkeit einsetzen können, um die langsamen und mühsamen Prozesse des irdischen Lebens zu umgehen. Als die Frau mit den Blutungen ihn auf dem Weg zum Haus von Jaïrus aufhält, hätte Jesus sie heilen können, ohne anzuhalten und persönlichen Kontakt mit ihr aufzunehmen (siehe Lukas 8,40-48). Aber das tut er nicht. Als er die Versuchung des Satans, einen Stein in Brot zu verwandeln, ablehnt, verzichtet er auf den schnellen Erfolg und wählt die Liebe (siehe Matthäus 4,1-4). Da er also ganz und gar Mensch ist, muss er sich von den anderen zurückziehen, um zu beten.

Jesus verlässt das überfüllte Haus in Kapernaum und begibt sich an einen einsamen Ort. Damit befolgt er den Rat, den er

---

6 Jesus ist auch voll und ganz Gott, aber während seines irdischen Lebens war seine Göttlichkeit verhüllt. Theologen diskutieren darüber, was Paulus in Philipper 2,7 meint, wenn er schreibt, dass Jesus „sich selbst entäußerte“ (zitiert nach der Lutherbibel 2017; griechisch: εκενωσεν). Wir wissen nicht, wie und in welchem Maß seine Göttlichkeit verborgen war. Es ist ein Geheimnis. Bei der Verklärung von Jesus dürfen seine Jünger jedoch einen kurzen Blick auf seine unverhüllte Göttlichkeit werfen.

selbst in der Bergpredigt gegeben hat: „Wenn du beten willst, zieh dich zurück in dein Zimmer, schließ die Tür hinter dir zu und bete zu deinem Vater. Denn er ist auch da, wo niemand zuschaut. Und dein Vater, der auch das Verborgene sieht, wird dich dafür belohnen" (Matthäus 6,6). Von Ewigkeit an lebt Jesus in der Beziehung zu seinem Vater. Er braucht diese Konzentration auf seinen Vater. Er will mit ihm zusammen sein, darum zieht er sich zum Beten in die Einsamkeit zurück.

GEMEINSAM VERBRACHTE ZEIT – NICHTS IST WICHTIGER

Das Vorbild von Jesus zeigt uns, dass es beim Gebet um Beziehung geht. Wenn Jesus betet, dann verrichtet er keine Pflichtübung; sondern er will seinem Vater nahe sein.

Jede Beziehung, die wachsen soll, braucht Privatsphäre, gemeinsam verbrachte Zeit ohne Tagesordnung, damit man sich besser kennenlernt. So entsteht eine Atmosphäre, in der wir uns nahekommen und uns gegenseitig in der Tiefe verstehen lernen.

Eine so vertrauensvolle Beziehung kann man nicht machen, aber man kann ihr Raum geben. Das gilt genauso für unser Zusammensein mit unserem Ehepartner oder Freund wie für unsere Begegnung zu Gott. Wenn wir wirklich beieinander sein wollen, dann müssen wir uns dafür Raum schaffen. Wenn es uns dagegen darum geht, möglichst effektiv zu sein, Multitasking zu betreiben und ständig beschäftigt zu sein, dann zerstören wir die innige Beziehung. Kurz gesagt: Gott können wir nicht im Vorübergehen kennenlernen.

Wenn schon Jesus sich von den Menschen und dem Lärm zurückziehen musste, um beten zu können, dann gilt das erst recht für uns.

BETEN WIE JESUS

Jesus betete vor allem morgens. Das war auch der Lebensrhythmus der Verfasser der hebräischen Bibel. Auch sie beugten sich morgens im Gebet vor Gott. Hier ein paar Beispiele aus dem Buch der Psalmen:

- Herr, schon früh am Morgen hörst du mein Rufen. In aller Frühe bringe ich meine Bitten vor dich und warte sehnsüchtig auf deine Antwort. (5,4)
- Früh am Morgen juble ich dir zu, weil du so gnädig bist. (59,17)
- Herr, ich schreie zu dir um Hilfe. Schon früh am Morgen klage ich dir mein Leid. (88,14)
- Lass mich schon früh am Morgen erfahren, dass du es gut mit mir meinst, denn ich vertraue dir. Zeige mir, wohin ich gehen soll, denn nach dir sehne ich mich. (143,8)

Müssen wir immer morgens beten? Nein. Das Hohepriesterliche Gebet in Johannes 17 und das Gebet, das Jesus später in Getsemane spricht, waren beides Abendgebete.

Die Psalmen geben uns Hinweise darauf, wie die Hebräer beteten. Die meisten Psalmen zeigen uns, dass beim Beten laut gesprochen wurde: „Zu dir schreie ich", „Dich flehe ich an", „Höre meine Bitte" (siehe Psalm 5,3-4; 17,1; 28,2). Wir haben diese Aussagen in bildliche Ausdrücke unseres Seelenzustands verwandelt, aber die Hebräer baten Gott wirklich laut um Hilfe.

Auch Jesus folgte diesem Brauch. Wir kennen den Inhalt des hohepriesterlichen Gebets, weil die Jünger seine Stimme hören konnten. Ebenso wissen wir, was er in Getsemane gebetet hat, weil seine Jünger gehört haben, wie er seinem Vater sein Herz ausschüttete. „Als Jesus unter uns Menschen lebte, schrie er unter Tränen zu Gott, der ihn allein vom Tod retten konnte" (Hebräer 5,7).

Im Gleichnis von dem Pharisäer und dem Zolleinnehmer beschreibt Jesus, wie die beiden Männer laut beteten. Jesus fordert uns zum Gebet in der Abgeschiedenheit unseres Zimmers auf, damit unser laut gesprochenes Gebet nicht zur Show wird.

Das laute Gebet kann hilfreich sein, weil wir uns dann nicht so leicht ablenken lassen. Es lässt unsere Gedanken konkret werden. Allerdings handelt es sich dabei um mehr als nur eine Gebetstechnik; es ist auch ein Glaubensbekenntnis. Wir bekennen dadurch hörbar unseren Glauben an einen lebendigen Gott.

Das laute Gebet ist jedoch keine neutestamentliche Regel; es ist nur eine Art des authentischen Gebets. Jeder Mensch ist da anders. Mir persönlich fällt das laute Beten eher schwer, weil ich es so sehr gewohnt bin, in der Stille zu beten. Wenn ich allerdings eine Sünde laut bekenne, fühlt sich das für mich echter an. Wenn ich zugebe, dass ich etwas falsch gemacht habe und dabei meine eigene Stimme höre, bin ich manchmal überrascht, wie konkret sich diese Sünde dann anfühlt. Manchmal dachte ich sogar schon: *Mann, das war wirklich falsch.* Wenn ich zu einer Veranstaltung oder Feier unterwegs bin, bete ich manchmal im Auto laut dafür, dass ich nicht in sexuelle Begierde verfalle oder die Leute von mir beeindrucken will. Das hilft mir dabei, mir klarzumachen, wie sehr ich Gott brauche. Meine Gebete werden dadurch viel ernsthafter.

AUSREDEN ÜBERWINDEN

Egal wann oder wie wir beten, häufig finden wir Gründe, warum wir keine Zeit für ein regelmäßiges Gebet haben. Eine Ausrede lautet: „Ich bete ja sowieso die ganze Zeit." Das beständige Gebet (siehe Römer 12,12) ist sehr wichtig und wir werden uns mit diesem Thema später noch beschäftigen. Es ist aber kein Ersatz für eine geregelte Gebetszeit. Wenn ein Ehepaar den ganzen Tag über nur in Gesprächsfetzen kommuniziert, wäre das eine recht oberflächliche Beziehung. Sie wären mehr Geschäftspartner als Liebende. Eine Beziehung kann man nicht mit kurzen Soundclips aufbauen.

Eine andere Ausrede lautet, wir seien viel zu beschäftigt. Als ich das erste Mal Martin Luthers Äußerung hörte, er habe so viel zu tun, dass er mindestens drei oder vier Stunden am Tag beten müsse, war ich verdutzt. Wenn man bedenkt, wie ausgefüllt Luthers Zeitplan war, würde man eher vermuten, dass er seine Gebetszeit verkürzt hat. Doch jetzt, Jahre später, macht seine Bemerkung für mich Sinn. Tatsächlich ist es so: Je größer der Druck wird, umso nötiger habe ich das Gebet. Ich bete morgens, weil mein Leben so stressig ist.

Wenn wir nicht beten, dann sind wir insgeheim der Überzeugung, dass Zeit, Geld und Talent alles sind, was wir im Leben brauchen. Wir sind immer ein bisschen zu müde, ein bisschen zu beschäftigt. Aber wenn wir so wie Jesus erkennen, dass wir unser Leben nicht allein führen können, dann finden wir immer Zeit zum Beten, egal wie müde oder beschäftigt wir sind.

Zeit im Gebet zu verbringen macht uns noch abhängiger von Gott, weil wir dann nicht mehr so viel Zeit haben, um unsere To-do-Liste abzuarbeiten. Jede Minute, die wir im Gebet verbringen, ist eine Minute weniger, in der wir etwas „Produktives" tun könnten. Unser Beten führt also dazu, dass wir uns noch mehr auf Gott verlassen müssen.

KLEINE SCHRITTE UNTERNEHMEN

Wenn Sie Zeit mit Gott verbringen wollen, dann gehen Sie kleine Schritte. Setzen Sie sich keine Ziele, die Sie unmöglich erreichen können. Wenn Sie sich an eine Zeit in Ihrem Leben erinnern, in der Sie täglich mehr als eine halbe Stunde im Gebet verbracht haben, dann machen Sie das nicht zu Ihrem Maßstab. Beginnen Sie klein, machen Sie einen Schritt nach dem anderen. Am Anfang könnte eine fünfminütige Zeit des Gebets stehen.

Es gibt viele Möglichkeiten, dies zu tun. Manche Menschen beten auf dem Weg zur Arbeit. Allerdings ist zu bedenken, dass wir beim Multitasking keine vertrauensvolle Beziehung aufbauen können. Wenn wir mit unserem Ehepartner nur beim Autofahren sprechen, dann schwächt das unsere Ehe. Genauso ist es mit unserer Beziehung zu Gott.

Hier ein paar einfache Tipps, wie Sie morgens Zeit mit Ihrem himmlischen Vater verbringen können:

- ❑ *Gehen Sie rechtzeitig schlafen.* Was wir am Abend tun, prägt unseren Morgen. Die hebräische Auffassung, dass ein Tag bereits am Abend zuvor beginnt (siehe 1. Mose 1), hilft uns dabei, unsere Gebetszeit zu planen. Wenn Sie morgens beten möchten, dann planen Sie Ihren Abend so, dass Sie nicht zu lange aufbleiben. Der Abend und der Morgen sind miteinander verbunden.
- ❑ *Stehen Sie auf.* Im Bett zu beten ist schön. Und je mehr Sie *außerhalb* des Bettes beten, umso mehr werden Sie auch *im* Bett beten. Aber *im* Bett können Sie Ihre morgendliche Gebetszeit nicht weiterentwickeln. Manchmal habe ich mitten in der Nacht eine tief erfüllte Zeit des Gebets. Ich wache auf und fange an zu beten. Aber diese Gebetszeiten entstanden nur, weil ich normalerweise zum Beten aufstehe.
- ❑ *Werden Sie wach.* Vielleicht brauchen Sie erst einmal eine Tasse Kaffee oder eine Dusche.
- ❑ *Suchen Sie sich einen ruhigen Ort.* Vielleicht ein bestimmtes Zimmer, einen Stuhl oder einen Platz mit einer schönen Aussicht. Oder Sie gehen ein Stück spazieren. Stellen Sie sicher, dass Sie nicht gestört werden.
- ❑ *Machen Sie es sich bequem.* Denken Sie nicht, dass Sie sich zum Beten hinknien müssen. Jahrelang wurde ich am Beten gehindert, weil ich es so unbequem fand, dies auf Knien zu tun.
- ❑ *Fangen Sie einfach an.* Beginnen Sie mit nur fünf Minuten. Setzen Sie sich lieber ein kleines Ziel, das Sie erreichen können, und nehmen Sie sich nichts Heldenhaftes vor. Sie werden bald feststellen, dass die Zeit verfliegt.
- ❑ *Bleiben Sie dran.* Beständigkeit ist wichtiger als eine lange Zeitspanne. Wenn Sie jeden Tag fünf Minuten beten, wird sich

die Zeit allmählich verlängern. Irgendwann schauen Sie auf die Uhr und merken, dass schon zwanzig Minuten vergangen sind. Sie genießen die Zeit mit Gott. Jesus ist diese Beständigkeit im Gebet so wichtig, dass er seinen Jüngern in einem Gleichnis deutlich macht, „wie wichtig es ist, unermüdlich zu beten und dabei nicht aufzugeben" (Lukas 18,1).

Ganz gleich wie oder wann Sie beten: Wenn Sie Gott in Ihrem Leben Raum geben, wird er Ihre Seele anrühren. Gott weiß, dass Sie erschöpft sind, aber zugleich sehnt er sich danach, an Ihrem Leben teilzuhaben. Ein Fest wartet auf Sie.

6. LERNEN, HILFLOS ZU SEIN

Aus irgendeinem Grund wacht Kim immer sehr früh morgens auf, manchmal schon um halb fünf. Sie weiß, dass sie nicht so früh aufstehen soll, also geht sie in den Flur, knipst das Licht an und geht wieder zu Bett. Fünf Minuten später steht sie noch einmal auf, macht das Licht wieder aus und legt sich hin. Dieser Vorgang wiederholt sich immer und immer wieder. Wenn Jill und ich hören, dass Kim im zweiten Stock herumläuft, sagen wir ihr, dass sie sich wieder hinlegen soll. Aber da wir durch ein Stockwerk von ihr getrennt sind, ist es eher ein Schreien.

Wenn Jill und ich dann zum Beten aufstehen, wird es erst richtig spannend. Jill geht dann ins Erdgeschoss und ich in den ersten Stock. Jill ist lärmempfindlicher als ich. Wenn sie Kim oben herumlaufen hört, ruft sie mir zur, dass ich Kim ermahnen soll, leise zu sein. Manchmal ermahne ich Kim auch zum Leisesein, bevor Jill sich aus dem Erdgeschoss bemerkbar macht, damit sie nicht erst zu mir hochschreien muss. Zu Jills Verteidigung muss man sagen: Kims Schritte sind so laut, dass man den Eindruck hat, ein Elefant würde im 2. Stock wohnen.

In der Welt des Autismus nennt man Kims Umherwandern ein stereotypes Verhaltensmuster. Irgendwann wurde es so schlimm, dass wir ihren Neurologen aufsuchten. Er empfahl uns ein Medikament, das wir ausprobierten, doch weil Kim dadurch zunahm, setzten wir es wieder ab und schrien frühmorgens wieder durchs Haus, um sie zum Hinlegen zu animieren!

Jill und ich beten viel für Kim, doch erst kürzlich wurde mir bewusst, dass ich nie allein oder mit Kim zusammen darum gebetet hatte, dass ihr Umherwandern aufhört. Warum? Weil ich die Lösung schon kannte: Wenn Kim sich wieder wie ein Elefant gebärdet, dann schreie ich eben nach oben, dass sie sich wieder hinlegen soll. Ich war in dieser Angelegenheit nicht hilflos, sondern wusste genau, was zu tun ist. Ich nenne das den Idiotenzugang zum Leben. Mit anderen Worten: „Du Idiot, hör doch endlich damit auf …"

Kleine Kinder können ja so hilflos sein. Darin sind sie gut. Aber als Erwachsene vergessen wir schnell, wie wichtig Hilflosigkeit ist. Ich zum Beispiel bin regelrecht allergisch dagegen. Ich kann es nicht leiden. Ich brauche einen Plan, eine Idee oder vielleicht auch einen Freund, dem ich meine Probleme anvertrauen kann. Auf diese Weise gehe ich bei allem instinktiv vor, weil ich auf meine eigenen Fähigkeiten vertraue. Das passiert mir sogar bei der Arbeit, wenn ich anderen etwas über das Beten weitergeben will. Obwohl ich Gebetsseminare abhalte und ein Arbeitsbuch zum Thema Gebet geschrieben habe, kam es mir erst vor einem Jahr in den Sinn, dass ich systematisch und regelmäßig für unseren Dienst beten sollte. Warum war das so? Weil ich nicht hilflos war. Schließlich konnte ich unsere Gebetsarbeit selbst managen. Ich habe das nie laut ausgesprochen, aber ich lebte es. Dabei ist Hilflosigkeit eines der wichtigsten Themen in unserem Gebetsseminar. Wenn es also darum ging, anderen die Bedeutung der Hilflosigkeit zu vermitteln, war ich selbst nicht hilflos! So ist das menschliche Herz. Ich fing erst an, für unsere Seminararbeit zu beten, als sie ins Stocken geriet – und ich hilflos war.

GEBET = HILFLOSIGKEIT

Gott möchte, dass wir mit leeren Händen vor ihn treten, müde und beladen. Wir dagegen wollen aber erst unsere Hilflosigkeit loswerden, bevor wir zu Gott kommen. Ein Teilnehmer unseres Gebetsseminars brachte das folgendermaßen zum Ausdruck:

> „Ich beginne zu verstehen, dass es einen Unterschied macht, ob man ein Gebet ‚spricht' oder ob man aufrichtig betet. Beides kann nach außen hin gleichklingen, aber das erste Gebet ist viel zu oft durch Pflicht- und Schuldgefühle motiviert, während das ehrliche Gebet auf der Überzeugung beruht, dass ich völlig hilflos bin und das Leben nicht allein bewältigen kann. Oder, wenn es um andere Menschen geht: dass ich völlig hilflos bin und ihnen ohne die Gnade und Kraft Gottes nicht helfen kann."

Der norwegische Theologe Ole Hallesby schreibt in seinem Klassiker *Vom Beten* über die Bedeutung der Hilflosigkeit. Er erklärt, dass Marias Bitte an Jesus bei der Hochzeit in Kanaan – „Es ist kein Wein mehr da" (Johannes 2,3) –, eine perfekte Beschreibung des Gebets ist.[7] Beten heißt, unsere Hilflosigkeit vor Jesus bringen. Der Trappistenmönch Thomas Merton fasst diesen Gedanken sehr schön zusammen: „Beten ist ein Ausdruck dessen, wer wir sind [...]. Wir sind eine lebende Unvollkommenheit. Wir sind eine Lücke, eine Leere, die nach Erfüllung ruft."[8]

Im Johannesevangelium begegnen wir immer wieder Menschen, die wegen ihrer Hilflosigkeit zu Jesus kommen. Die samaritanische Frau hat kein Wasser (Johannes 4). Dem Sohn des Beamten, der später im selben Kapitel erwähnt wird, fehlt es an Gesundheit. Der Kranke am Teich Betesda hat niemanden, der ihm ins Wasser hineinhilft (Johannes 5). Die Menschenmenge hat

---

7 Ole Hallesby: Ole Hallesby: *Vom Beten.* SCM R. Brockhaus, 3. Auflage 2015.

8 Zitiert bei Mark E. Thibodeaux, S. J.: *Armchair Mystic.* Cincinnati, Ohio, St. Anthony Messenger, 2001, S. ix.

kein Brot (Johannes 6). Dem blinden Mann fehlt das Augenlicht (Johannes 9). Und schließlich ist da noch Lazarus, der sein Leben verloren hat (Johannes 11).

Wir haben Jesus in unser Leben aufgenommen, weil wir schwach waren, und genauso folgen wir ihm auch nach. Paulus schreibt an die Kolosser: „Wie ihr nun angenommen habt den Herrn Christus Jesus, so lebt auch in ihm" (2,6; Luther 2017). Wir vergessen schnell, dass unser Leben als Christen nur gelingt, wenn wir hilflos sind.

Daran wurde auch Paulus erinnert, als er Gott dreimal bat, ihn von einem quälenden Leiden zu befreien. Es geschah nicht. Stattdessen zeigte Gott ihm, wie das Evangelium wirksam ist: „Aber er hat zu mir gesagt: ‚Meine Gnade ist alles, was du brauchst! Denn gerade wenn du schwach bist, wirkt meine Kraft ganz besonders an dir.' Darum will ich vor allem auf meine Schwachheit stolz sein. Dann nämlich erweist sich die Kraft von Christus an mir" (2. Korinther 12,9).

Das Evangelium, Gottes Geschenk der Gnade in Jesus, wird nur wirksam, wenn wir erkennen, dass wir es nicht allein schaffen. Dasselbe gilt für das Gebet. Gerade durch unsere Hilflosigkeit – auf die wir gut verzichten könnten – wird das Gebet wirksam. Es wirkt, *weil* wir hilflos sind. Wir können unser Leben nicht allein bewältigen.

Das Gebet ist wie ein Spiegel des Evangeliums. Im Evangelium nimmt uns der Vater aufgrund dessen, was Jesus getan hat, so an, wie wir sind, und schenkt uns die Erlösung. Im Gebet nimmt uns der Vater aufgrund dessen, was Jesus getan hat, so an, wie wir sind, und schenkt uns seine Hilfe. Wir schauen auf die Unzulänglichkeit unseres Gebets und geben auf, weil wir denken, dass mit uns etwas nicht stimmt. Gott aber schaut auf die Vollkommenheit seines Sohnes und freut sich über unsere holperigen, durch Ablenkungen gestörten Gebete.

EINE FALSCHE AUFFASSUNG VON CHRISTLICHER REIFE

Wir meinen: „Christen, die einen starken Glauben haben, beten viel. Wenn ich einen stärkeren Glauben hätte, würde ich mehr beten." Tatsächlich beten reife Christen mehr. Das tun sie deswegen, weil sie erkannt haben, wie schwach sie sind. Sie versuchen nicht, diese Tatsache vor sich selbst zu verbergen. Ihre Schwäche ist der Kanal, der ihnen den Zugang zu Gottes Gnade gibt.

Dabei beziehe ich mich nicht auf irgendwelche prominenten Christen. Edith Schaeffer, Autorin und Witwe des Evangelisten und Philosophen Francis Schaeffer, wurde einmal in einem Interview gefragt: „Wer ist die größte christliche Frau unserer Zeit?" Sie antwortete: „Wir kennen ihren Namen nicht. Sie stirbt gerade an Krebs, in einem Krankenhaus irgendwo in Indien." Genau diese Frau meine ich. Sie führt zwar ein Leben des Gehorsams gegenüber Gott, aber tief drinnen empfindet sie ihre Hilflosigkeit. Dieses Gefühl ist ihr zur zweiten Natur geworden ... es ist so selbstverständlich für sie wie das Atmen. Warum? Weil sie tatsächlich schwach ist. Sie kann ihr ruheloses Herz spüren, ihre Neigung, sich selbst mit anderen zu vergleichen. Sie ist schockiert darüber, wie die Eifersucht in ihr aufkommt. Sie hat erkannt, wie leicht die Welt sie in ihren Bann zieht. Kurz gesagt: Sie hat ein gesundes Misstrauen gegen sich selbst. Und wenn sie andere Menschen beobachtet, nimmt sie dort denselben Kampf wahr. Die Welt, das eigene selbstsüchtige Wesen und der Teufel – das ist einfach zu viel für sie. Und wohin führt sie das? Zu Gott. Im Gebet wendet sie sich an ihn. Sie braucht Jesus.

Wenn wir im Glauben wachsen, erkennen wir unsere sündhafte Natur immer mehr, doch zugleich erkennen wir auch mehr von Jesus. Während wir unsere Schwächen immer klarer sehen, begreifen wir allmählich, dass wir immer mehr auf Gottes Gnade angewiesen sind.

Das folgende Schaubild zeigt auf, wie sich dies im Leben eines Christen auswirkt. Der unreife Christ auf der linken Seite hat ein kleines Kreuz und nur eine begrenzte Wahrnehmung seiner

Sünde. Er hat wenig Grund zum Beten. Der reife Christ auf der rechten Seite hat ein großes Kreuz und sieht seine Sünde ganz deutlich. Das Ergebnis? Er betet mehr.

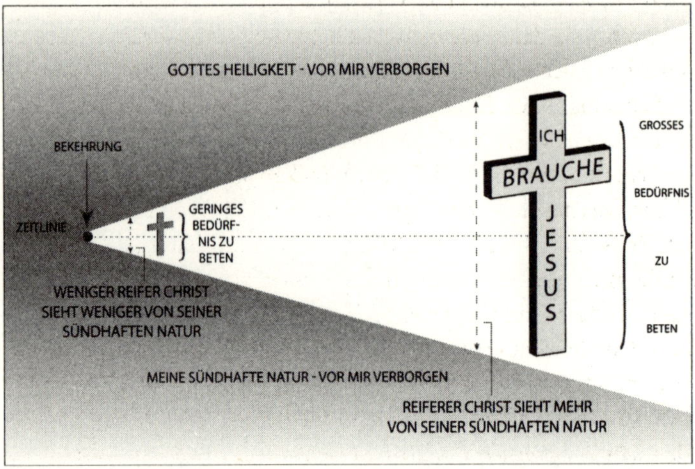

Sonship, copyright © 2002. Schaubild abgedruckt mit freundlicher Genehmigung der World Harvest Mission (www.whm.org). Alle Rechte vorbehalten.

Ich kann mich noch gut daran erinnern, als ich den Küchenboden schrubbte und frustriert darüber war, wie wenig Fortschritte die Teilnehmer machten, die meinen Glaubenskurs besuchten. Während ich so vor mich hin schrubbte, wurde mir klar, dass ich dieselben Probleme hatte. Und das macht mich noch deprimierter. Dann aber fiel es mir wie Schuppen von den Augen, dass gerade meine Unfähigkeit, meine Minidepression die Tür zu Gott waren. Gott wollte, dass ich über mich selbst traurig war und mich durch seinen Sohn ermutigen ließ. Das Evangelium gebraucht meine Schwachheit als Tor zu Gottes Gnade. So wirkt die Gnade.

Weniger reife Christen haben nicht so ein großes Bedürfnis zu beten. Wenn sie ihr Herz betrachten (was sie kaum je tun), dann erkennen sie selten ihre Eifersucht. Sie sind sich ihrer Ungeduld kaum bewusst. Stattdessen sind sie frustriert über all die Menschen in ihrer Umgebung, die anscheinend kaum weiterkommen im Glauben. Sie sind dann schnell mit Ratschlägen zur Hand. Ihre Welt ist gar nicht kompliziert, denn sie haben ganz einfache Antworten: „Mach es doch so wie ich und dein Leben wird viel leichter sein." Ich weiß das alles, weil ich mit „denen", über die ich hier rede, eigentlich mich selbst meine. So bin ich nämlich ohne Jesus.

Seltsamerweise fühlen sich reifere Christen innerlich gar nicht so reif. Wenn sie Jesus sagen hören: „Ohne mich könnt ihr nichts ausrichten" (Johannes 15,5), dann nicken sie. Sie denken dabei an all das, was sie ohne Jesus getan haben und was zu nichts geführt hat. Reife Christen sind sich völlig darüber im Klaren, dass sie ihre Kinder nicht erziehen können. Da müssen sie gar nicht lange überlegen. Selbst wenn sie perfekte Eltern sind, können sie die Herzen ihrer Kinder nicht erreichen. Darum beten reifere Christen mehr.

Johannes Justus von Landsberg, ein katholischer Mönch aus dem 16. Jahrhundert, fasst diese Gedanken sehr gut in seinem Klassiker *Ansprachen Christi an eine gläubige Seele* zusammen. Er stellte sich vor, wie Jesus persönlich zu uns spricht:

> „Ich kenne diese Stimmung, wenn man ganz allein dasitzt, verschmachtend, von Traurigkeit verzehrt, im reinen Zustand des Kummers. Du näherst dich mir nicht, sondern bildest dir in deiner Verzweiflung ein, dass alles, was du je getan hast, ganz und gar verloren und vergessen ist. Diese Beinaheverzweiflung und das Selbstmitleid sind in Wirklichkeit eine Form des Hochmuts. Du denkst, du seist aus einem Zustand der absoluten Sicherheit herabgestürzt, doch in Wahrheit hast du zu sehr auf deine eigene Kraft und deine Fähigkeiten vertraut. [...] Was dich so schmerzt, ist, dass die Dinge sich nicht so zugetragen haben, wie du es erwartet und gewünscht hast.
> Doch ich möchte nicht, dass du dich auf deine eigene Kraft, deine Fähigkeiten und Pläne verlässt, sondern dass du ihnen und dir selbst misstraust und lieber auf mich vertraust und auf nichts und niemanden sonst. Solange du ganz und

gar auf dich selbst baust, wirst du unweigerlich im Kummer enden. Es gibt eine ganz wichtige Lektion, die du lernen musst: Deine eigene Kraft wird dir genauso wenig helfen, aufrecht zu stehen, wie wenn du dich auf ein gebrochenes Schilfrohr stützt. Du darfst nicht an mir verzweifeln. Du darfst ganz und gar auf mich hoffen und vertrauen. Meine Gnade kennt kein Ende."[9]

Jesus erwartet von uns nicht, dass wir etwas tun, was er nicht schon getan hat. Er lädt uns ein in sein Leben der hilflosen Abhängigkeit von seinem himmlischen Vater. Mehr wie Jesus werden heißt, sich immer unfähiger fühlen, das Leben selbst in die Hand zu nehmen, seinem eigenen Herzen immer weniger zu trauen. Es scheint paradox, doch je mehr wir im Glauben wachsen, umso weniger reif fühlen wir uns. Gerade das, was wir vermeiden wollen – unsere Unfähigkeit –, öffnet uns die Tür zum Gebet und dann zur Gnade.

Als unsere Kinder zwei, fünf, acht, zwölf, vierzehn und sechzehn Jahre alt waren, habe ich Folgendes in mein Gebetstagebuch geschrieben:

19. März 1991. Es ist seltsam – wenn ich morgens nicht bete, dann schwappt das Böse förmlich in unser Haus hinein. Ich muss unbedingt beten! O Gott, schenk mir die Gnade zu beten.

Ich brauchte siebzehn Jahre, um zu merken, dass ich nicht aus mir selbst heraus Vater sein konnte. Das war keine großartige geistliche Erkenntnis, sondern eine nüchterne Feststellung. Wenn ich nicht bewusst und wohlüberlegt jeden Morgen für jedes einzelne Familienmitglied betete, dann würden sie sich noch gegenseitig umbringen. Es gelang mir einfach nicht, ihre Herzen

9 John of Landsburg: *A Letter from Jesus Christ.* New York, Crossroad, 1981, S. 58–59.

zu erreichen. Ich war verzweifelt. Und mehr noch: Ich konnte auch mein eigenes so selbstbewusstes Herz nicht verändern. Mein Gebetstagebuch spiegelte dies alles wider: die Unfähigkeit, meine Kinder zu verändern, und die Unfähigkeit, meine selbstbewusste Haltung zu verändern. Darum brauche ich sogar für das Gebet Gottes Gnade.

Gott erhörte mein Gebet. Als ich damit begann, regelmäßig für meine Kinder zu beten, fing er an, in ihren Herzen zu wirken. Zum Beispiel betete ich dafür, dass mein ältester Sohn John mehr Demut lernte. (Wie Jill immer sagt: „Der Apfel fällt nicht weit vom Stamm.“) Ungefähr sechs Monate später kam er zu mir und sagte: „Papa, ich habe in letzter Zeit viel über Demut nachgedacht und darüber, dass sie mir fehlt.“ Es dauerte nicht lange, bis ich begriff, dass ich meinen Kindern durch das Gebet am besten Vater sein konnte. Ich redete weniger auf die Kinder ein und sprach mehr mit Gott. Das war übrigens sehr entspannend.

Es dauerte nicht lange, bis ich begriff,
dass ich meinen Kindern durch das Gebet
am besten Vater sein konnte.
Ich redete weniger auf die Kinder ein
und sprach mehr mit Gott.
Das war übrigens sehr entspannend.

Wenn wir der Meinung sind, dass wir unser Leben auf eigene Faust bewältigen können, dann werden wir das Gebet nicht ernst nehmen. Für unser Versagen beim Beten finden wir dann immer irgendwelche Gründe – mangelnde Disziplin oder zu viele Verpflichtungen. Doch wenn uns etwas wirklich wichtig ist, dann schaffen wir in unserem Leben Raum für Gebet. Vielen Christen ist das Gebet nicht wichtig, weil Jesus für sie nur eine Art Sahnehäubchen auf ihrem Leben ist. Wenn wir wirklich Beter werden wollen, dann gehört zu diesem Weg auch das Leiden, wie wir an späterer Stelle noch sehen werden. Das Leid ist Gottes Geschenk an uns, um uns zu zeigen, wie das Leben wirklich ist.

DIE TÜR ÖFFNEN ...

Vor Kurzem fing Kim wieder an, in den frühen Morgenstunden herumzuwandern. Als ich aufstand, fragte Jill mich im Halbschlaf: „Schreist du Kim jetzt wieder an?"

„Nein", antwortete ich, „das hat zehn Jahre lang nicht funktioniert, darum werde ich jetzt lieber mit ihr beten."

Da musste Jill lachen. „Von wegen zehn Jahre! Es sind schon zwanzig!"

Ich ging in Kims Zimmer und war mir bewusst, dass nichts, was ich sagte, sie davon abhalten würde, weiter wie ein Elefant durchs Haus zu stampfen. Ich ging still zu ihrem Bett, legte die Hand auf ihre Decke (sie tat so, als ob sie schlafen würde) und bat den Heiligen Geist, ihr Ruhe zu schenken. Gott erhörte mein Gebet. Sie schlief ein und wanderte an diesem Morgen nicht mehr umher.

In dem Moment, als ich zu beten anfing, kam mir plötzlich ein Gedanke in den Sinn: Ich hatte Kims Fähigkeit, selbst zu beten und mit ihrem himmlischen Vater in Kontakt zu treten, unterschätzt. Mein Blickwinkel war zu eng. In diesem Bereich ihres Lebens sah ich sie in erster Linie als einen behinderten Menschen an und nicht als eine junge Frau, die nach dem Ebenbild Gottes geschaffen worden war und die mit ihrem Vater im Himmel kommunizieren konnte. Das Gebet aber schuf eine neue Erwartung in meinem Herzen, eine neue Hoffnung, dass sie geistlich wachsen konnte. Wenn sie sich ins Handgelenk beißt, kann ich mit ihr darüber beten. Wenn ich ihre schwieligen Handgelenke mit Öl einreibe, kann ich mit ihr beten. Statt Kims ungebändigten Zorn zu bekämpfen, richte ich meinen Blick auf ein neues Ziel aus: dass sie beten lernt.

Aber Kim hörte mit dem nächtlichen Herumwandern nicht

auf. So ungefähr jedes zweite Mal quälte ich mich aus dem Bett und betete mit ihr. Vier Monate später zogen wir um und das Herumwandern hörte komplett auf. Wir wussten, dass Kim aufgrund ihres Autismus überempfindlich gegen Lärm war, aber es war uns nicht klar gewesen, dass sie morgens von den Lkws der Fabrik gegenüber und vom allgemeinen Straßenlärm geweckt wurde. Unser neues Haus liegt etwas weiter weg von der Straße und ist viel ruhiger. Gott beantwortete meine Gebete für Kim.

Alle wichtigen Themen rund um das Gebet finden sich in der Geschichte von Kim wieder: Hilflosigkeit, Beziehung, Reue, Bitten, eine Geschichte und Hoffnung. Wenn wir Gott die Tür öffnen, treffen wir auf ungeahnte Schätze.

7. „ABBA, LIEBER VATER“

Während ich der Diskussion in unserer Sitzung folgte, sagte plötzlich unser Berater: „Paul ist so still. Er scheint sich für nichts zu begeistern, außer vielleicht für Jesus.“ Ich lächelte – zum Teil, weil es eine lustige Bemerkung war, und zum Teil, weil ich eigentlich eher wie Barney Fife bin, der nervöse Hilfssheriff aus einer alten amerikanischen Fernsehserie, der *Andy Griffith Show*. In meinem Kopf überschlagen sich die Ideen und mein Mund will überall mitreden.

Warum aber war ich dann so still? Weil ich innerlich betete und immer wieder *Vater, Vater, Vater* sagte. Manchmal bete ich den Namen *Jesus* oder *Christus*. Oder ich spreche nur einen kurzen Satz wie *Komm, Heiliger Geist*.

Das ist allerdings kein gedankenloses Mantra, das ich herunterbete, um eine höhere geistliche Ebene zu erreichen. Im Gegenteil. Ich habe erkannt, auf was für einer niedrigen geistlichen Ebene ich mich befinde, und darum rufe ich um Hilfe wie ein kleines Kind, das zu seiner Mutter läuft und *Mama, Mama, Mama* sagt. Mein Herz strebt zu seiner wahren Heimat. Dieses Gefühl der betenden Seele bringt David in Psalm 63 treffend zum Ausdruck:

> Gott! Du bist mein Gott! Ich sehne mich nach dir, dich brauche ich! Wie eine dürre Steppe nach Regen lechzt, so dürste ich, o Gott, nach dir (Psalm 63,2).

Warum ru m Hilfe? Meine Neigung, Sitzungen
zu unterbr re Steppe". Wenn mein innerer Bar-
ney Fife m rksamkeit buhlt, bete ich im Stillen
Jesus, Jesu inus es einmal ausdrückte, ist mein
Herz unru uhe findet.[10]

Am scl nn ich mich für eine neue Idee be-
geistere. I ht mehr richtig zu, sondern versu-
che nur n Gedanken zu verkaufen, und werde
leicht don t eine dürre Steppe. Doch wenn ich
anfange z Lebensenergie in das Leben Gottes
hineingel nicht mehr andere von meiner Mei-
nung übe e ich ganz still, so wie in unserer Sit-
zung!

Wenn vorbringt, die ursprünglich meine
war, möc darauf hinweisen, dass sie von mir
stammt. z unruhig, als ob das Universum aus
den Fuge r nur, weil ich angeben will. Der ein-
zige Weg en meiner Seele nach Ruhm und Auf-
merksam t das Gebet: *Ohne dich kann ich nichts*
ausrichte

Ande von meinen Ideen überzeugen und
damit an r ein paar von den Dingen, die mich
unabläss in eine beständige kindliche Abhän-
gigkeit v der von uns hat so seine eigene Liste.
Sie sollte Gebets führen.

UT, NICHT DISZIPLIN

Ich habe das beständige Beten nicht bewusst gelernt, sondern habe einfach gemerkt, dass ich es bereits praktizierte. Wenn ich in schwierigen Situationen war, die ich nicht unter Kontrolle hatte,

---

10 *Des heiligen Kirchenvaters Aurelius Augustinus Bekenntnisse.* Aus dem Lateinischen übersetzt von Dr. Alfred Hofmann. Bibliothek der Kirchenväter, 1. Reihe, Band 18; Augustinus Band VII, München 1914, S. 1.

konnte ich ja nur noch zu meinem Vater im Himmel rufen. Das geschah so oft, dass es zu einer Gewohnheit wurde und so eine ständige Verbindung zwischen meiner Seele und Gott gewachsen ist.

Oft merke ich gar nicht, dass ich gerade bete. Vielleicht bin es ja auch gar nicht ich, der da spricht, sondern der Heilige Geist. Paulus schreibt: „Weil ihr nun seine Kinder seid, schenkte euch Gott seinen Geist, denselben Geist, den auch der Sohn hat. Jetzt können wir zu Gott kommen und zu ihm sagen: ‚Abba, lieber Vater!'" (Galater 4,6). Der Heilige Geist *hilft* uns nicht beim Beten, sondern er *ist* derjenige, der betet. Er ist der eigentliche Beter.

Genauer gesagt ist es der Geist *des Sohnes*. Der Heilige Geist bringt das kindliche Herz von Jesus in mein Herz hinein und ruft *Abba, Vater*. Die Sehnsucht, die Jesus nach seinem Vater verspürt, wird zu meiner Sehnsucht. Mein Geist verbindet sich mit dem Heiligen Geist und auch ich beginne, *Vater* zu rufen.

Viele Theologen sind der Auffassung, dass Jesus seinen Vater im Gebet mit *Abba* angeredet hat. Das ist so ähnlich wie unser Wort *Papa*. Ihr Argument lautet: Wir kennen das Wort *Abba* deshalb, weil es sich in das Gedächtnis der Jünger eingebrannt hat. Sie waren verblüfft darüber, denn niemand hatte je zuvor so vertraut mit Gott gesprochen. Als sie dann den griechischen Christen von Jesus erzählten, übernahmen sie das aramäische Wort *Abba* sogar in die griechischen Übersetzungen der Bibel. Das wiederum beeindruckte Paulus so sehr, dass er das Wort *Abba* sowohl im Römer- als auch im Galaterbrief verwendete. Bis heute gehen Bibelübersetzer in aller Welt genauso vor wie die ersten Jünger. Egal in welcher Sprache die Bibel veröffentlicht wird, sie verwenden immer noch *Abba*.

Dieses Ein-Wort-Gebet, *Vater*, ist in besonderer Weise das Gebet von Jesus. Der erste Satz, den wir von ihm kennen und den er im Alter von zwölf Jahren geäußert hat, dreht sich um seinen Vater: „Habt ihr denn nicht gewusst, dass ich im Haus meines Vaters sein muss?" (Lukas 2,49). *Abba* ist auch das erste Wort, das der verlorene Sohn spricht, als er nach Hause kommt. Es ist der Anfang des Vaterunsers und auch des Gebets, das Jesus in Getsemane spricht. Es ist das erste Wort Jesu am Kreuz – „Vater, vergib ihnen“ (Lukas 23,34) – und eines seiner letzten – „Vater, in deine Hände lege ich meinen Geist“ (Lukas 23,46). *Vater* war mein erstes Gebet, als ich damit begann, kontinuierlich zu beten, und es ist auch heute noch mein häufigstes Gebet.

Ich merkte, dass ich meist in einfachen Worten betete. Es waren Gebete, die nur aus zwei oder drei Wörtern bestanden, wie zum Beispiel *Lehre mich* oder *Hilf mir, Jesus*. Die Psalmen sind voll von diesen kurzen, prägnanten Gebeten. Wenn wir schlichte Ein-Wort-Gebete sprechen oder Bibelverse beten, nimmt das den Druck heraus, weil wir dann nicht ganz genau wissen müssen, was wir brauchen. Paulus sagt: „Dabei hilft uns der Geist Gottes in all unseren Schwächen und Nöten. Wissen wir doch nicht einmal, wie wir beten sollen, damit es Gott gefällt! Deshalb tritt Gottes Geist für uns ein, er bittet für uns mit einem Seufzen, wie es sich nicht in Worte fassen lässt“ (Römer 8,26). Oft sind wir zu erschöpft, um genau herauszufinden, worin unser Problem besteht. Wir merken einfach nur, dass das Leben – auch unseres – nicht funktioniert. Also beten wir *Vater, Vater, Vater*.

Das ist das genaue Gegenteil zur fernöstlichen Mystik, denn dort geht es um eine spirituelle und mentale Technik, die den Menschen aus der Beziehung herauslöst und ihn vom Schmerz befreit, indem sie sein Ich abstumpfen lässt. Fernöstliche Mystiker versuchen, ihren Geist zu entleeren und sich mit dem unpersönlichen „Alles“ zu vereinen. Doch als Christen erkennen wir, dass wir uns selbst nicht heilen können, deshalb rufen wir zu unserem Vater, der unsere wichtigste Beziehung ist.

Eines Tages fuhr ich zur Arbeit und dachte über verschiedene Möglichkeiten nach, wie wir unseren neuen Drei-Jahres-Plan gestalten könnten. Je näher ich dem Büro kam, umso mehr fühlte ich mich überfordert – ich hatte einfach nicht die Weisheit, mich zwischen den verschiedenen Optionen zu entscheiden. Da kam mir das Bibelwort in den Sinn: „Ach führe mich doch auf jenen Felsen, der für mich zu hoch ist“ (Psalm 61,3; NGÜ), und ich verwandelte es in ein einfaches Gebet. Ich brauchte einen Felsen, der höher war als ich selbst. Die in diesem Moment empfundene geistliche Armut (ich fühlte mich überfordert, mir fehlte die Weisheit) war die Tür zum Gebet. Wir brauchen keine Selbstdisziplin, um beständig zu beten, wir müssen einfach nur geistlich arm sein. Die geistliche Armut schafft in uns Raum für den Heiligen Geist. Sie lässt eine von Gott geformte Leere in unserem Herzen entstehen und zeigt uns einen neuen Weg in der Beziehung zu anderen.

Wir brauchen keine Selbstdisziplin,
um beständig zu beten,
wir müssen einfach nur geistlich arm sein.

Ein betender Geist verändert unsere Sicht auf andere Menschen. Wenn wir einen Stadtbummel machen, kann unser Herz in Versuchung geraten, andere zu verurteilen, zu verachten oder sie zu begehren. Wir begegnen dann vielleicht übergewichtigen oder dünnen Leuten, Teenagern mit Piercings und Tattoos, gut gekleideten Frauen, älteren Menschen, die an uns vorbeischlurfen. Wenn wir versucht sind, eine übergewichtige Person zu verurteilen, könnten wir stattdessen dafür beten, dass sie die Kraft bekommt abzunehmen. Wenn wir einen Teenager mit Nasenring sehen, können wir dafür beten, dass er oder sie in die Gemeinschaft mit Christus findet. Und wenn wir an einem älteren Paar vorübergehen, können wir dafür beten, dass sie in ihrem Alter Gottes Gnade erfahren.

Der Apostel Paulus war sich ständig seiner eigenen Hilflosigkeit und der seiner geliebten Gemeinden bewusst – und daher betete er unablässig.

DAS VORBILD UND DIE LEHRE VON PAULUS

„Unablässig" ist die häufigste Beschreibung, die Paulus für sein eigenes Beten verwendet, und er fordert die Gemeinden auf, es ihm gleichzutun. Für ihn war dies eine ganz reale Erfahrung und keine Phrase. An den zwölf Stellen, in denen er über das kontinuierliche Gebet spricht, wählt er selten zweimal dieselbe Formulierung (Hervorhebungen im Bibeltext wurden hinzugefügt):

- ❑ Gott weiß, dass *kein Tag vergeht*, an dem ich nicht „im Gebet" an euch denke (Römer 1,9-10; NGÜ).
- ❑ *Immer wieder* danke ich meinem Gott [...] (1. Korinther 1,4).
- ❑ [...] *höre ich nicht auf*, Gott dafür zu danken. Jedes Mal wenn ich bete, denke ich auch an euch (Epheser 1,16).
- ❑ *Hört nie auf* zu beten und zu bitten! (Epheser 6,18).
- ❑ Deshalb haben wir seitdem *nicht aufgehört*, für euch zu beten (Kolosser 1,9).
- ❑ Lasst euch *durch nichts* vom Gebet *abbringen* (Kolosser 4,2).
- ❑ [...] *lässt nicht nach*, im Gebet für euch zu kämpfen (Kolosser 4,12).
- ❑ Wir danken Gott *immer wieder* für euch alle (1. Thessalonicher 1,2).
- ❑ *Immer wieder* danken wir Gott dafür (1. Thessalonicher 2,13).
- ❑ *Tag und Nacht* bitten wir ihn inständig (1. Thessalonicher 3,10).
- ❑ Deshalb beten wir *immer wieder* für euch (2. Thessalonicher 1,11).
- ❑ *Immer wenn* ich für dich bete, danke ich Gott (2. Timotheus 1,3).

Wenn Paulus die jungen Gemeinden zum Beten auffordert, ermutigt er sie ebenfalls, dies beständig zu tun (Hervorhebungen im Bibeltext wurden hinzugefügt):

- ☐ Lasst euch *durch nichts* vom Gebet *abbringen* (Römer 12,12).
- ☐ *Hört niemals auf* zu beten! (1. Thessalonicher 5,17).

Wenn Paulus das Gebet so stark betont, dann wundert es nicht, dass wir auch in der frühen Kirche Beispiele für beständiges Beten finden.

DAS JESUSGEBET

In der griechisch-orthodoxen Kirche wird immer noch ein Gebet verwendet, das aus dem 5. Jahrhundert stammt und manchmal auch das Jesusgebet genannt wird: *Herr Jesus Christus, du Sohn Gottes, hab Erbarmen mit mir Sünder.*[11] In der orthodoxen Überlieferung werden solche kurzen Gebete auch Herzensgebete genannt, weil sie mit einem einzigen Atemzug, unter bewusstem Achten auf Atmung und Herzschlag, gesprochen werden.

Die früheste Version dieses Gebets stammt von einem blinden Bettler namens Bartimäus, der dem vorübergehenden Jesus zurief: „Jesus, du Sohn Davids, hab Erbarmen mit mir!" (Lukas 18,38). Wenn man den Hymnus von Paulus aus dem Philipperbrief hinzunimmt: „Jesus Christus ist der Herr" (Philipper 2,11), dann hat man das Jesusgebet. Von Anfang an wurde dieses Gebet wiederholt gesprochen. Als die Menschenmenge Bartimäus zum Schweigen aufforderte, heißt es, er „schrie nur noch lauter" (Lukas 18,39). Er muss sich förmlich die Lunge aus dem Leib geschrien haben, denn immerhin berichten drei Evangelien, wie laut und hartnäckig er war!

Jill hat ihre eigene Version des Jesusgebets. Wenn wir sonntagmorgens mit unseren Hunden spazieren gehen, kommen wir an einem unglaublich gut gepflegten Haus mit einem perfekt getrimmten Rasen vorbei. Besonders im Herbst ist es ein unterhalt-

---

11 *The Philokalia: The Complete Text*. Bd. 4. Verfasst von St. Nikodimos und St. Makarios, übersetzt und herausgegeben von G. E. H. Palmer, Philip Sherrard und Kallistos Ware. London, Faber and Faber, 1999, S. 206.

samer Anblick, wenn das dort lebende Ehepaar sich jeweils einen Laubsauger auf den Rücken geschnallt hat und jedem einzelnen Blättchen nachjagt. Jill, die deutsche Vorfahren hat, verspürt dann jedes Mal einen Drang zu übermäßiger Ordnung und Sauberkeit. Darum betet sie beim Vorbeigehen an diesem makellosen Haus immer wieder: *Gott, bewahre mich vor mir selbst. Gott bewahre mich vor mir selbst.*

Als unsere Kinder im Teenageralter waren, fragte Jill mich einmal: „Weißt du, was unsere Familie am meisten braucht?" Mir fielen da etliche Dinge ein, unter anderem ein neues Auto. Doch ihre Antwort überraschte mich total: „Gnade." Wir mussten nicht ordentlicher werden. Wir brauchten nicht mehr Geld. Wir brauchten Gnade. Aus dieser Einstellung entsteht ein betendes Herz.

Ein Leben des Gebets besteht nicht einfach in einer morgendlichen Stillen Zeit. Es bedeutet, dass man zu allen erdenklichen Zeiten des Tages zu beten beginnt, und zwar nicht, weil man so diszipliniert ist, sondern weil man die eigene geistliche Armut spürt und erkennt, dass man ohne die Hilfe des Geistes von Jesus nicht einmal durch die Einkaufspassage der Stadt oder die Nachbarschaft gehen kann.

8. DIE NÄHE UNSERES VATERS SUCHEN

Vor ein paar Monaten saß ich im Flugzeug neben einer Vertreterin eines großen Pharmakonzerns. Wir kamen ins Gespräch, und ich sagte, wenn man den Leuten so zuhöre, könne man meinen, dass ein Drittel der Frauen in den amerikanischen Vorstädten Antidepressiva einnähmen. Die Pharmavertreterin schüttelte den Kopf. „Das ist nicht richtig. Es sind mindestens zwei Drittel."

Viele von uns möchten ihre Ängste einfach nur loswerden. Manche suchen nach der Wunderpille, die den Stress mildert. Andere gehen in Therapie. Zwar haben Antidepressiva und Therapien schon vielen Menschen geholfen – auch ich bin einer von ihnen –, aber die Suche nach der „Glückspille" oder dem „positiven Denken" wird unsere Ruhelosigkeit und unsere Ängste nicht beseitigen können. Das Problem liegt viel tiefer.

Statt unsere Angst zu bekämpfen, können wir sie als Sprungbrett nutzen, um in Gottes Nähe zu kommen. Statt unsere Angst zu unterdrücken, mit ihr zu leben oder sie im Vergnügen zu ersticken, können wir sie vor Gott bringen. Wenn wir das tun, werden wir entdecken, dass wir zum beständigen Gebet finden, dass wir betend leben.

Hier ein Beispiel, wie die Angst uns den Weg zum Gebet ebnen kann:

Als Kind bin ich nicht gern ans Telefon gegangen, weil ich nicht so schnell die richtigen Worte fand. Wenn eine neue Situation auf mich zukommt, verschlägt es mir regelrecht die Sprache und ich fange an zu stottern. Jill zog mich immer damit auf, dass sie eines unserer Kinder Lillian nennen würde, weil das *L* für mich ein besonderes Problem darstellte. Ebenso das *H*. „Hallo" zu sagen war für mich eine echte Herausforderung. Auch heute noch verspüre ich einen Anflug von Angst, wenn das Telefon klingelt. Bevor ich abnehme, spreche ich deshalb immer ein kurzes, stilles Gebet. Ich suche ganz einfach die Nähe Gottes und mache aus meiner Angst ein Gebet.

EINE KURZE GESCHICHTE DER ANGST UND DES GEBETS

Der Zusammenhang zwischen unserer Angst und einem betenden Leben geht zurück auf den Garten Eden, wo Adam und Eva in ungebrochener Gemeinschaft mit Gott lebten und das beständige Gebet etwas ganz Normales war. Als die beiden jedoch von Gott unabhängig sein wollten, gingen sie nicht mehr abends an Gottes Seite durch den Garten, und so brach ihre Gebetsverbindung ab.

Was steckt dahinter, wenn wir die Gebetsleitung zu Gott unbenutzt lassen? Unsere Angst. Statt mit Gott in Verbindung zu stehen, wirbelt unser Geist unruhig hin und her wie eine abgetrennte Stromleitung und zerstört alles, was ihm in den Weg kommt. Die Angst will so sein wie Gott, aber sie hat nicht Gottes Weisheit, seine Macht und sein Wissen. Eine gottgleiche Stellung ohne einen gottgleichen Charakter und entsprechende Fähigkeiten ist Hochspannung pur. Und weil die Angst das auf sich allein gestellte Ich ist, versucht sie, alles unter Kontrolle zu bekommen. Angesichts des Chaos kann sie sich nicht entspannen. Denn sobald das eine Problem gelöst ist, taucht schon das nächste auf. Und es kommt uns so riesig vor, dass wir schnell vergessen, wie wir das vorige Problem gelöst haben.

Die Angst kann sich im Chaos nicht entspannen.
Das unablässige Gebet klammert sich im Chaos an den Vater.

Jesus war der erste Mensch, der nicht nach Unabhängigkeit strebte. Er wollte in beständigem Kontakt zu seinem himmlischen Vater sein. Ja, er demütigte sich sogar bis zum Tod am Kreuz, er durchlitt die Angst, um uns von ihr zu befreien. Nun bringt der Heilige Geist die Demut von Jesus in unser Herz. Wir müssen nicht mehr kleine Götter sein, die alles unter Kontrolle haben. Stattdessen klammern wir uns angesichts des Chaos an unseren Vater, indem wir betend leben. Weil wir wissen, dass wir nichts unter Kontrolle haben, rufen wir um Gnade. Anstatt ruhelos hin und her zu wirbeln, bringt unser betender Geist allem, womit wir in Berührung kommen, Segen.

David beschreibt die Verbindung zwischen einem demütigen und einem ruhigen Herzen sehr treffend:[12]

Herr, ich bin nicht hochmütig
und schaue nicht auf andere herab.
Ich strecke mich nicht nach Dingen aus,
die doch viel zu hoch für mich sind.
Ich bin zur Ruhe gekommen,
mein Herz ist zufrieden und still.
Wie ein kleines Kind in den Armen seiner Mutter,
so ruhig und geborgen bin ich bei dir! (Psalm 131,1-2).

Wir werden ängstlich, wenn wir eine gottgleiche Stellung einnehmen wollen und uns nach Dingen ausstrecken, die viel zu hoch für uns sind. Aber wenn wir wie kleine Kinder werden und in den Armen der Mutter geborgen sind, werden wir wieder vernünftig.

---

12 David Powlison: *„Peace Be Still': Learning Psalm 131 by Heart."* Journal of Biblical Counseling 18, Nr. 3, (Frühjahr 2000), S. 2.

Das Einzigartige an einem betenden Leben ist, dass es selbst die Antwort ist. Wenn wir Psalm 131 beten, wird unser Herz ruhig. Dies geschieht nicht, weil es magische Worte wären, sondern weil unser Blick nicht mehr hochmütig ist.

Charles Hodge, ein Theologe aus dem 19. Jahrhundert, der an der Princeton-Universität lehrte, erzählt uns sehr anschaulich, wie ein betender Lebensstil aussehen kann:

> „In meiner Kindheit war ich dem ‚Beten ohne Unterlass' näher als in jedem anderen Abschnitt meines Lebens. So weit ich zurückdenken kann, dankte ich Gott für alles, was ich bekam, und bat ihn um alles, was ich brauchte. Wenn ich ein Buch verloren hatte oder ein Spielzeug, dann betete ich, dass ich es finden würde. Ich betete, wenn ich die Straße entlangging, in der Schule oder außerhalb der Schule, wenn ich spielte oder lernte. Ich tat das nicht, um irgendeine Vorschrift zu befolgen. Es kam mir einfach natürlich vor. Ich dachte an Gott und stellte ihn mir als ein überall gegenwärtiges Wesen vor, voller Güte und Liebe, das nicht beleidigt war, wenn Kinder mit ihm sprachen. Ich wusste, dass er sich auch um die Spatzen kümmerte. Ich war fröhlich und glücklich wie die Vögel und verhielt mich wie sie."[13]

Unser Herz kann unablässig Gebete hervorbringen, denn genau wie Jesus sind wir ganz und gar abhängig. Wir haben Gott vor zehn Minuten gebraucht; wir brauchen ihn auch jetzt. Statt nach dem perfekten geistlichen Zustand zu streben, der uns über dem Chaos schweben lässt, sollten wir lieber *im* Chaos beten. Wenn unser Herz oder unsere Lebensumstände uns Probleme bereiten, dann sollten wir betend leben. Wir werden merken, dass das Chaos dadurch abnimmt.

---

13 Archibald A. Hodge: *The Life of Charles Hodge*. Manchester, New Hampshire, Ayer, 1979, S. 13.

Dieses Muster ist auch in dem Rat zu erkennen, den Paulus den Philippern zum Thema Angst und Sorgen gibt:

> Macht euch keine Sorgen! Ihr dürft in jeder Lage zu Gott beten. Sagt ihm, was euch fehlt, und dankt ihm! Dann wird Gottes Friede, der all unser Verstehen übersteigt, eure Herzen und Gedanken bewahren, weil ihr mit Jesus Christus verbunden seid (Philipper 4,6-7).

Wenn wir beten, erleben wir einen Frieden, der all unser Verstehen übersteigt.

EINE EINLADUNG ZUM GEBET

Wenn wir betend leben, dann werden die Momente, in denen wir Ängste haben, zu einer Gebetseinladung. Ein Verkehrsstau, eine Beleidigung durch einen Freund oder ein drängender Termin können für uns eine Tür zu Gott werden. Wir schalten das Radio im Auto aus, um mit unserem Vater zusammen zu sein. Wir wachen nachts auf und fangen unwillkürlich an zu beten. Es wird für uns so selbstverständlich wie das Atmen.

Wenn wir damit aufhören, unser Leben unter Kontrolle bringen zu wollen, wenn wir uns von unseren Ängsten und Problemen ins Gebet zu Gott führen lassen, dann lassen wir unsere Sorgen los und schauen gespannt zu: Wir beobachten, wie Gott sein Muster in die Geschichte unseres Lebens hineinwebt. Statt an der Front zu stehen und unser Leben selbst in die Hand zu nehmen, erkennen wir, dass wir Teil der Geschichte Gottes sind. Während wir innehalten, begreifen wir, dass er am Wirken ist, und in unserem Leben werden Wunder aufleuchten. Wir lernen, wieder neu zu vertrauen.

TEIL 2

NEU VERTRAUEN LERNEN

9. WARUM WIR ZWEIFELN

Das Gegenteil von einem kindlichen Geist ist ein misstrauischer Geist. Misstrauen wird immer mehr zum beherrschenden Zeitgeist. Für mich persönlich ist es das größte Gebetshindernis. Wenn ein Gebet erhört wird, dann denke ich manchmal: *Es wäre sowieso passiert*. Oder ich fange an zu beten und frage mich, ob es überhaupt etwas nützt.

Viele Christen stecken voller Misstrauen und stehen kurz davor, erschöpft zu resignieren. Etwas in ihnen beginnt zu sterben, aber anders als die „Berufsskeptiker" haben sie die Hoffnung noch nicht ganz aufgegeben. Mein Freund Bryan beschrieb diesen Zustand einmal so: „Ich glaube, wir haben durch frustrierende Erfahrungen Narben davongetragen und deshalb wollen wir uns nun vor weiteren Verletzungen schützen. Die Furcht setzt uns Grenzen."

Das Misstrauen und die Resignation haben eines gemeinsam: Sie stellen Gottes aktive Güte uns gegenüber infrage. Wenn die kleinen Zweifel nicht ausgeräumt werden, öffnen sie den großen die Tür. Wir haben unseren kindlichen Geist verloren und sind daher unfähig, die Nähe unseres himmlischen Vaters zu suchen.

Wenn ich behaupte, dass das Misstrauen zum Zeitgeist gehört, dann meine ich damit einen Einfluss, eine Atmosphäre, die unsere Kultur durchdringt, eine der größten Versuchungen unseres Zeitalters. Wenn wir uns mit dem Misstrauen und der Resignation beschäftigen, denken wir über die letzte Bitte des Vaterunsers nach: „Und führe uns nicht in Versuchung, sondern erlöse uns von dem Bösen“ (Matthäus 6,13; Luther 2017).

Das Misstrauen kann so aufdringlich werden, dass wir es manchmal wie ein lebendiges Wesen empfinden. Hinter dem Zeitgeist steht eine unsichtbare, personhafte böse Macht, ein Geist. Wenn Satan uns nicht vom Beten abhalten kann, dann versucht er, uns die Früchte des Betens zu rauben, indem er unsere Seele abstumpfen lässt. Satan kann nichts erschaffen, aber alles verderben.

DAS GEFÜHL DES MISSTRAUENS

Mit den ersten Worten, die wir von Satan kennen, sät er ein Gefühl des Misstrauens. Er sagt zu Adam und Eva: „Gott weiß: Wenn ihr davon esst, werden eure Augen geöffnet – ihr werdet sein wie Gott und wissen, was Gut und Böse ist“ (1. Mose 3,5). Satan behauptet, dass Gottes Motive nicht echt sind. Im Grunde vermittelt er den beiden Menschen: „Gott hat euch nicht die Wahrheit gesagt über den Baum in der Mitte des Gartens. Das Verbot, von dem Baum zu essen, dient gar nicht eurem Schutz. Gott will sich selbst schützen, damit er keine Konkurrenz bekommt. Er ist neidisch. Er tut so, als ob er sich um euch sorgt, aber in Wirklichkeit geht es ihm nur um sich selbst. Er hat zwei Gesichter.“ Satan verführt Adam und Eva mit angeblichem Insiderwissen: Er weiß, was hinter verschlossenen Türen *wirklich* vor sich geht. Wie beim Klatsch und Tratsch werden tödliche Vertraulichkeiten feilgeboten.

Satan sieht das Böse überall, selbst bei Gott. Ironischerweise wurde das zu einer sich selbst erfüllenden Prophezeiung: Seit dem Sündenfall ist das Böse tatsächlich überall und so hat das Misstrauen ein leichtes Spiel. Weil der Zweifel angeblich sieht, was *wirklich* vor sich geht, fühlt er sich real und echt an. Das bringt ihm eine hervorgehobene Stellung ein, denn authentisch zu sein ist eine der letzten öffentlichen Tugenden in unserer Kultur.

Über diese Gedanken sprach ich mit Cathie, einer guten Freundin, die auch mit Zweifeln zu kämpfen hat. Sie dachte über sich selbst nach und sagte dann zu mir: „Das Misstrauen wird uns schon in der Schule beigebracht, unsere Kultur nimmt die Zweifel mit offenen Armen auf und erhebt sie zum Ideal. Das ist regelrecht heimtückisch. Irgendwie fühlen sich diese abgeschwächten Halbwahrheiten für mich echter an als die Wahrheiten, die von der Bibel gelehrt werden. Es fällt mir leichter, skeptisch zu sein oder gar nichts zu spüren als eine tiefe Leidenschaft. Also können sich die misstrauischen Gedanken bei mir einnisten und fühlen sich echter an als die Wahrheit.

Ich weiß, ich bin in meinem Kampf gegen den Zweifel nicht die Einzige. Aber uns ist meistens gar nicht bewusst, dass der Zweifel ein Problem ist und dass er unser Herz in Beschlag nimmt. Wir merken nur, dass wir uns über nichts mehr freuen können, weil wir zu skeptisch sind, um zu vertrauen oder zu hoffen."

Cathies Worte treffen den Nagel auf den Kopf. Der Zweifel lässt uns dem Leben gegenüber abstumpfen.

Das Misstrauen beginnt mit der bitteren Überzeugung, dass jeder eine dunkle Seite hat. Hinter jedem Silberstreifen am Horizont ist eine Wolke. Der Skeptiker ist immer am Beobachten und Kritisieren, aber er engagiert sich nicht, er liebt und hofft nicht. R.R. Reno, ein katholischer Gelehrter, nannte die Skepsis die pervertierte Form der Aussage „in der Welt, aber nicht von der Welt". Seiner Meinung nach sind wir aus der Ära der Titanen, dem Zeitalter der großen Taten, in das Zeitalter der Teilnahmslosigkeit und Distanziertheit hinübergedriftet.[14] Yoani Sánchez, eine 32 Jahre alte kubanische Bloggerin und führende Sprecherin ihrer Generation, schrieb: „Anders als unsere Eltern haben wir nie an etwas geglaubt. Unser Hauptmerkmal ist die Skepsis. Aber diese ist zwei-

14 R. R. Reno: *„Postmodern Irony and Petronian Humanism."* Mars Hill Audio Resource Essay, Vol. 67 (März/April 2004), S. 7.

schneidig. Einerseits schützt sie uns vor niederschmetternden Enttäuschungen, aber sie lähmt uns auch, irgendetwas zu tun."[15]

Skeptisch sein heißt, auf Distanz gehen. Der Zweifel zieht uns ins „Vertrauen" und behandelt uns als „Eingeweihte", aber in Wahrheit zerstört er jede vertrauensvolle Beziehung. Das führt zu einer schleichenden Verbitterung, die den Geist abstumpfen lässt oder ihn sogar abtötet. Cathie verspürt schon die ersten Anzeichen davon.

Ein Leben des Gebets ist das genaue Gegenteil. Es greift das Böse an und lässt ein Nein als Antwort nicht gelten. Der Psalmbeter forderte Gott heraus, hoffend, träumend, bittend. Das Gebet ist zu allem entschlossen. Die Skepsis aber kann nur kritisieren. Sie ist passiv und schirmt sich von dem großen kosmischen Kampf ab, in den wir verwickelt sind und der mit aller Leidenschaft geführt werden muss. Sie ist ohne Hoffnung.

Wenn man ein misstrauisches oder auch nur erschöpftes Herz mit einer Gebetsschicht überzieht, fühlt es sich heuchlerisch an. Für den Skeptiker ist das Leben nichts als ein fauler Zauber und er selbst trägt nur noch seinen Teil zu dem Ganzen bei.

EINE REISE INS INNERE DES ZWEIFELS

Der Zweifel beginnt seltsamerweise mit einem zu großen Glauben, und zwar der falschen Art. Es ist ein *naiver Optimismus* oder eine törichte Zuversicht. Auf den ersten Blick scheinen der echte Glaube und der naive Optimismus identisch zu sein, denn beide fördern die Zuversicht und Hoffnung. Doch die Ähnlichkeit ist nur oberflächlich. Echter Glaube beruht auf dem Wissen, dass mein himmlischer Vater mich liebt, sich an mir freut und für mich sorgt. Der naive Optimismus hat keine Grundlage. Er ist ein kindliches Vertrauen ohne den liebenden Vater.

---

15 Yoani Sánchez, zitiert bei Joseph Contreras: *„Island of Failed Promises."* *Time*, 3. März 2008, S. 31.

Keine Kultur ist optimistischer als die amerikanische. Unsere „Wir-schaffen-das“-Mentalität beruht auf dem jüdisch-christlichen Vertrauen auf die Güte Gottes, der es gut mit uns meint. Wenn ich weiß, dass der Gute Hirte auf mich achtet und mich schützt, gibt mir das den Mut, durch das finstere Tal zu gehen. Selbst im Angesicht meiner Feinde kann ich ein herrliches Fest feiern, weil Gott mit mir ist. Der Glaube an Gott führt zu einem kühnen Optimismus und mutigen Taten, die Kennzeichen der westlichen Zivilisation.

Im 19. Jahrhundert verlagerte sich die Grundlage dieses Optimismus von der Güte Gottes zur Güte der Menschheit. Der Glaube wurde zu einem Selbstzweck. Während der Weltwirtschaftskrise mobilisierte Präsident Roosevelt die amerikanische Bevölkerung, indem er sie dazu aufrief, auf den Glauben zu vertrauen. In dem Lied *The Sound of Music* sang Julie Andrews über das Vertrauen auf das Vertrauen. Die Disneyfilme, das Sinnbild des naiven Optimismus, versprechen uns, dass wir den Märchenprinzen finden und bis ans Ende unseres Lebens glücklich und zufrieden sein werden.

Doch der Optimismus, der sich auf das Gute im Menschen gründet, bricht in sich zusammen, wenn er auf die dunkle Seite des Lebens trifft. Die Entdeckung des Bösen ist für die meisten Menschen eine höchstpersönliche Erfahrung. Wir erleben die Grausamkeit unserer Schulkameraden und unser Märchenprinz erweist sich als ganz und gar nicht märchenhaft. Wenn wir Kinder bekommen, merken wir bald, dass sie auch ganz schön fordernd und selbstbezogen sein können.

Neulich fragte ich Kim beim Frühstück, ob sie einmal heiraten wolle. „Nein, das ist mir zu laut“, tippte sie auf ihrem Sprachcomputer. Zuerst dachte ich, sie meine die Hochzeitsfeier, doch dann machte sie mir klar, dass sie die Kinder meinte. Sie hat recht. Kinder können sehr selbstsüchtig sein und ständig unsere Aufmerksamkeit fordern. Die moderne Familie, in der sich alles um die Kinder dreht, fördert diese Haltung noch zusätzlich. Jesus vergleicht die Einstellung der Pharisäer mit dieser kindlichen Forderungsmentalität, als er sagt:

> Wie soll ich also die Menschen von heute beschreiben? Wem gleichen sie? Sie sind wie Kinder, die sich auf dem Marktplatz streiten und einander vorwerfen: „Wir haben fröhliche Lieder auf der Flöte gespielt, und ihr habt nicht getanzt. Dann haben wir Klagelieder gesungen, und ihr habt nicht geweint“ (Lukas 7,31-32).

Ein enttäuschter Optimismus führt uns in die Falle der erschöpften Resignation, und am Ende stellen wir praktisch alles infrage. Man könnte meinen, die Enttäuschung würde uns einfach nur weniger optimistisch machen, aber bei uns Menschen gibt es selten ein Mittelmaß. Erst sehen wir alles in rosaroten Farben und dann nehmen wir von allem nur noch die dunklen Seiten wahr. Wir fühlen uns vom Leben verraten.

Als unsere gute Freundin Cathie darüber nachdachte, warum das in ihrem Leben so war, meinte sie: „Ich falle so leicht vom Optimismus in die Dunkelheit, weil ich mich nicht auf den tiefen, beständigen Glauben gründe, dass Gott alles in der Hand hat, egal worum es geht. Ich suche nach angenehmen Ergebnissen und nicht nach der tieferen Wahrheit.“

Der Übergang vom naiven Optimisten zum „Berufsskeptiker“ ist die neue amerikanische Reise. Im naiven Optimismus müssen wir nicht beten, weil wir alles unter Kontrolle haben und alles möglich ist. Als Skeptiker können wir nicht beten, weil alles außer Kontrolle geraten und nur wenig möglich ist.

Weil der Gute Hirte uns nicht mehr durch das finstere Tal führt, brauchen wir etwas, das uns hilft, nicht den Verstand zu verlieren. Dies führt zu einer ironischen Einstellung, dem schwachen Versuch, in einer verrückt gewordenen Welt ein fröhliches Gleichgewicht aufrechtzuerhalten. Und das sind nicht nur harmlose kulturelle Trends, sondern sie prägen unser Leben.

An einem gewissen Punkt unseres Lebens stehen wir alle einmal vor dem finsteren Tal. Wir können das nicht verdrängen. Angesichts des Bösen können wir nicht neutral bleiben. Wir geben entweder auf und distanzieren uns, oder wir lernen, an der Seite des Hirten zu gehen. Hier gibt es keinen Mittelweg.

Ohne den Guten Hirten sind wir allein in einer Geschichte, die keinen Sinn hat. Dann überwältigen und lähmen uns Erschöpfung und Angst. Die Skepsis lässt uns mit unseren Zweifeln allein, sodass wir nicht mehr träumen können. Die Kombination aus beidem führt dazu, dass wir unser Herz verschließen; folglich leben wir nur noch vor uns hin und erledigen unsere Pflichten. Manchmal kommen wir morgens sogar kaum aus dem Bett.

DAS ZEITALTER DER SKEPSIS

Unser persönlicher Kampf mit dem Misstrauen und der Resignation wird noch verstärkt durch die wachsende Neigung unserer Kultur zur Perfektion. Wir glauben, wir müssten die perfekte Beziehung, perfekte Kinder oder einen perfekten Körper haben, und das führt zu einer kritischen Einstellung, die ein Nährboden für die Skepsis ist. Da es keine Vollkommenheit gibt, versuchen wir uns ins rechte Licht zu rücken – wir wollen nach außen hin gut aussehen und spalten uns damit unbewusst in ein öffentliches und ein privates Ich. Wir sind nicht mehr echt und werden zu misstrauischen Subjekten.

Die Besserwisserei der Medien („Das hätte nicht passieren dürfen") prägt unsere Weltsicht und so werden wir immer mehr zu Menschen, die ein schmerz- und problemfreies Leben erwarten. Unsere „Wir-schaffen-das"-Mentalität verwandelt sich in gnadenlose Selbstzentriertheit.

Die in der Psychologie vorhandene Tendenz zur Suche nach verborgenen Motiven wirkt sich ebenfalls auf unser Urteilsvermögen aus und führt dazu, dass wir das Verhalten anderer misstrauisch beäugen. Menschen begehen nicht mehr deshalb Ehebruch, weil sie von sexuellen Begierden getrieben werden, sondern weil sie ungestillte Sehnsüchte haben, die befriedigt werden müssen.

Die Skepsis umgibt uns wie die Luft zum Atmen und sie erstickt unsere Herzen. Wenn wir nicht zu Jüngern Jesu werden, wird das gegenwärtige böse Zeitalter unser Gebetsleben erst abstumpfen lassen und dann abtöten, ganz zu schweigen von unserer Seele. Unsere einzige Hoffnung besteht darin, Jesus nachzufolgen, der uns aus Zweifel und Misstrauen herausführen will.

10. WEGE AUS DEM ZWEIFEL

Jesus bietet uns sechs Heilmittel gegen unsere skeptische Einstellung an. Schauen wir sie uns der Reihe nach an.

1. WARMHERZIG, ABER WACHSAM

Jesus kennt das Böse genau. Als er seine Jünger auf ihre erste Missionsreise aussendet, sagt er zu ihnen: „Ich schicke euch wie Schafe mitten unter die Wölfe. Seid klug wie Schlangen, und doch frei von Hinterlist wie Tauben" (Matthäus 10,16). Wenn wir mit dem Bösen konfrontiert werden, besteht die große Versuchung darin, dass wir zu Wölfen werden, dass wir uns zu Skeptikern entwickeln und nicht mehr wie Schafe sind. Jesus fordert uns auf, warmherzig, aber wachsam zu sein – warmherzig wie eine Taube, und doch wachsam wie eine Schlange.

Jesus hält das Gleichgewicht zwischen der Wachsamkeit gegenüber dem Bösen und dem unerschütterlichen Vertrauen auf die Güte seines Vaters. Er fährt fort: „Nehmt euch in Acht vor den Menschen" (10,17), um uns dann im nächsten Atemzug das Herz zu erwärmen mit einer Schilderung der Liebe seines Vaters: „Habt keine Angst! Ihr seid Gott mehr wert als ein ganzer Spatzenschwarm" (10,31). Wenn unser Vater sich selbst mit dem Tod eines einzigen Spatzen beschäftigt, wird er dann nicht erst recht über unserem Leben wachen? Wir müssen uns nicht mit einem ironischen, kritischen Unterton distanzieren. Wir müssen angesichts des Bösen nicht unser Herz verschließen. Wir können uns dagegen einsetzen.

Statt zu einem naiven Optimismus ruft Jesus uns dazu auf, wachsam zu sein und dabei dennoch auf unseren Vater im Himmel zu vertrauen. Wir sollen ein robustes Vertrauen auf den Guten Hirten besitzen und zugleich wachsam sein gegenüber der Gegenwart des Bösen in unserem eigenen Herz und in den Herzen der anderen.

Ein betendes Leben ist durch einen vorsichtigen Optimismus gekennzeichnet – vorsichtig aufgrund des Sündenfalls, optimistisch aufgrund der Erlösung. Der vorsichtige Optimismus erlaubt es Jesus, seine Jünger mutig in eine böse Welt hineinzuschicken.

Als ich diese Gedanken mit unserer Freundin Cathie teilte, antwortete sie: „Das gefällt mir! Ich werde nicht dazu aufgerufen, eine rosarote Brille aufzusetzen und alles im Leben als schön, gut und erhebend zu betrachten. Stattdessen soll ich darauf vertrauen, dass Gott das, was ich sehe, auch sieht. Und er sieht sogar darüber hinaus. Er kennt die ganze Geschichte, und ich kann voll darauf vertrauen, dass er auf großer Ebene am Werk ist, aber auch in den kleinen Dingen und sogar in meinem Leben."

Ein betendes Leben ist durch einen vorsichtigen Optimismus gekennzeichnet – vorsichtig aufgrund des Sündenfalls, optimistisch aufgrund der Erlösung.

Unsere Zuversicht angesichts des Bösen kommt direkt aus dem Geist von Jesus und motiviert unseren Gebetsgeist. Ein kühner Glaube ist das Kennzeichen derer, die Jesus nachfolgen. Wie wir später noch sehen werden, ist das Gebet das wichtigste Mittel, mit dem wir dazu beitragen, dass die Herrschaft von Christus sich ausbreitet.

Jesus bietet uns nicht nur praktische Ratschläge an. Seine Weisheit ist deshalb so wirksam, weil auch er selbst im Tod kühn gehandelt hat und auf die Hilfe seines Vaters vertraute. Als Jesus am Kreuz hing, verspotteten die religiösen Führer ihn für sein kindliches Vertrauen: „Anderen hat er geholfen, aber sich selbst kann er nicht helfen. [...] Er hat sich doch immer auf Gott verlassen; jetzt wollen wir sehen, ob Gott ihn wirklich liebt und ihm hilft" (Matthäus 27,42-43). Damit wollen sie sagen: „Seht, was passiert, wenn man wie ein Kind handelt und seinem Vater vertraut. Er verlässt einen." Sie werfen Jesus vor, dass er naiv ist und es dumm war, an die Güte Gottes zu glauben.

Doch Jesus antwortet seinen Spöttern nicht, denn er ist ganz Ohr für seinen Vater. Wie eine kluge Schlange sagt er nichts. Wie eine harmlose Taube tut er nichts. Selbst als sein Vater ihm den Rücken kehrt, vertraut Jesus ihm. Mitten im Sturm des Lebens klammert er sich umso fester an seinen Vater.

Das kindliche Vertrauen, das Jesus seinem Vater entgegenbrachte, erfreute diesen, und so wirkte er am Ostermorgen an Jesus und erweckte seinen toten Körper zum Leben. *Er hat sich immer auf Gott verlassen, und Gott liebt ihn wirklich und hilft ihm.* Das Böse behielt nicht das letzte Wort. Die Hoffnung war geboren.

2. DAS HOFFEN WIEDER NEU LERNEN

Die Skepsis tötet die Hoffnung. Die Welt des Skeptikers ist festgelegt und unveränderlich. Er glaubt, dass wir von Kräften umhergetrieben werden, die stärker sind als wir selbst. Alles Träumen erscheint ihm töricht. Ein Risiko einzugehen ist unerträglich. Das Gebet fühlt sich sinnlos an, als ob wir gegen eine Wand reden. Warum sollten Gott und wir selbst ein Scheitern riskieren?

Aber bei Jesus dreht sich alles um die Hoffnung. Sehen wir uns einmal an, was er sagte, *bevor* er damals den Menschen half. Als er einen blinden Mann heilte, erklärte er seinen Jüngern vorher: „An ihm soll die Macht Gottes sichtbar werden" (Johannes 9,3). Bevor er den Sohn der Witwe aus Nain vom Tod auferweckte, sagte er zu ihr: „Weine nicht!" (Lukas 7,13). Dadurch kehrte er den alten jüdischen Trauergesang „Weint, alle die ihr bitteren Herzens seid" in sein Gegenteil. Als Jaïrus Jesus mitteilte, dass seine Tochter gestorben war, ermutigte Jesus ihn: „Verzweifle nicht! Vertrau mir einfach" (Lukas 8,50). Bevor Jesus eine verkrüppelte Frau heilte, sagte er zu ihr: „Du bist von deinem Leiden erlöst" (Lukas 13,12). In all diesen Berichten bringt Jesus Hoffnung, bevor er die Menschen gesund macht. Er ist keine Heilungsmaschine – er berührt die Herzen der Menschen und heilt ihre Seele, bevor er ihren Körper gesund macht.

Hoffnung beginnt mit dem Herzen Gottes. Wenn wir verstehen, wie es im Herzen des Vaters aussieht, wie gern er uns etwas schenkt, dann wird das Gebet für uns zu etwas ganz Natürlichem.

Viele von uns glauben an die christliche Hoffnung der endgültigen Erlösung, aber auch wir haben den skeptischen Zeitgeist eingeatmet und verstehen das Herz Gottes nicht. Das wurde mir klar, als ich mit einer Witwe sprach und sie mir sagte, das Lebensmotto ihres Mannes sei gewesen: „Erwarte nichts. Wenn dann etwas Gutes passiert, sei dankbar." Der Mann war ein guter Freund von mir und sogar mein geistlicher Berater gewesen. Ich war über diese Aussage so überrascht, dass ich mich nicht zurückhalten konnte und seiner Frau Sue darauf mit einer Mischung aus Römer 15,13 und Hebräer 13,20 antwortete: „Sue, das hört sich so ganz anders an als die biblische Aussage ‚Ich wünsche für euch alle, dass Gott, der unseren Herrn Jesus Christus von den Toten auferweckt hat und euch diese Hoffnung schenkt, euch in eurem Glauben mit großer Freude und vollkommenem Frieden erfüllt, damit eure Hoffnung durch die Kraft des Heiligen Geistes wachse.'" Paulus und der Autor des Hebräerbriefes waren erfüllt von der Güte Gottes. Sie sprudelte aus ihren Herzen hervor.

Die Disneyfilme haben recht: Weil ein guter Gott sich in eine böse Welt einmischt, wird es ein Happy End geben. Eines von Gottes letzten Worten in der Bibel lautet: „Sieh, ich mache alles neu" (Offenbarung 21,5). Wenn wir beten, kommen wir mit dem hoffnungsvollen Herzen Gottes in Berührung. Und wenn wir uns das klarmachen, wird das Gebet zu einem Abenteuer.

3. EINEN KINDLICHEN GEIST FÖRDERN

Kürzlich kamen mir morgens während meiner Stillen Zeit Zweifel. Ich dachte darüber nach, wie Gott einige meiner Gebete vom Vortag erhört hatte, und merkte, dass mich das unzufrieden machte. Ich hatte nur gebetet, und Gott hatte gehandelt. Das schien mir zu einfach, zu platt. Ich merkte, dass ich nach einem Grund zum Zweifeln suchte. Außerdem suchte ich nach etwas, das ich tun konnte. Im Grunde gefiel mir Gottes Gnade nicht. Ich wollte an dem, wie Gott mein Gebet erhörte, mitwirken. Tatsächlich mochte ich Gott in diesem Moment nicht. Ich fühlte mich wohler, wenn er auf Distanz blieb.

Was mache ich mit diesem meinem alten Herzen? Genau das, was wir weiter oben bedacht haben: Ich rufe nach Gottes Gnade wie ein hungriges Kind. Sobald ich Gott ganz einfach um Hilfe bitte, werde ich wieder wie ein kleines Kind. Ich höre auf, skeptisch zu sein. Seltsamerweise wird mein Gebet fast sofort erhört, denn schon während des Betens werde ich wie ein Kind. Die Heilung für unsere skeptische Haltung besteht darin, dass wir wieder wie ein kleines Kind werden. Statt die Geschichten anderer zu kritisieren, schauen wir uns die Geschichte an, die unser Vater schreibt.

Um eine gute Geschichte erzählen zu können, brauchen wir die schlichte, kindliche Fähigkeit zu staunen. Alan Jacobs stellt in seiner Biografie über C. S. Lewis fest: „Wer nie enttäuscht wurde, kann auch nie erfreut werden, denn ohne Selbstvergessenheit kann es keine Freude geben."[16] Lewis konnte deshalb so faszinierende Kinderbücher schreiben, weil er seinen kindlichen Geist des Staunens nie verlor. Der Skeptiker dagegen wird nie enttäuscht, aber folglich wird er auch nie erfreut.

---

16 Alan Jacobs: *The Narnian: The Life and Imagination of C. S. Lewis.* San Francisco, HarperSanFrancisco, 2005, S. xxv.

Vor Jahren gab es eine Zeit, in der mein Leben so schwierig war, dass ich nicht beten konnte. Ich konnte mich einfach nicht konzentrieren. Also hielt ich keine längere Gebetszeit mehr ab, sondern betete wochenlang morgens einfach nur Psalm 23. Ich kämpfte um mein Leben. Ohne es zu wissen, folgte ich damals einem Brauch, der aus der frühen Kirche stammte: der *lectio divina*, der göttlichen Lektüre. Indem ich einen Text aus der Bibel langsam betete, ließ ich die Heilige Schrift meine Gebete prägen.

Während ich Psalm 23 betete, dachte ich immer über den Tag davor nach und suchte dort nach Zeichen für die Gegenwart des Guten Hirten, für seine liebevolle Berührung. Selbst an den ganz harten Tagen entdeckte ich ihn überall, wie er vor mir einen Tisch bereitete im Angesicht meiner Feinde, wie er mir in seiner Liebe nachging. Sowohl das Kind als auch der Skeptiker müssen durch das finstere Tal gehen. Der Skeptiker schaut dabei nur auf die Finsternis, das Kind auf den Guten Hirten.

Nicht lange nach meinem Gespräch, das ich mit Cathie über das Thema Zweifel geführt hatte, musste auch sie durch ein finsteres Tal gehen. Sie sagte mir: „Die Skepsis erscheint mir inzwischen mehr und mehr wie eine Fessel. Jesus befreit mich zur Liebe, indem er mir zeigt, dass ich mich mit meinen Zweifeln an ein dunkles, egoistisches Handlungsmuster klammere. Ich weiß, dass ich noch nicht am Ziel meiner Reise angekommen bin, aber ich lerne immer mehr, in Hoffnung zu leben. Ich muss es einfach weiter üben."

Die Gegenwart des Guten Hirten im finsteren Tal ist so unmittelbar und so stark, dass die Skepsis einfach weichen muss. Die ironische Distanz hat keinen Raum mehr, wenn wir um unser Leben kämpfen. Ein Skeptiker ist wie der Zauberer *Saruman* in *Herr der Ringe*: Er hat zu lange in die Kristallkugel des dunklen Herrschers geschaut. Bei dem Versuch, das Böse zu entlarven, verschlimmert man das Böse noch, ohne es zu wollen. Immer mehr fallen wir in die Welt des vorchristlichen Heidentums zurück, wo das Böse anscheinend die lauteste Stimme besitzt und das letzte Wort hat.

Unsere moderne, säkulare Welt hat den Guten Hirten aus Psalm

23 herausgestrichen. Und das bleibt von Psalm 23 übrig, wenn wir den Guten Hirten und alles, was er tut, daraus entfernen:

> ~~Der Herr ist~~ mein ~~Hirte~~, mir wird ~~nichts~~ mangeln.
> ~~Er weidet~~ mich ~~auf einer grünen Aue und führet~~ mich ~~zum frischen Wasser.~~
> ~~Er erquicket~~ meine Seele.
> ~~Er führet~~ mich ~~auf rechter Straße um seines Namens willen.~~
> Und ob ich schon wanderte im finstern Tal, fürchte ich ~~kein~~ Unglück; ~~denn du bist bei~~ mir, ~~dein Stecken und Stab trösten~~ mich.
> ~~Du bereitest vor~~ mir ~~einen Tisch~~ im Angesicht meiner Feinde.
> ~~Du salbest~~ mein Haupt ~~mit Öl und schenkest~~ mir ~~voll ein.~~
> ~~Gutes und Barmherzigkeit werden~~ mir ~~folgen~~ mein Leben lang, und ich ~~werde bleiben im Hause des Herrn immerdar~~.
> (Psalm 23,1-6; Luther 2017).

Im finsteren Tal werden wir von unseren Nöten ganz in Beschlag genommen, im Angesicht unserer Feinde lähmt uns die Furcht. Kein Wunder, dass viele so skeptisch sind. Wenn der Gute Hirte weg ist, sind wir allein in einer Welt des Bösen.

Ein kindlicher Geist dagegen deutet das Leben durch die Brille von Psalm 23. Jesus lebte diesen Psalm, als er die fünftausend speiste. Er sah, dass die Menschen „wie Schafe" waren, „die keinen Hirten haben", und gab ihnen eine geistliche Speise, indem er sich „viel Zeit nahm, ihnen Gottes Botschaft zu erklären". Dann ordnete er an, dass sie sich „in Gruppen ins Gras setzen" sollten und gab ihnen so viel zu essen, dass sie am Ende sogar noch zwölf Körbe voll übrig hatten (Markus 6,34-44).

Jesus betet Psalm 22, um sich auf seinen Tod vorzubereiten. Am Kreuz, überwältigt vom Bösen, zitiert er Psalm 22,2: „Mein Gott, mein Gott, warum hast du mich verlassen?" In der Finsternis spekuliert Jesus nicht über das, was er nicht weiß. Er hält sich an das, was er weiß.

4. EINE DANKBARE HALTUNG FÖRDERN

Während der schweren Zeit, die ich durchmachte, wurde das Eintauchen in Psalm 23 für mich zu einer guten Gewohnheit. Das Gebet hatte nichts mit Selbstdisziplin zu tun, es entsprang der reinen Verzweiflung. Ich begann damit, Gott für sein gnädiges Handeln am Tag zuvor zu danken. Entweder ich dankte Gott oder ich würde in die Verbitterung abgleiten, die das Stiefkind der Skepsis ist. Einen Mittelweg gab es für mich nicht.

Selbst heute, Jahre später, beginne ich meine Gebetszeit immer noch mit einem Nachdenken über die Fürsorge des Guten Hirten. Ich lasse meine Gedanken durch den Vortag wandern und erinnere mich, wie Gott gewirkt hat. Nichts bremst die Skepsis mehr als eine dankbare Haltung. Wir beginnen zu erkennen, dass unser ganzes Leben ein Geschenk ist.

Dankbarkeit heißt nicht, dass wir uns dazu zwingen müssen, die schönen Seiten des Lebens zu sehen. Das würde uns nur zurück in den naiven Optimismus führen. Gott zu danken stellt die natürliche Ordnung unserer Abhängigkeit von Gott wieder her. Es macht uns fähig, das Leben so zu sehen, wie es wirklich ist.

Somit überrascht es auch nicht, dass Undankbarkeit das erste Zeichen unserer alten Auflehnung gegen Gott ist. Paulus schreibt: „Obwohl sie schon immer von Gott wussten, verweigerten sie ihm die Ehre und den Dank, die ihm gebühren" (Römer 1,21).

Paulus' eigenes Leben ist das Spiegelbild einer dankbaren Einstellung. Wenn er beschreibt, wie er für die Menschen betet, erwähnt er fast immer den Dank:

- ❑ Zunächst danke ich meinem Gott durch Jesus Christus für euch alle (Römer 1,8).
- ❑ Immer wieder danke ich meinem Gott (1. Korinther 1,4).
- ❑ Ich höre nicht auf, Gott dafür zu danken (Epheser 1,16).
- ❑ Ich danke meinem Gott immer wieder, wenn ich an euch denke, und das tue ich in jedem meiner Gebete mit großer Freude (Philipper 1,3-4).

- ❑ Jedes Mal, wenn wir für euch beten, danken wir Gott, dem Vater unseres Herrn Jesus Christus (Kolosser 1,3).
- ❑ Wir danken Gott immer wieder für euch alle. Jedes Mal wenn wir beten, denken wir auch an euch (1. Thessalonicher 1,2).
- ❑ Immer wieder danken wir Gott (1. Thessalonicher 2,13).
- ❑ Wie sollen wir Gott nur dafür danken, dass er uns durch euch so viel Freude schenkt! (1. Thessalonicher 3,9).
- ❑ Immer wieder müssen wir Gott für euch danken (2. Thessalonicher 1,3).
- ❑ Für euch können wir Gott immer nur danken (2. Thessalonicher 2,13).
- ❑ Immer wenn ich für dich bete, danke ich Gott (2. Timotheus 1,3).
- ❑ Ich danke meinem Gott immer wieder, wenn ich im Gebet an dich denke (Philemon 4).

Paulus ermutigt auch die Gemeinden zu dieser Art des Gebets:

- ❑ Macht euch keine Sorgen! Ihr dürft in jeder Lage zu Gott beten. Sagt ihm, was euch fehlt, und dankt ihm! (Philipper 4,6).
- ❑ Lasst euch durch nichts vom Gebet abbringen und vergesst dabei nicht, Gott zu danken (Kolosser 4,2).
- ❑ Hört niemals auf zu beten. Dankt Gott, ganz gleich wie eure Lebensumstände auch sein mögen (1. Thessalonicher 5,17-18).

Dankbar werden heißt, in die Gemeinschaft mit dem Vater, dem Sohn und dem Heiligen Geist hineingenommen werden, in ihre Freude am Leben, an den Menschen und aneinander.

Der Skeptiker blickt der Realität ins Gesicht, nennt sie einen faulen Zauber und ist stolz auf seine Erkenntnis, während er sich von allem zurückzieht. Der dankbare Mensch blickt der Realität ins Gesicht und freut sich über Gottes Fürsorge. Er ersetzt die verbitterte Einstellung durch eine großzügige.

Angesichts des Bösen, das Adam und Eva getan haben, nimmt Gott Nadel und Faden in die Hand und näht geduldig feine Lederkleidung für sie (siehe 1. Mose 3,21). Er bedeckt ihr gespaltenes, sich vor ihm versteckendes Ich mit Liebe. Derselbe Gott lässt es zu, dass sein Sohn nackt ausgezogen wird, damit wir bekleidet werden. Gott wird angesichts des Bösen nicht zum Skeptiker, sondern zum Liebenden.

5. DIE BUSSE FÖRDERN

Der Skeptiker hält sich selbst für einen neutralen Beobachter auf der Suche nach Echtheit. Er denkt, er sei bescheiden, weil er nichts anzubieten hat. In Wirklichkeit fühlt er sich jedoch absolut überlegen, weil er alles zu durchschauen meint.

C. S. Lewis zeigt auf, dass man irgendwann nichts mehr sieht, wenn man denkt, man könne alles durchschauen:

> Man kann nicht für immer „wegerklären“: Irgendwann wird man merken, dass man die Erklärung selbst wegerklärt hat. Wir können auch nicht immer weiter die Dinge „durchschauen“. Das Durchschauen hat letztlich den Sinn, durch etwas hindurch etwas anderes zu sehen. [...] Wenn wir jedoch alles durchschauen können, dann ist alles transparent. Aber eine völlig transparente Welt ist eine unsichtbare Welt. Alles zu „durchschauen“ ist dasselbe wie nichts sehen.[17]

Was wir wirklich brauchen, sagt Lewis, ist die Wiederherstellung des unschuldigen Blicks, der staunen kann.[18] Das ist der Blick eines Kindes.

Der Skeptiker behauptet zwar, er könne die Fassaden der an-

---

17 C. S. Lewis: *The Abolition of Man.* New York, Macmillan, 1978, S. 81.

18 Jacobs, *The Narnian*, S. 158.

deren „durchschauen“, aber ihm selbst fehlt die Reinheit des Herzens. Eine Hauptursache für die Skepsis ist die Spaltung zwischen meinem Herzen und meinem Verhalten. Das passiert ungefähr so: Mein Herz ist nicht mehr auf Gott ausgerichtet, aber das Leben geht weiter. Also tue und sage ich weiterhin christliche Dinge, doch es sind nur Worte. Ich rede über Jesus in seiner Abwesenheit. Es entsteht ein Zwiespalt zwischen dem, was ich darstelle, und dem, was ich bin. Meine Worte klingen hohl und deshalb klingen für mich die Worte anderer auch hohl. Kurz: Meine sinnentleerte religiöse Show lässt mich glauben, dass andere auch so zwiespältig sind. Ich werfe also den anderen das vor, was ich selbst tue. Wenn zur Heuchelei dann noch verurteilende Gedanken hinzukommen, bin ich zum Skeptiker geworden.

Jede Sünde geht auf eine gespaltene Persönlichkeit zurück – was Jakobus „unentschlossen“ nennt (4,8). Wenn wir hochmütig werden, besitzen wir ein aufgeblasenes Ich, das kein Gespür mehr dafür hat, wer es wirklich ist. Wenn ein Mann im Internet Pornos anschaut und dann seine Frau herzlich begrüßt, hat er zwei Persönlichkeiten geschaffen, die öffentliche und die verborgene. Wenn wir hinter ihrem Rücken schlecht über unsere Freunde reden, haben wir zwei Persönlichkeiten ins Leben gerufen – den liebevollen Freund und den tratschenden Freund. Wenn wir dann noch unsere Mitlästerer bitten, das Gesagte für sich zu behalten, versuchen wir, die beiden Personen voneinander getrennt zu halten.

Diese Persönlichkeitsspaltung sehen wir zuerst bei Adam und Eva, gleich nachdem sie gesündigt haben. Ihr freundliches Ich, das mit Gott geht, wird durch ein nacktes Ich ersetzt, das sich versteckt. Gottes suchende Frage „Wo bist du?“ (1. Mose 3,9) versucht diese Spaltung zu entlarven.

Die Buße führt die gespaltenen Persönlichkeiten wieder zusammen und stellt die Ganzheit des Lebens wieder her. Das wahre Ich wird öffentlich gemacht. Wenn die hochmütige Person in die Demut zurückgeführt wird, verbindet sich das überhöhte Ich wieder mit dem wahren Ich.

Der Skeptiker aber hat nur die gespaltene Persönlichkeit der anderen und die Notwendigkeit ihrer Buße im Blick. Ihm fehlt die Demut, die sich einstellt, wenn man zuerst den Balken aus dem eigenen Auge entfernt. Jesus sagt: „Du Heuchler! Entferne zuerst den Balken aus deinem Auge, dann kannst du klar sehen, um auch den Splitter aus dem Auge deines Mitmenschen zu ziehen" (Matthäus 7,5).

Diese Dynamik beobachten wir auch, als David im Heerlager von König Saul eintrifft, um seinen älteren Brüdern etwas zu essen zu bringen. David ist erstaunt darüber, dass Goliat die Israeliten und ihren Gott verspottet. Er ist schockiert, weil offenbar niemand den Mut aufbringt, sich dieser Herausforderung zu stellen, und so ruft er: „Wir können doch nicht dulden, dass dieser unbeschnittene Philister sich über das Heer des lebendigen Gottes lustig macht!" (1. Samuel 17,26). David reagiert hier auf die Spaltung zwischen dem öffentlichen Glauben Israels und der Feigheit auf dem Schlachtfeld.

David hat abgeschieden gelebt, getrennt von der Strömung des Unglaubens, die seine Kultur beherrscht, und so ist er an der Seite des Guten Hirten gegangen. Dass David ein so unbedeutender Mensch ist, hat ihn vor dem skeptischen Zeitgeist geschützt. Sein öffentlicher Glaube und die private Ausübung dieses Glaubens stehen in Harmonie zueinander. Für David ist es ganz normal, Gottes Gegenwart im finsteren Tal zu erfahren, wo er schon Löwen und Bären mit seiner Steinschleuder getötet hat. Goliat sieht für ihn auch nicht anders aus als ein großer Bär. Was folgt daraus? Israels Unglaube kommt ihm völlig seltsam und unangebracht vor.

Als Davids älterer Bruder Eliab Wind davon bekommt, dass David das Verhalten der anderen Soldaten infrage stellt, verspottet er David: „Was hast du überhaupt hier zu suchen? Und wer hütet jetzt die paar Schafe und Ziegen in der Steppe? Ich weiß doch genau, wie eingebildet und hinterhältig du bist! Du bist nur zu uns gekommen, um dir eine Schlacht anzusehen" (17,28). Eliab meint, er würde die Motive seines Bruders durchschauen. Er denkt, dass David sich bei seinen Schafen langweilt und nach einem Abenteuer sucht; dass er die Soldaten herausfordert, damit er eine Schlacht sehen kann. Eliabs Deutung von Davids Motivation spiegelt wahrscheinlich seine eigenen Motive wider. Er liest seine eigenen Probleme in David hinein. Aus seinem skeptischen Blickwinkel beschuldigt er David, unlautere Beweggründe zu haben. Eliab fehlt es an Reinheit des Herzens und darum geht er davon aus, dass es bei David genauso ist.

Dieselbe Dynamik können wir auch im Garten Eden beobachten. Satan beschuldigt Gott, unlautere Motive zu haben. Dabei verdreht Satan selbst Gottes Gebote für seine eigenen Zwecke. Skepsis ist die Saat, aus der Adams und Evas Auflehnung gegen Gott erwächst, und sie ist auch die Saat für unsere eigene Rebellion. Der Skeptiker meint, er würde das Böse entlarven; dabei ruft er es erst hervor.

Eliab sieht auch sich selbst nicht im richtigen Licht. Er hat eine falsche, überhöhte Vorstellung von sich. Deshalb macht er sich über Davids einfachen Beruf als Schafhirte lustig: „Und wer hütet jetzt die paar Schafe und Ziegen in der Steppe?" Eliab, der große Krieger, verspottet das Schafehüten seines kleinen Bruders, während der wahre Eliab sich wie der Rest der Israeliten in seinem Zelt vor Goliat verkriecht.

David fegt Eliabs Skepsis beiseite und erlangt schließlich Sauls Segen und dessen Rüstung. Schnell erkennt er aber, dass er in Sauls Rüstung nicht kämpfen kann. Er kann nicht jemand sein, der er nicht ist. Er ist ein Schafhirte, kein Soldat. Sein inneres und sein äußeres Leben müssen übereinstimmen. Er ist authentisch.

Darum nimmt er seinen Hirtenstock, sammelt fünf flache Steine aus dem Bach und geht auf Goliat zu. Goliat, der empört und beleidigt darüber ist, dass die Israeliten einen Jungen vorschicken, übersieht die Steinschleuder und achtet nur auf den Stock. „Bin ich denn ein Hund, dass du mir nur mit einem Stock entgegenkommst?" (17,43).

In Davids Antwort wird die Gebetshaltung deutlich: „Der Herr hat weder Schwert noch Speer nötig, um uns zu retten. Er selbst führt diesen Krieg und wird euch in unsere Gewalt geben" (17,47). David beschleunigt seine Schritte. Je näher er ist, umso mehr

Schlagkraft hat der Stein und umso genauer kann er zielen. Goliat hat immer noch keine Ahnung, was da auf ihn zukommt.

Wie David durchschauen die Menschen, die ein reines Herz haben, zunächst sich selbst. Nachdem sie im finsteren Tal ihre eigenen Bären und Löwen bekämpft haben, sehen sie ganz deutlich, wie unnormal es ist, dass Goliat den lebendigen Gott verhöhnt. Indem sie einen Lebensstil der Buße pflegen, entwickeln die Menschen, die reinen Herzens sind, eine aufrichtige Persönlichkeit und ihre eigenen Verletzungen beginnen zu heilen. Weil sie sich zunächst mit ihrer eigenen Unreinheit befassen, vermeiden sie die kritische, negative Haltung des Skeptikers.

Die gute Nachricht ist, dass wir uns vom Zeitgeist nicht gefangen nehmen lassen müssen, wenn wir Jesus nachfolgen. Wir müssen uns nicht über unsere Kultur definieren. Wie Paulus in Philippi können wir im Gefängnis singen (siehe Apostelgeschichte 16,25). Wie David können wir in aller Ruhe fünf Steine aufsammeln, wenn wir mit einer aussichtslosen Situation konfrontiert sind.

Dem sechsten Heilmittel gegen den Zweifel habe ich das ganze nächste Kapitel gewidmet.

11. EINEN BLICK FÜR JESUS ENTWICKELN

Jill und ich betreiben saisonweise und in Teilzeit ein Steuerberatungsbüro. Vor mehreren Jahren schaute ich um acht Uhr morgens kurz im Büro vorbei, bevor die ersten Kunden kamen. Zu der Zeit war ich ziemlich deprimiert und hatte mit Zweifeln, ja manchmal sogar mit Unglauben zu kämpfen. Ich merkte, dass die Festplatte des Computers fast voll war, also entschloss ich mich, ein altes Programm zu löschen. Ohne nachzudenken, klickte ich auf „Ja", als die Frage kam: „Alle gemeinsamen Dateien löschen?" Danach wurde der Bildschirm dunkel. Der Computer war tot.

Ich warf einen Blick in den Terminkalender und sah, dass der erste Kunde erst um halb zwölf kommen würde. Die nächsten Stunden waren mit hektischer Aktivität ausgefüllt. Wir riefen eine Hotline an und suchten nach Backup-CDs. Doch als unsere erste Kundin eintraf, war das Problem immer noch nicht behoben. Ich bat die Sekretärin, ihr zu sagen, dass wir „in ein paar Minuten" so weit seien.

Ich musste nach Hause fahren, um eine Diskette zu holen, also schlich ich mich an unserem „Elf-Uhr-dreißig-Termin" vorbei und vermied jeden Augenkontakt. Es war fast zwölf, als ich wieder an der Dame vorbeirauschte, um einen Computer für das Backup zu organisieren. Ich warf ihr einen verstohlenen Blick zu und stellte fest, dass sie ganz ruhig dasaß, ohne irgendein Zeichen von Ungeduld. Als ich um eins wieder zurückkam, wartete sie immer noch geduldig. Ihr ruhiges Auftreten hatte sich auch nicht verändert, als wir endlich um drei Uhr nachmittags ihre Steuererklärung mit ihr durchgingen.

Es ist wirklich kein Witz – diese Frau wartete dreieinhalb Stunden in unserem Büro, ohne sich zu beschweren oder auch nur eine Frage zu stellen. Und das in Philadelphia! Sie war mit dem Bus gekommen, also bot ich ihr an, sie nach Hause zu fahren. Deprimiert und frustriert überfiel ich sie dann mit der Frage: „Hat Jesus Ihr Leben verändert?" (Ich dachte, sie könnte vielleicht Katholikin sein.) Damit Sie meine Frage richtig verstehen: Ich wollte ihr nicht meinen Glauben bezeugen – ich hoffte, dass sie mir ihren bezeugen würde. Sie antwortete: „Jesus bedeutet mir einfach alles. Ich spreche die ganze Zeit mit ihm."

Ich war völlig platt, einerseits über ihre Offenheit und die Schlichtheit ihres Glaubens, andererseits über die ungewöhnliche Geduld, in der sich ihr Glaube zeigte. Meine hektische Aktivität stand in scharfem Kontrast zu ihrem ruhigen Warten im Gebet. In ihrem Leben spiegelte sich der Geist des Gebets wider, in meinem der Geist der menschlichen Selbstgenügsamkeit.

Ich hatte den Tag in einer deprimierten Stimmung begonnen und mit dem Gedanken gekämpft, ob Jesus mir überhaupt etwas bedeutete. Nun konnte ich es kaum fassen, wie mir mein Unglaube durch diesen Gegensatz deutlich gemacht wurde. Jesus hatte die ganze Zeit in unserem Wartezimmer gesessen, direkt vor meinen Augen, so sichtbar wie der helle Tag. Ich war den ganzen Tag an ihm vorbeigelaufen. Während ich mich fragte, ob Jesus überhaupt da war, hatte er still gewartet und nichts gesagt. Es war eine erstaunliche Demonstration von Geduld.

Jesus hatte die ganze Zeit in unserem Wartezimmer gesessen, direkt vor meinen Augen, so sichtbar wie der helle Tag.

Der Skeptiker schaut in die falsche Richtung. Er sucht nach den Mängeln im Christentum statt nach der Gegenwart von Jesus. Es geht um die Ausrichtung unseres Herzens. Daher ist das sechste Heilmittel gegen den Zweifel: einen Blick für Jesus entwickeln.

Aus den Evangelien wusste ich, wo ich Jesus zu suchen hatte. Die meiste Zeit war sein irdisches Leben verborgen wie ein Saatkorn in der Erde. Wenn man sein Leben in einem Fotoalbum festhalten würde, dann würde man ihn dort nicht mit den besten und klügsten Menschen abgelichtet finden, sondern mit den schlichtesten und unbegabtesten. Das einzige Foto, das ihn mit einer berühmten Persönlichkeit zeigen würde, wäre das mit Pilatus während der Gerichtsverhandlung. Aber darauf würde Jesus nicht sehr gut aussehen. Das Saatkorn begann bereits zu sterben.

Eine der Hauptursachen für unsere skeptische Haltung ist, dass wir zu christlichen Führungspersönlichkeiten aufsehen, die das Reich von Jesus mit ihrem eigenen verwechselt haben. Der Dienst für Jesus kann dazu führen, dass wir eine Maske des Erfolgs aufsetzen, in der sich unsere tolle Leistung widerspiegelt. Jeder möchte schließlich zu den Gewinnern gehören. Jesus dagegen benutzte seine Macht nie, um anzugeben. Er setzte sie für die Liebe ein. Deshalb war er auch nicht immer gleich erkennbar. Die Demut lässt uns unscheinbar werden, darum meiden wir sie lieber.

Wenn ich also Jesus entdecken wollte, musste ich meinen Blick nach unten richten. Ich musste die Menschen aus einem schlichten Blickwinkel betrachten, wie ein Kind. Ich begann mich zu fragen: „Wo habe ich Jesus heute gesehen?“ Ich versuchte herauszufinden, wie die Menschen normalerweise waren und wie sie durch die Gegenwart von Jesus verändert wurden. Die Gegenwart von Jesus, der einzigen wahrhaft authentischen Person, die je gelebt hat, würde sich darin zeigen, dass sie in anderen Menschen die Echtheit wiederherstellte. Ich würde also auf Christen treffen, deren inneres Leben mit ihrem äußeren übereinstimmte.

JESUS IN CLEVELAND ENTDECKEN

Wenn wir nach Jesus Ausschau halten, dann können wir ihn finden, sogar in scheinbar ganz alltäglichen Begegnungen, wie ich sie eines Morgens einen Monat später in Cleveland hatte.

Mein Freund Jim holte mich morgens um Viertel nach sechs ab und fuhr mich zu einer Gruppe von Männern, die gemeinsam frühstückten und dabei die Bibel lasen. Danach gab ich meinen Mietwagen am Flughafen ab. Während ich mit dem Shuttlebus zum Terminal fuhr, telefonierte ich mit meiner Frau und etwas später noch mit meiner Mutter.

Als Jim mich zum Frühstück abholte, entschuldigte er sich als Erstes dafür, dass er am Abend davor nicht für Kim gebetet hatte. Wir hatten uns beim Abendessen über sie unterhalten und kurz zusammen gebetet. Es gibt kaum Menschen, die sich für so eine Kleinigkeit entschuldigen oder sich überhaupt darüber Gedanken machen. Seine Entschuldigung trug den guten Duft von Jesus.

Beim Frühstück lasen die Männer ein puritanisches Buch aus dem 17. Jahrhundert, in dem es um Gottes Sicht der menschlichen Arbeit ging. Diese Männer nahmen die Weisung von Jesus ernst, ihr Leben auf das feste Fundament des Gehorsams gegenüber seinem Wort zu gründen. Das Buch war keine spannende Lektüre, die einen vom Hocker reißt, aber man stelle sich einmal vor, was passieren würde, wenn unsere Manager, deren Skandale aufgedeckt wurden, ein puritanisches Buch über die Arbeit in die Hand nehmen würden!

Als ich meinen Mietwagen abgab, wurde ich von dem Mitarbeiter des Autoverleihs fröhlich begrüßt. Er sah meinen Namen auf der Rechnung und sagte: „Ihr Name stammt aus der Bibel." Teilweise wollte er damit seinen Glauben bezeugen, teilweise herausfinden, ob ich auch Christ war, und teilweise zeigte sich hier ganz einfach seine Liebe zur Bibel. Seine Fröhlichkeit und sein lebendiger Glaube standen im Kontrast zu seinem einfachen Beruf. Wieder entdeckte ich die Gegenwart von Jesus.

Während ich mit dem Bus zum Terminal fuhr, rief Jill mich an.

Sie lachte so sehr, dass ich sie kaum verstehen konnte. Ein paar Tage zuvor hatte uns der Leiter des Schulbusunternehmens angerufen. Er machte sich Sorgen, weil Kim, die immer noch die Highschool besuchte, nicht wartete, bis der Schulbus anhielt, bevor sie die Straße überquerte. Sobald der Bus bremste, lief sie über die viel befahrene Straße. Durch ihren Autismus fiel ihr das Warten schwer.

Also malte Jill mit Kreide ein Viereck auf den Bürgersteig vor unserem Haus und sagte Kim, sie solle in dem weißen Kasten stehen bleiben, bis der Busfahrer das rote Licht einschaltete, das die anderen Autofahrer zum Anhalten aufforderte. Als Jill mich an jenem Morgen anrief, stand sie mit Kim im strömenden Regen in dem Kreideviereck und lachte über ihre Situation. Es war das Lachen des Glaubens, die Freude mitten in Schwierigkeiten, weil diese Probleme einfach so lustig waren. Auch hier spürte ich die Gegenwart von Jesus.

Dann rief meine Mutter an, während ich durch den Flughafen ging. Sie beschrieb mir kurz eine Situation, in der sie von jemandem fälschlich beschuldigt worden war und erkannt hatte, dass sie von ihrer Seite aus vergeben sollte, auch wenn es keine Möglichkeit zur Versöhnung gab. Sie erwähnte keine Einzelheiten, sondern vertraute mir nur an, was in ihrem Herzen vorging.

Jesus war überall dabei und verwandelte diesen so alltäglichen Morgen – durch Anteilnahme und Entschuldigung (Jim), durch Bibelstudium und Gehorsam (die Männer), durch ein persönliches Zeugnis und eine freundliche Haltung (der Mitarbeiter des Autoverleihs), durch Leiden und Lachen (Jill), durch Vergeben und nicht Lästern (meine Mutter). Jede dieser Personen lebte ihren Glauben ohne Maske. Wenn wir nur ein bisschen aufmerksam sind, können wir die Schönheit von Jesus leicht erkennen.

Statt auf die Unaufrichtigkeit der Menschen zu sehen, auf ihre gespaltenen Persönlichkeiten, sollten wir unseren Blick lieber auf Jesus richten, der seine Gemeinde so verändert, dass sie ihm ähnlicher wird. Wir sollten den Leib von Christus mit gnädigeren Augen betrachten.

Paulus freut sich über den Einfluss, den Jesus auf das Leben von Menschen hat. Das ist der Kern seines Gebetslebens. Er wird nicht von einem allgemein dankbaren Gefühl durchströmt, er ist konkret dankbar „für euch". Selbst für die Gemeinde in Korinth, bei der ein ziemliches Schlamassel herrschte, ist Paulus dankbar: „Immer wieder danke ich meinem Gott dafür, dass er euch durch Jesus Christus seine unverdiente Güte erwiesen hat" (1. Korinther 1,4). Dann spricht er die Probleme in der Gemeinde an: dass die Korinther Inzest zulassen, einander vor Gericht ziehen und sich beim Abendmahl betrinken! Weil Paulus seinen Blick auf Jesus und dessen Wirken heftet, lässt er sich nicht vom Bösen überwinden, sondern überwindet das Böse mit Gutem. Das Gute durchdringt auch das Gebetsleben von Paulus. Er lebt das Evangelium. So wie Gott Paulus Gnade erwiesen hat, so erweist Paulus den Korinthern Gnade. Er betrachtet die Gemeinde durch eine rosarote Brille, die mit dem Blut seines Erlösers getönt ist.

Ganz offensichtlich sind Christen nicht besser als Nichtchristen. In 1. Korinther 1 schreibt Paulus sogar, dass sie gerade nicht aus den allerbesten Kreisen stammen. Die Korinther sind der Beweis dafür! Christen sind anderen nicht überlegen, ihr Erlöser aber schon. Er macht den Unterschied. Er lebt und ist in seiner Gemeinde am Wirken.

EINE KURZE VORAUSSCHAU

In den vorangegangenen Kapiteln haben wir uns die Grundlagen des Gebetslebens angeschaut und gelernt, was es bedeutet, wieder wie ein kleines Kind zu werden. Gerade das, wovor wir uns fürchten, unsere Zerbrochenheit, ist die Tür zum Herzen unseres Vaters. Wenn unser Blick durch die Gnade geprägt ist, sind wir in der Lage, die Skepsis zu überwinden und mit unserem Vater zu sprechen; wie Kinder werden wir wieder schlicht und sind fähig zu staunen.

Bisher haben wir unseren Blick eher nach innen gerichtet,

haben unser Herz betrachtet und die Hindernisse, die sich darin befinden, wie die Skepsis, die uns vom Vater trennt. In Teil 3 werden wir mehr auf das Äußere schauen und uns mit dem Bitten beschäftigen. Wir gehen also vom *Sein* zum *Tun* über, von *meinen* Bedürfnissen zu *deinen* Bedürfnissen. Unser Gebetsleben braucht beide Sichtweisen, um ausgewogen zu sein. Wir werden außerdem noch genauer hinsehen, wie die Skepsis sich in unserer Kultur eingenistet und unser Herz gegenüber den Möglichkeiten, die das Gebet bietet, abgestumpft hat.

TEIL 3

DEN VATER BITTEN

12. WARUM UNS DAS BITTEN SO SCHWERFÄLLT

Als unsere jüngste Tochter Emily in die siebte Klasse ging, hatte sie sich entschieden, für ein naturwissenschaftliches Schulprojekt das Bakterienvorkommen am Ufer eines nahe gelegenen Gewässers zu messen. Ich begleitete sie dabei und an unserem ersten Haltepunkt angekommen, wateten wir in den Bach hinein, entnahmen eine Wasserprobe und testeten sie sorgfältig. Wir waren beide ein wenig nervös, denn wir mussten ja alle Schritte, die unser Test-Set erforderte, richtig befolgen. Also beteten wir, bevor wir anfingen.

Unsere Familie hat eine eher unrühmliche Geschichte, was wissenschaftliche Projekte betrifft. Das Jahr zuvor bestand Emily nur knapp mit ihrem Experiment, Fische zu trainieren, damit sie beim Aufleuchten eines Lichtes zum Fressen kamen. (Es hat schon seinen Grund, warum der berühmte Herr Pawlow dafür Hunde nahm und nicht Fische.) Ein Jahr davor entsorgte Jill aus Versehen die Unterlagen für das Experiment unseres Sohnes Andrew im Müllcontainer beim Secondhandladen, weil sie es für eine Tüte Abfall hielt – einen Tag vor dem Abgabetermin. Sie verbrachte den Rest des Tages damit, sämtliche Container danach zu durchsuchen, jedoch vergeblich. Also hatten wir das Gebet dringend nötig.

Als wir unseren ersten Test beendet hatten, nahm Emily ihr Notizheft heraus, um jeden Schritt zu dokumentieren. Sie fragte mich, was wir als Erstes gemacht hätten, und ich sagte ihr: „Wir haben gebetet."

„Das kann ich nicht schreiben", antwortete sie.

„Warum nicht? Wir *haben* doch gebetet."

„Aber das geht nicht, Papa. Die wollen nicht, dass wir so etwas schreiben."

Emily hatte ihr ganzes Leben lang christliche Schulen besucht, vom Kindergarten an. Sie ging regelmäßig zum Gottesdienst in die Kirche und zur Sonntagsschule und hatte im Sommer an einer christlichen Freizeit teilgenommen. Alle ihre Freunde waren Christen, ebenso ihre Geschwister, Onkel und Tanten. Offen gesagt lebte sie in einer Art christlichem Getto. Dennoch gelang es einem mysteriösen „die", den starken christlichen Einfluss in ihrem Leben zu übertrumpfen.

Die westliche Kultur (nordamerikanisch und europäisch) sowie die westlich orientierten staatlichen Kulturen, die im Kommunismus entstanden sind (wie Russland oder China), sind so öffentlich atheistisch wie keine andere Kultur, die es je gegeben hat. Unter den Tausenden von Kulturen in der Geschichte der Menschheit ist unsere Kultur die Einzige, die die Existenz einer spirituellen Welt in der Regel nicht öffentlich anerkennt. Wenn man den Verlauf der menschlichen Geschichte betrachtet, bildet unsere Kultur darin eine seltsame Ausnahme.

In seinen Betrachtungen über die antike Welt schrieb der anerkannte Forscher N.T. Wright: „Die Religion war dicht verknüpft mit dem gesellschaftlichen Gewebe der Welt. So war es zu fast allen Zeiten und an fast allen Orten der menschlichen Geschichte. Eine Ausnahme dazu bilden einzig die beiden letzten Jahrhunderte in bestimmten Teilen der westlichen Welt."[19] Rein vom anthropologischen Standpunkt aus gesehen ist es seltsam, dass unsere Nachrichtensendungen nicht mit einem Gebet eröffnet werden.[20]

---

19 N. T. Wright: *The Crown and the Fire.* Grand Rapids, Michigan, Eerdmans, 1992, S. 42.

20 Ein Beispiel aus einer nicht westlichen Kultur: Der japanische Kaiser betet öffentlich an Schreinen zu den Geistern japanischer Soldaten, die im Zweiten Weltkrieg gefallen sind.

Wie konnte das geschehen? Wenn wir weit genug zurückgehen, dann sehen wir, dass „die" die Aufklärungsbewegung des 18. Jahrhunderts ist. Während dieser Geschichtsperiode kamen die führenden Denker zu dem Schluss, dass sie Gott nicht mehr brauchten. Wie aus der folgenden Grafik zu ersehen ist, teilten Philosophen wie Kant die Welt auf in *Gefühle*, die nur für mich wahr sind, und *Fakten*, die für alle wahr sind. Kant warf das Gebet und die Religion in einen Topf mit anderen Dingen, derer wir uns nicht sicher sein können, so wie die Liebe und was richtig und falsch ist.[21] Sie gehören zur Welt der Gefühle, der persönlichen Meinung, wie in der oberen Hälfte der Abbildung dargestellt. In der unteren Hälfte befinden sich die Dinge, derer wir uns sicher sind, wie zum Beispiel Bäume und Autos. Sie sind öffentlich und real – wahr für jeden.

WIE DIE MEISTEN MENSCHEN DIE WELT SEHEN

21 Nancy Pearcey: *Total Truth*. Wheaton, Illinois, Crossway, 2004, S. 101–106.

Die Autorin Nancy Pearcey fasst diese Trennung von Fakten und Gefühlen folgendermaßen zusammen: „Der untere Teil entwickelte sich zum Bereich der öffentlich verifizierbaren *Fakten*, während der obere zum Bereich der gesellschaftlich begründeten *Werte* wurde."[22] Diese Weltsicht nennt man Säkularismus. Wenn wir Gott in den Bereich der Gefühle und subjektiven Meinungen verbannen, dann wird er an den Rand gedrängt, und das Beten kommt einem merkwürdig vor.

Früher vertraten nur Universitätsprofessoren den Säkularismus, doch mit dem Aufkommen des Fernsehens und der Populärkultur fand die Aufklärung den Weg in unsere Wohnzimmer. Sie nahm den Westen gefangen und verdunkelte unseren Blick dafür, wie die Welt wirklich aussieht. Nun stehen wir vor einer flachen, zweidimensionalen Welt, die Gott ins Abseits drängt und ihn nur noch als Wohlfühl-Entertainer betrachtet. Das Gebet wird zu etwas Privatem, Persönlichem, es ist nicht mehr öffentlich und real. Wenn man sich gut dabei fühlt, kann man gerne für die Kranken beten oder mit Gott in Verbindung treten, aber man sollte es nicht allzu ernst nehmen und damit nicht an die Öffentlichkeit gehen.

C. S. Lewis hatte das Weltbild der Aufklärung im Blick, als er schrieb: „Fast alles, was ich liebte [der obere Teil des Schaubilds], hielt ich für Einbildung; und fast alles, was ich für real befand [der untere Teil des Schaubilds], schien mir trostlos und ohne Bedeutung."[23] Als sein guter Freund J. R. R. Tolkien ihm sagte, das Christentum sei ein „wahrer Mythos", kamen Lewis' Suche nach dem Schönen und seine Suche nach Wahrheit miteinander in Einklang.[24]

---

22 Pearcey, *Total Truth*, S. 106.

23 C. S. Lewis: *Surprised by Joy*. New York, Harcourt, 1955, S. 170.

24 Walter Hooper: *C. S. Lewis: A Complete Guide to His Life & Works*. New York, HarperOne, 1998, S. 583.

DIE MACHT DER AUFKLÄRUNG

Vor der Zeit der Aufklärung hielten Wissenschaftler in ihren Aufzeichnungen fest, dass sie beteten. Johannes Kepler, der dänische Astronom, der die Gesetze der interplanetarischen Bewegung entdeckte, schrieb, er „denke Gottes Gedanken nach“[25]. Newton und andere gaben Gott in ihren Schriften immer wieder die Ehre.

Paradoxerweise ist die moderne Wissenschaft erst möglich geworden, weil das Christentum lehrte, dass Gott die Welt als etwas von ihm getrennt Existierendes geschaffen hat. Wenn die Welt etwas Eigenständiges ist, dann können wir sie erforschen.

Die antiken Kulturen konnten die Welt nicht ernsthaft erforschen, denn ihre Götter waren untrennbar mit ihr verbunden. Der kanaanitische Gott Baal zum Beispiel ist der Gott des Gewitters und des Sturms. Wenn es donnert, hört man Baal. Wenn der Donner aber mit Baal identisch ist, gibt es nichts zu erforschen, weil der Gott, den man verehrt, mit der Welt vermischt ist.

Selbst die alten Griechen, die sich der Wissenschaft mehr annäherten als alle anderen, konnten keine echten Wissenschaftler werden, weil sie davon ausgingen, dass alle physikalische Materie Chaos ist. Ihnen fehlte die jüdisch-christliche Weltsicht, die glaubt, dass Gott die Welt als etwas von ihm Getrenntes geschaffen hat, wobei die Weisheit ihm zur Seite stand (siehe Sprüche 8,12.22-31).

Der Säkularismus ist ein religiöser Glaube, der aus dem Stolz auf die menschliche Leistung – vor allem auf die wissenschaftlichen Errungenschaften – entstand. Er tarnt sich als Wissenschaft oder Realität, die im Gegensatz zur Religion steht, welche er als eine Meinung bezeichnet. Der Säkularismus behauptet, uns die Wissenschaft gebracht zu haben; dabei war es das Christentum, das uns die Wissenschaft schenkte.

An einigen Beispielen lässt sich die Macht des Aufklärungsdenkens verdeutlichen: Fast alle amerikanischen Eliteuniversitäten

---

25 Dieses Zitat wird Johannes Kepler allgemein zugeschrieben, jedoch ist die Quelle unbekannt.

sowie Hunderte weiterer Hochschulen begannen als christliche Universitäten, doch unter dem Einfluss des Säkularismus legten sie diese Prägung ab. Dasselbe geschah mit dem jüdisch-orthodoxen Glauben. Viele Versuche, ihn auszurotten, scheiterten, vom Pharao (Mose), über die Philister (David) und die Syrer (Elia), bis zu den Babyloniern (Daniel), den Persern (Esther) und den Samaritern (Esra). Er überlebte die Eroberung durch die Griechen zur Zeit der Makkabäer, die Zerstörung Jerusalems durch die Römer im Jahr 70 n. Chr. und die erzwungene Evakuierung aus Palästina im Jahr 135 n. Chr. Er überlebte den Islam, die Kreuzzüge, die Spanische Inquisition, die russischen Zaren und Hitlers „Endlösung". Doch die Zeit der Aufklärung überstand das orthodoxe Judentum kaum. Es ist nur noch ein Schatten seiner selbst, und ihm gehören höchstens noch zehn bis fünfzehn Prozent aller Juden an.

Das aufklärerische Denken drängt das Gebet an den Rand, weil es nicht zulässt, dass Gott mit dieser Welt in Verbindung tritt. Man darf ohne Weiteres an eine persönliche, lokal begrenzte Gottheit glauben, solange man sie aus seinen wissenschaftlichen Aufzeichnungen heraushält und sie nicht allzu ernst nimmt.

Peter Jennings, ein ehemaliger Nachrichtenmoderator, sagte einmal zu Journalisten: „Wenn Sie jemanden fragen: ‚Was hat Ihnen durch diese Krise hindurchgeholfen?', und die Antwort lautet: ‚Gott', dann entgegnen Sie bitte nicht: ‚Nein, ich meine, was Ihnen wirklich geholfen hat.'"[26] Jennings war sich darüber im Klaren, dass der Nebel der Aufklärung unsere kulturellen Eliten dazu verführte, den Wert des Gebetes, das Wirken Gottes, herunterzuspielen.

Charles Malik, ein griechisch-orthodoxer Philosoph, Theologe und Diplomat, beschrieb den Geist der Aufklärung folgendermaßen:

26 „Interview with Peter Jennings". Beliefnet.com, http://www.beliefnet.com/Faiths/2000/06/Interview-With-Peter-Jennings.aspx (aufgerufen am 4. Oktober 2016).

> Nichts ist der Stimmung des modernen Menschen ferner und fremder als der angstliche Schrei Davids: „Vom Ende der Erde rufe ich zu dir, weil mein Herz verzagt; du wollest mich auf den Felsen leiten, der mir zu hoch ist."[27] Der moderne Mensch erkennt einen solchen Felsen nicht an und das ist die Ursache aller Entfremdung und aller Tragödie.[28]

DIE MODERNEN WURZELN DER SKEPSIS

Das Denken der Aufklärung *behauptet* nicht, dass die Religion nicht real ist. Es *definiert* sie als nicht real. Wenn man die Religion aber erst einmal als nicht real definiert hat, dann ist sie kein Diskussionsthema mehr. Und wenn zu dem säkularen Modell von Realität unsere Unfähigkeit, Jesus nachzufolgen, hinzukommt, dann gerät man in einen unwirklichen Zustand. Erst wird das Gebet als Humbug bezeichnet, und dann fühlt es sich auch so an.

Wenn unsere Kinder im Teenageralter dem Einfluss der Welt begegnen, fällt es ihnen nicht schwer zu sagen, dass das Reden mit Gott Unsinn ist, denn es wurde in die nicht reale Welt verbannt. Folglich hatte die zwölfjährige Emily instinktiv den Eindruck, dass sie in zwei Welten lebte: in der Gotteswelt und in der realen Welt. Als diese beiden Welten miteinander in Berührung kamen, versuchte sie, sie auseinanderzuhalten. Sie hatte den Geist unserer Kultur bereits in sich aufgesogen.

Erst wird das Gebet als Humbug bezeichnet, und dann fühlt es sich auch so an.

27 Psalm 61,3 (Elberfelder Bibel).

28 Charles Malik: *The Wonder of Being*. Waco, Texas, Word, 1974, S. 94.

Der Säkularismus ist eine skeptische Sicht der Realität. Weil *Liebe* sich nicht quantitativ erfassen lässt, wird sie in der oberen Hälfte der Grafik angesiedelt, bei den *Gefühlen*. Nachdem Robertson McQuilkin sein Amt als Präsident der Columbia International University aufgegeben hatte, um sich um seine kranke Frau zu kümmern, nahm er an einem Workshop teil. Dessen Leiter behauptete, McQuilkins hingebungsvolle Liebe gegenüber seiner Frau sei in Wirklichkeit Sünde.[29] Dieser Experte konnte die Liebe in keine Kategorie einordnen. Das ist ein perfektes Beispiel für die beschränkte Realitätsauffassung der Aufklärung. *Liebe* – das, wonach alle streben – fällt bei den Sozialwissenschaftlern aus jeder Kategorie heraus. Irgendetwas muss doch aber ernsthaft verkehrt sein an einem Weltbild, das die grundlegendsten Bestandteile des Lebens nicht erklären kann.

DAS GEBET EINES KINDES IN EINER SÄKULAREN WELT

In einem Artikel für das *New York Times Magazine* erzählte die Autorin Dana Tierney, wie sie und ihr Mann John, der für die *New York Times* schrieb, ihren Kinderglauben abgelegt hatten. Ihren Familien zuliebe ließen sie zwar ihren Sohn Luke taufen, doch das war auch schon alles. Als John dann als Reporter in den Irak reiste, war Dana verständlicherweise besorgt. Überrascht stellte sie fest, dass ihr vierjähriger Sohn dagegen ganz ruhig blieb. Zuerst nahm sie an, das sei auf seine kindliche Naivität zurückzuführen, bis sie eines Tages eines Besseren belehrt wurde: Gemeinsam mit Luke sah sie zufällig im Fernsehen die Hochzeit eines Soldaten, der aus dem Irak zurückgekehrt war. Sie ging davon aus, dass dies bei Luke keine Ängste auslösen würde und es deshalb in Ordnung war, wenn sie die Sendung zusammen anschauten. Doch dann erzählte der Soldat, er habe Angst, in den

29 Robertson McQuilkin: „Muriel's Blessing". *Christianity Today*, 5. Februar 1996, S. 33.

Irak zurückzukehren. Einen kurzen Moment lang sah Dana, wie Luke seine Hände zum Gebet faltete. Als sie ihn danach fragte, stritt er es zunächst ab, doch als er es noch einmal tat, gab er zu, gebetet zu haben.

Dana war verwundert – über den Glauben ihres Sohnes und darüber, dass sein Glaube ihn so ruhig machte, während sie voller Angst war. Es war ihr auch peinlich, dass ihr vierjähriger Sohn anscheinend instinktiv wusste, dass das Gebet für seinen Vater ein gesellschaftlich unangemessenes Verhalten war.

Weil Luke für die Gemeinschaft mit Gott geschaffen war, fing er ganz von selbst an zu beten. Er hatte noch nicht gehört, dass Immanuel Kant vor zweihundert Jahren das Wissen in ein öffentliches und ein privates unterteilt und damit das Gebet verdrängt hatte. Weil Luke aber seine Kultur kannte, wusste er, dass er das Gebet vor seiner Mutter verheimlichen musste.

Unter dem Einfluss der Aufklärung hat unsere moderne Kultur das Gebet und die Religion von der Diskussion ausgeschlossen. Darum schrieb meine Tochter Emily in ihrer Hausaufgabe nicht, dass sie gebetet hatte, und darum faltete Luke heimlich seine Hände, vor den Augen der Mutter verborgen.

Dass Dana jedoch diesen Artikel überhaupt schrieb, zeigt, dass ein postmoderner Wind durch unsere Kultur weht. Allmählich verliert die Wissenschaft ihren gottgleichen Status.

Als Dana ihren Sohn Luke fragte, wann er denn damit angefangen habe, an Gott zu glauben, antwortete der: „Ich weiß nicht. Ich habe immer gewusst, dass es ihn gibt." Anders als viele andere intellektuelle Wächter unserer Zeit schaut Dana nicht herablassend auf gläubige Menschen. In ihrem Artikel berichtet sie, wie viele ihrer nicht religiösen Freunde sich von der Religion befreit fühlen wie von einem Aberglauben. Doch ihr geht es anders. Sie hat das Gefühl, dass ihr etwas fehlt. Wenn sie ihre gläubigen Freunde beobachtet, merkt sie, dass diese „einen größeren Horizont haben. Wenn sie an einem Fluss entlanggehen, sehen sie nicht nur das Wasser die Felsen herabschießen; der Anblick erfüllt sie mit Begeisterung. Sie sehen ein Land der Hoffnung jenseits dieser Welt.

Ich sehe nur einen gurgelnden Bach und verstehe seine Botschaft nicht."[30]

Was Dana bei den Gläubigen beobachtet hat – ihr Staunen über die Schöpfung –, ist der Kern dessen, warum wir überhaupt die Wissenschaft besitzen. Wenn der Fluss das Ergebnis von zufällig wirkenden Naturkräften ist, dann sehen wir nur Wasser, Felsen und Schmutz. Wenn Gott mit dem Fluss identisch ist, beten wir den Flussgott an und nicht den Schöpfer des Flusses. Wenn aber Gott den Fluss geschaffen hat, dann führen Staunen und Neugier unweigerlich zur Erforschung.

In seiner Kritik der Aufklärung schreibt Charles Malik, der „C. S. Lewis" der griechischen Orthodoxie, das Geheimnis, Gott hinter allem zu sehen, bestehe darin, wieder wie ein Kind zu werden – so wie der kleine Luke:

> Wir können ihn hinter all seiner Schöpfung nur sehen, wenn wir „Kinder und Säuglinge" werden. So wie die Kinder – und nicht die Hohepriester und Schriftgelehrten – „Hosanna dem Sohn Davids" riefen, als sie ihn in seiner menschlichen Gestalt im Tempel erblickten, so können auch wir, wenn wir wiedergeboren werden und wie sie zu Kindern geworden sind – intuitiv, rein, schlicht, direkt, empfänglich, offen – von seiner Schöpfung zu ihm selbst gelangen. [...] In unserem Herzen wissen wir doch ganz genau, dass hinter all diesem Äußeren [...] Einer steht, der es geschaffen hat und es weiter erhält. Die „Kraft", die die Kinder und Säuglinge im Glauben zeigen, durch ihre schlichte, direkte und sofortige Äußerung, lässt alle Kraft der Klugen und Starken zuschanden werden.[31]

---

30 Dana Tierney: *„Coveting Luke's Faith."* The New York Times Magazine, 11. Januar 2004.

31 Malik, *The Wonder of Being*, S. 69.

Das Staunen über das Universum war das Herzstück von Einsteins Wissenschaft. Er hatte sich nicht dem säkularen Zeitgeist angepasst, als er schrieb: „Ein Geist zeigt sich in den Gesetzen des Universums – ein Geist, der dem des Menschen weit überlegen ist und angesichts dessen wir uns mit unseren bescheidenen Kräften demütig fühlen müssen."[32]

Weil es die Welt meines Vaters ist, sollten Emily und ich beten und ihn um Hilfe bitten, während wir uns am Ufer des Flusses hinknien und ein Experiment durchführen. Es ist eine völlige Einheit des Denkens und Fühlens, physisch und spirituell, öffentlich und persönlich. Es ist die Welt meines Vaters.

Lukes Papa kehrte übrigens unbeschadet aus dem Irak zurück und Emilys Experiment gewann später den ersten Preis bei einem wissenschaftlichen Wettbewerb in unserer Region und schließlich sogar in unserem Bundesstaat.

---

32 Albert Einstein: „Einstein to Phyllis Wright." 24. Januar 1936, AEA 52-337, zitiert bei Walter Isaacson: *Einstein: His Life and Universe.* New York, Simon & Schuster, 2007, S. 551.

13. WARUM WIR GOTT BITTEN DÜRFEN

Vor ein paar Jahren hielt ich in London ein Gebetsseminar in einer Gemeinde, die aus ehemaligen Hindus, Moslems und Sikhs bestand. Am Sonntagmorgen nach dem Seminar, gerade als der Gottesdienst begann, kam eine Frau namens Asha, die früher Hindu gewesen war, im Foyer auf mich zu und bat mich, für ihre zwölfjährige Enkelin zu beten. Diese machte gerade eine schwere Zeit durch: Sie lebte bei ihren Eltern, wollte aber lieber zu ihrer Großmutter ziehen. Ich sagte: „Ja, ich bete für sie." Asha betrat leise den Gottesdienst, holte ihre Enkelin und winkte mich in einen Nebenraum, wo ich dann für das Mädchen betete. Danach gingen wir in den Gottesdienst zurück. Die ganze Begegnung dauerte nicht länger als ein paar Minuten.

Einem amerikanischen Christen wäre es nie in den Sinn gekommen, einen Gastredner anzusprechen, den er gerade erst kennengelernt hat, und ihn zu bitten, an Ort und Stelle für die eigene Enkelin zu beten. Das würde uns aufdringlich, egoistisch und unangemessen vorkommen. Für uns ist das Gebet etwas Privates und Persönliches, wir würden uns nicht einen Referenten schnappen und ihn bitten, für uns zu beten.

Vielleicht würden wir diesen Menschen um Rat fragen. Wir geben gern zu, dass wir eine Wissenslücke haben, aber wir würden nicht auf die Idee kommen, dass der Redner Zugang zur Macht

Gottes hat. Wir glauben nicht, dass es einen Unterschied macht, wenn er mit uns betet. Wir vertrauen zwar auf die Wissenschaft, aber nicht auf Gott. Das Thema Macht – die Fähigkeit, etwas zu bewirken, zu verändern – ist also von grundlegender Bedeutung, wenn es um das Bitten geht.

Ashas Kultur hat ihr nicht vermittelt, dass das Gebet etwas Privates und Persönliches ist, darum bat sie öffentlich und ohne Scham um Gottes Macht, damit er eine Situation veränderte, in der sie hilflos war. Unbeeinflusst von der Aufklärung, in dem Bewusstsein, dass „dies die Welt meines Vaters ist", gab es bei ihr kein Zögern.

Und noch eine weitere nicht westliche Überzeugung hatte sich fest in Ashas Gedanken eingeprägt: Sie ging davon aus, dass manche Menschen in Bezug auf Gott mehr Vollmacht besitzen als andere. Jeder Asiate würde das Gleiche sagen. Ebenso die Afrikaner und die Lateinamerikaner. Nur die westliche Kultur kann damit nichts anfangen. Auf anderen Gebieten glauben wir schon, dass es Unterschiede gibt. Dass manche Finanzberater oder Ärzte besser sind als andere, das hinterfragen wir nicht, sondern davon gehen wir aus. Aber es kommt uns nicht in den Sinn, dass es auch im geistlichen Bereich Experten geben könnte.

Wer die Verzweiflung kennengelernt hat,
der ist zum Kern dessen vorgedrungen,
was ein Leben des Gebets ausmacht.

Es gibt jedoch einen wichtigen Unterschied zu den Experten auf anderen Gebieten: Die Macht des Gebets beruht darauf, dass wir uns unserer Schwachheit bewusst sind. Wenn Jesus uns zeigen will, wie wir beten sollen, dann wählt er dafür Geschichten über schwache Menschen, die das Leben nicht allein bewältigen können. Die hartnäckige Witwe und der Freund, der um Mitternacht anklopft, finden nicht deshalb Gehör, weil sie so stark sind, sondern weil sie so verzweifelt sind. Wer die Verzweiflung kennengelernt hat, der ist zum Kern dessen vorgedrungen, was ein Leben des Gebets ausmacht.

EIN UNENDLICH-PERSÖNLICHER GOTT

Asha ist überzeugt, dass ein unendlicher Gott sich persönlich mit den kleinen Details ihres Lebens abgibt. Ein unendlicher und zugleich persönlicher Gott ist für uns ein so wundersamer Gedanke, dass wir ihn kaum fassen können. Unsere moderne Welt hat kein Problem mit einem unendlichen Gott, solange er nicht zu persönlich wird und solange er sich aus unseren wissenschaftlichen Aufzeichnungen heraushält. Die nicht westlichen Kulturen wiederum haben kein Problem damit, sich Gott als einen persönlichen Gott vorzustellen, aber sie bezweifeln, dass er unendlich ist. Darum wurde in der Antike ein Krieg zwischen verschiedenen Nationen oft als Machtkampf zwischen verschiedenen Göttern angesehen.

Die Syrer dachten, sie hätten die Schlacht gegen die Israeliten in den Bergen deswegen verloren, weil sie am falschen Ort gewesen waren, nämlich zu weit entfernt vom Machtzentrum ihres Gottes. Sie sagten zu ihrem König: „Die Götter der Israeliten sind Berggötter. Nur deswegen war ihr Heer uns überlegen. Das nächste Mal wollen wir in der Ebene mit ihnen kämpfen; dann werden wir sie auf jeden Fall besiegen" (1. Könige 20,23). Also verlegten sie die Schlacht in die Ebene, wo ihr Gott stärker war. Sie hatten keinen Zweifel daran, dass der israelitische Gott real und persönlich war. Sie glaubten nur nicht, dass er unendlich war. Aber der israelitische Gott teilte ihre Auffassung keineswegs. Er gewann die Schlacht in der Ebene genauso wie die in den Bergen. Die Syrer waren an dem unendlich-persönlichen Gott gescheitert.

David beschreibt den unendlich-persönlichen Gott im ersten Satz von Psalm 23: „Der [unendliche] Herr ist mein [persönlicher] Hirte." Im Nahen Osten gab es damals kein Bild, mit dem man eine vertrauensvolle Beziehung besser hätte darstellen können.

Manchmal wurde auch ein König als der Hirte seines Volkes bezeichnet, aber die Götter waren nie an dem „kleinen Ich" interessiert. Die Worte *mein*, *mir* und *mich*, die im Hebräischen wie „i" klingen, sind in dem Psalm dreizehnmal zu hören. Der unendliche Gott interessiert sich für mich.

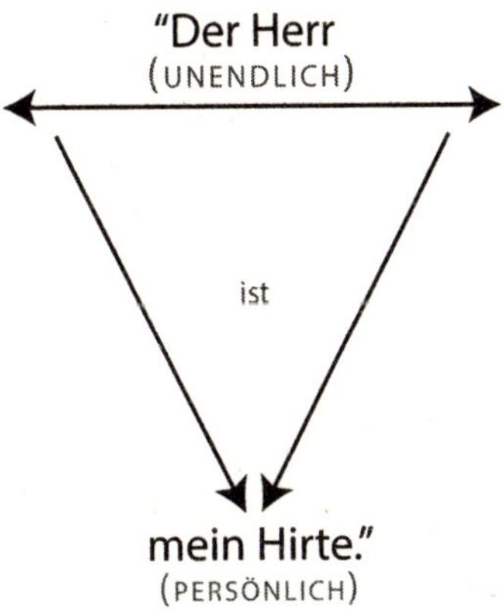

Auch in dem Gebet, das König Salomo zur Einweihung des Tempels spricht, spüren wir etwas von seinem Staunen darüber, dass der unendliche Gott persönlich mitten unter den Menschen wohnen will. „Doch wirst du, Gott, wirklich auf der Erde bei den Menschen wohnen? Ist nicht sogar der weite Himmel noch zu klein, um dich zu fassen, geschweige denn dieses Haus, das ich gebaut habe?" (2. Chronik 6,18). Weil Gott sowohl unendlich als auch persönlich ist, wird er das Gebet erhören, „das ich in aller Demut an dich richte" (6,19).

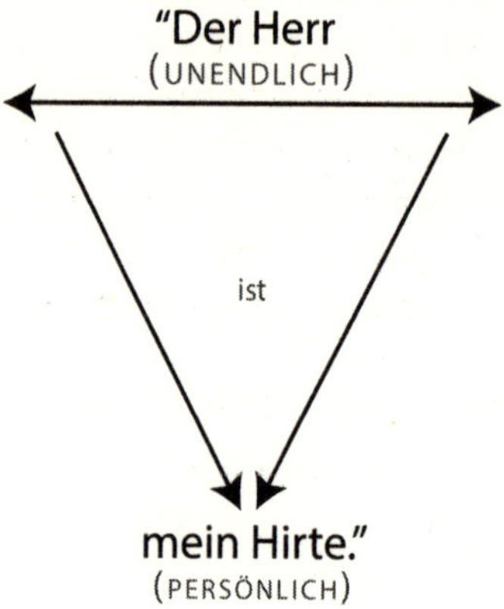

Auch Jesaja berichtet in Ehrfurcht und Staunen, wie Gott über sich selbst sagt: „Ich, der Hohe und Erhabene, der ewige und heilige Gott, wohne in der Höhe, im Heiligtum. Doch ich wohne auch bei denen, die traurig und bedrückt sind. Ich gebe ihnen neuen Mut und erfülle sie wieder mit Hoffnung“ (Jesaja 57,15).

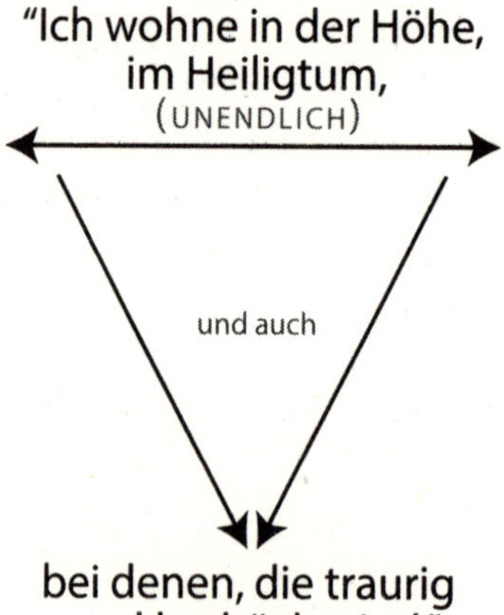

Majestät und Demut scheinen auf den ersten Blick nicht zusammenzupassen. Das ist auch unser Problem, wenn wir beten. Wir können uns einfach nicht vorstellen, dass Gott sich mit den kleinen Dingen unseres Lebens beschäftigt. Wir denken entweder, dass er zu groß ist oder dass wir nicht so wichtig sind. Kein Wunder also, dass Jesus uns auffordert, wie kleine Kinder zu sein! Kleine Kinder lassen sich von der Größe ihrer Eltern nicht abschrecken. Sie kommen trotzdem zu ihnen.

Albert Einstein hatte auch so seine Probleme mit diesem seltsamen Universum, welches das Spiegelbild eines unendlich-persönlichen Gottes ist. Auf der einen Seite vertrat er ständig das aufklärerische Bild eines fernen und unpersönlichen Gottes. Als ein Mädchen aus der sechsten Klasse, das in New York die Sonntagsschule besuchte, ihn einmal fragte: „Beten Wissenschaftler eigentlich?", da antwortete Einstein: „Ein Wissenschaftler ist eher nicht bereit zu glauben, dass die Ereignisse durch ein Gebet beeinflusst werden können."[33] Dennoch sprach Einstein persönlich häufig von Gott. Als er mit Niels Bohr über die Quantentheorie diskutierte, sagte er: „Gott würfelt nicht." Walter Isaacson schreibt in seiner Einstein-Biografie, dass Einsteins häufige Hinweise auf einen persönlichen Gott durchaus ernst gemeint waren. „Es war nicht Einsteins Stil, etwas Unaufrichtiges zu äußern, um konform zu erscheinen. [...] Wir sollten ihm die Ehre erweisen und ihn beim Wort nehmen."[34] Tatsächlich erklärte Einstein, seine Forschung sei getrieben von dem Glauben an „einen Gott, der *sich selbst* offenbart in der Harmonie all dessen, was existiert" [Hervorhebung hinzugefügt].[35]

Wir mögen es nicht, wenn Gott uns zu nahe kommt, vor allem,

---

33 Albert Einstein: „Einstein to Phyllis Wright." 24. Januar 1936, AEA 52-337, zitiert bei Walter Isaacson: *Einstein: His Life and Universe.* New York, Simon & Schuster, 2007, S. 388.

34 Isaacson, *Einstein,* S. 389.

35 Albert Einstein: „Einstein to Herbert S. Goldstein." 25. April 1929, AEA 33-272, zitiert bei Walter Isaacson: *Einstein: His Life and Universe.* New York, Simon & Schuster, 2007, S. 551.

wenn er ein Gott ist, den wir nicht kontrollieren können. Wir haben eine Urangst davor, mit Gott im Garten spazieren zu gehen, nackt, ohne Kleidung. Wir sehnen uns zwar nach einer vertrauensvollen Beziehung, aber wenn es dazu kommt, ziehen wir uns zurück, weil wir uns vor einem Gott fürchten, der zu persönlich und zu rein ist. Wir fühlen uns wohler, wenn Gott auf Distanz bleibt.

Beten heißt, sich einem unendlichen Gott zu öffnen, der nach uns sucht. Wie wir noch sehen werden, ist das nur möglich, wenn wir die Kontrolle abgeben und uns beständig unter Gottes Wille beugen. „Dein Wille geschehe wie im Himmel so auf Erden" (Matthäus 6,10) ist tatsächlich ein Furcht einflößender Gedanke.

14. WIE PERSÖNLICH IST GOTT?

Vor Kurzem las ich ein Buch über das Beten, das eigentlich ganz hervorragend war. Allerdings betonte der Autor, man solle nicht um so triviale Dinge beten wie um einen Parkplatz. Er meinte, solche Bitten seien egoistisch. Als ich das las, konnte ich es kaum erwarten, meiner Mutter davon zu erzählen.

Sie war gerade in Philadelphia zur Hochzeit eines ihrer 24 Enkelkinder. Meine Mutter ist 82 Jahre alt und arbeitet als Vollzeit-Missionarin in London. Nachdem sie und mein Vater mit einem mageren Pastorengehalt fünf Kinder großgezogen hatten, gingen die beiden in die Slums von Uganda und auf die Straßen von Dublin, um dort das Evangelium zu verbreiten. Nun lebt meine Mutter also in London, wo sie Frauen aus Südasien für Jesus gewinnen will und Freundschaftsevangelisation mit südasiatischen Taxifahrern betreibt.

Wir trafen uns zum Frühstück, und als ich ihr erzählte, was dieser Autor über das Beten um einen Parkplatz geschrieben hatte, schaute sie ein wenig ungläubig drein, legte den Kopf schief, fing an zu lachen und sagte: „Wie soll man denn sonst einen Parkplatz finden? Wenn ich mit meinen Enkeln in London mit dem Auto unterwegs bin, sagen sie immer zu mir: ‚Oma, kannst du bitte mal beten, dass wir einen Parkplatz finden?'" Die Antwort meiner Mutter erinnerte mich an Saras Lachen über die Güte Gottes, als er sie mit dem Geschenk eines Sohnes überraschte. Dieses

Geschenk verwandelte Saras skeptisches Gelächter aus dem Jahr davor in reine Freude.

Kürzlich fand meine Mutter einen Brief wieder, den sie im Dezember 1979 aus Kampala in Uganda geschrieben hatte, kurz nachdem Idi Amin aus dem Land geflohen war. Mutter und Vater lebten damals im siebten Stock eines heruntergekommenen Hotels, gaben das Evangelium weiter und halfen, wo immer sie konnten. In der Stadt gab es keine Müllabfuhr mehr. Also taten sie sich mit mehreren Ugandern zusammen, fanden einen Müllwagen und gaben die Liebe Gottes weiter, während sie den Müll der Leute einsammelten. In dem Brief beschrieb meine Mutter einen typischen Tag in ihrem damaligen Leben:

> Das totale Chaos, das nach einem brutalen, acht Jahre dauernden Bürgerkrieg in einem Land herrscht, ist mit Worten nicht zu beschreiben. Wenn wir zur Toilette gehen, funktioniert die Spülung nur mit viel Glück. Wenn nicht, müssen wir zum Ende des Flurs gehen und den Feuerlöschschlauch holen. Falls wir aber zu spät kommen, hat ihn schon jemand anderes vor uns benutzt – *also lernen wir, um Wasser zu beten*. Wenn es mitten in der Nacht kommt, füllen wir schnell die Badewanne, damit wir uns morgens waschen können ...
> Man fährt an ausgebombten Gebäuden vorüber. Man geht durch verschmutzte Straßen und *betet*, dass einem niemand die Geldbörse klaut. ...
> Im Hotel treffen wir ein paar Asiaten. Sie interessieren sich sehr für unser Webprojekt und sagen: „Wir können mit dem Material helfen, aber wir haben keine Transportmöglichkeiten." *Also beten wir wieder ...*
> Die Versuchung ist groß, auf sich selbst und die eigenen Grenzen zu sehen. Es gibt Zeiten, *in denen ich bete*: „Herr, ich stehe diesen Tag nicht durch" (Hervorhebungen hinzugefügt).

Das ist also eine Frau, die um einen Parkplatz betet. Wie soll man auch sonst einen finden?

EINE WELTFREMDE SICHT

Manche Theologen meinen, wir sollten deshalb nicht um einen Parkplatz beten, weil dies bedeuten würde, dass jemand anderes keinen bekommt. Der Autor eines christlichen Buches schrieb: „Wenn jemand ein Feuerwehrauto kommen hört und betet: ‚Gott, bitte lass es nicht mein Haus sein!', dann äußert diese Person ein unmoralisches Gebet, denn ihr ist es lieber, wenn das Haus von anderen Leuten brennt. Besser wäre es zu beten: ‚Gott, wenn es mein Haus ist, dann hilf bitte, dass niemand verletzt ist.'"[36]

Als ich Jill erzählte, was ich gelesen hatte, lachte sie. Wenn Kim allein zu Hause ist, können die unglaublichsten Dinge passieren. Darum betet Jill jedes Mal, wenn sie eine Sirene hört, dass das Einsatzfahrzeug nicht zu unserem Haus unterwegs ist. Vor ungefähr zwei Jahren, mitten im Winter, verließ eine Betreuerin von Kim das Haus, ohne ihr zu sagen, wann sie zurück sein würde. Kim geriet in Panik und lief die Straße entlang. Dabei schrie sie und suchte die Betreuerin. Ein Nachbar rief mich an und ich eilte nach Hause. Als ich in unsere Straße einbog, empfingen mich zwei Polizeiautos mit Blaulicht, die beide Enden der Straße blockierten. Kim stand ohne Jacke und Schuhe mittendrin und war geradezu hysterisch.

Wenn Jill darum betet, dass unser Haus nicht abbrennt, dann verhält sie sich ganz schlicht, wie ein Kind. Sie sagt Gott ehrlich, was ihr auf dem Herzen liegt. Und darum geht es beim Beten.

Wird Gott ein Problem in unserem Zuhause verschwinden lassen? Ich weiß es nicht. Was würde passieren, wenn unser Haus abbrennt? Ich weiß es nicht. Bildlich gesprochen brannte unser Haus

---

36 John Westerhoff: *Spiritual Life: The Foundation for Preaching and Teaching.* Louisville, Kentucky, Westminster John Knox, 1994, S. 63.

ab, als Kim geboren wurde. Wir haben jedoch bald gemerkt, dass dieses „abgebrannte Haus“ ein Geschenk war. Gott hatte ein besseres Haus für uns; das alte musste gehen. Jill und ich beten, weil wir hilflos sind, uns dem Ansturm des Lebens ausgeliefert fühlen. Wenn ich im Gebet ein Problem vor Gott bringe, wird dieses Problem mit der Energie Gottes erfüllt und beginnt sich aufzuhellen. Dann können die seltsamsten Dinge passieren.

Der christliche Autor, der schrieb, wir sollten nicht beten, dass Gott unser Haus vor dem Feuer bewahrt, hat das Gebet zu einem Nullsummenspiel gemacht. Das Kommen eines Feuerwehrautos bedeutet ja nicht unbedingt, dass ein Haus brennt. Es gibt noch andere Möglichkeiten. Vielleicht sitzt eine Katze auf einem Baum. Vielleicht ist jemand verletzt. Das Grundproblem besteht darin, dass dieser Autor das Gebet übermäßig vergeistlicht. Er ordnet sich Gottes Willen so schnell unter, dass er selbst als Person nicht mehr in Erscheinung tritt. Wenn Jesus in Getsemane bittet: „Lass diesen bitteren Kelch des Leidens an mir vorübergehen“, dann ist er völlig aufrichtig. Viele Christen beten allzu schnell: „Nicht was ich will, sondern was du willst, soll geschehen“ (Lukas 22,42), ohne Gott zuerst ihr Herz auszuschütten. Sie fügen sich so rasch in Gottes Willen, dass sie selbst dabei verschwinden. Das übermäßige Vergeistlichen des Gebets unterdrückt unseren natürlichen Wunsch, dass unser Haus nicht brennen möge. Wenn wir aber vor Gott nicht mehr wir selbst sind, befinden wir uns auch nicht mehr in einem echten Gespräch mit ihm.

Der betreffende Autor ist vom Denken des Neoplatonismus geprägt, der antiken griechischen Philosophie, die die physische Welt für nebensächlich hielt. Die griechischen Stoiker waren stolz auf ihre Fähigkeit, sich vom Leben nicht erschüttern zu lassen. Sokrates nahm gelassen den Giftkelch entgegen, den seine Henker ihm reichten. Der Neoplatonismus drang auch in die christliche Kirche ein, indem er die Spiritualität mit einer Unterdrückung der Wünsche und Gefühle gleichsetzte. Darum wirkt Jesus in so vielen Filmen ein wenig seltsam und unmännlich. Er geht langsam, redet langsam und bewegt sich langsam. Man möchte ihm am liebsten Beine machen.

Augustinus, einer der größten Kirchenväter, war auch durch diese Philosophie beeinflusst. Er schrieb: „Erbitte nichts von Gott, außer ihn selbst."[37] Augustinus hatte nur zur Hälfte recht. Auch der amerikanische Erweckungsprediger Jonathan Edwards und in seinem Gefolge der Theologe John Piper haben uns daran erinnert, dass das beste Geschenk, das Gott uns geben kann, er selbst ist. Doch „nichts von Gott erbitten" ist eine weltfremde Aussage. Das möchte ich gern näher erläutern.

Stellen wir uns einmal einen Mann vor, der seine Frau wirklich liebt. Er kümmert sich um ihre Bedürfnisse; was sie bewegt, ist ihm wichtig. Er ist das beste Geschenk, das sie auf Erden bekommen kann. Wie aber würde sie reagieren, wenn er zu ihr sagen würde: „Bitte mich niemals um etwas, denn ich bin dein größtes Geschenk." Wenn ich dieses Beispiel in unseren Gebetsseminaren erzähle, fangen alle Zuhörer an zu lachen. Die Liebe des Mannes zu seiner Frau ist nicht zu trennen davon, dass er achtsam und großzügig auf ihre Bitten reagiert. Wenn wir unsere alltäglichen Bedürfnisse (das Tun) von Gottes größtem Geschenk, seiner liebevollen Gegenwart (dem Sein), trennen, dann haben wir das Gebet allzu sehr vergeistlicht.

Wenn wir von Gott nichts erbitten dürfen, werden wir in einer bösen Welt allein gelassen. Eine solche Haltung mag sehr geistlich erscheinen, weil sie so selbstlos wirkt, aber sie ist unbiblisch, weil sie die reale Welt unserer Bedürfnisse von Gottes Welt trennt. Das Reich Gottes kann nicht kommen, weil es nur überirdisch ist.

Durch die Abspaltung der geistigen von der physischen Welt

---

37 Augustinus, zitiert in Donald G. Bloesch: *The Struggle of Prayer.* Colorado Springs, Colorado, Helmers and Howard, 1988, S.75. Eine andere mögliche Wiedergabe dieser Aussage wäre: „Gott wird umsonst geliebt, man fragt nach keinem anderen Geschenk. Wer ein anderes Geschenk von Gott erstrebt, der macht aus dem, was er zu haben begehrt, ein kostbareres Geschenk als Gott selbst ist. Gottes Geschenk ist er selbst." Augustinus: *Expositions on the Psalms,* in Psalm 72,32; Migne *Patrologia Latina*, 36.923.

hat der Neoplatonismus genau dasselbe erreicht wie die Aufklärung. Der einzige Unterschied besteht darin, dass der Neoplatonismus das Geistige überbetont und die Aufklärung das Physische. Die christliche Kirche ist also durch den Neoplatonismus beeinflusst (der das Physische für unwichtig hält) und die Welt durch die Aufklärung (die das Geistige für unbedeutend hält). Beides behindert das aufrichtige Gebet als ein Gespräch von Person zu Person.

Die Neigung der Kirche zu einer unnatürlichen Spiritualität wurde in den letzten Jahren weiter beeinflusst durch den Buddhismus, den unsere Kultur in sich aufgenommen hat. Im Buddhismus findet man die Erleuchtung und gelangt ins Nirwana, wenn man aufhört zu begehren. Darum wiederholen buddhistische Mönche immer wieder gedankenlos die Silbe „Om", damit sie mit allem eins werden. Das Ziel ist das Auslöschen allen Begehrens.

Jesus war völlig anders. Wenn wir die Evangelien lesen, treffen wir auf einen leidenschaftlichen, gefühlsbetonten Mann. Gott sei Dank haben wir einen Retter, der mit der realen Welt in Berührung kommt, der betet, dass er den bitteren Kelch des Leidens nicht trinken muss, der an einem rau gezimmerten Holzkreuz hängt und ruft: „Mein Gott, mein Gott, warum hast du mich verlassen?" (Matthäus 27,46). Jesus unterdrückt seine Gefühle nicht, lässt sich aber auch nicht von ihnen beherrschen. Er ist authentisch.

Darum ist es ganz natürlich, wenn wir beten: *Gott, bitte hilf denen, deren Haus gerade brennt, und bewahre sie. Und möge es nicht unser Haus sein.* So können wir aufrichtig und zugleich liebevoll sein. Wenn wir mit der *Titanic* untergehen, beten wir: *Gott, bitte hilf mir, ins Rettungsboot zu gelangen,* und dann setzen wir uns mit ganzer Kraft dafür ein, dass auch andere gerettet werden. Unsere Wünsche zu äußern und uns Gottes Willen zu beugen, das ist das perfekte Gleichgewicht des Gebets.

VON SCHLAFANZÜGEN UND VERSCHÜTTETER MILCH

Meine erste Erfahrung mit einer Gebetserhörung verdanke ich meiner Mutter. Da war ich neun Jahre alt und hatte keinen Schlafanzug. Wir waren gerade vom kalifornischen Längstal nach San Francisco gezogen, wo mein Vater eine Stelle als Korrespondent für eine Stiftung angenommen hatte. Schon damals im Jahr 1963 waren die Mietpreise so erschreckend hoch, dass wir uns mit einer siebenköpfigen Familie in eine Zweizimmerwohnung im Süden von San Francisco quetschen mussten. Wegen des Raumproblems schlief ich in einem Klappbett auf der Veranda, von wo aus man eine schöne Aussicht auf eine steile Hügelkette hatte. Das gefiel mir, denn meine ganze Kindheit über wollte ich schon immer Förster werden. Das Problem war nur, dass die Veranda nicht überdacht war. Nachts schlossen meine Schwestern die Tür ab, und wenn es regnete, hörten sie mein Klopfen nicht immer. Ich fand heraus, dass ich auch bei Regen schlafen konnte, indem ich mich ganz an den Rand des Klappbetts legte und das Wasser sich in der Mitte meiner Schlafunterlage sammelte. Ich musste nur aufpassen, dass ich nicht in die Mitte rollte. Im Winter zog ich nach drinnen um und schlief an einem kleinen freien Platz im Kriechboden, direkt unterhalb des Oberlichts im Flur. Schlafanzüge waren Mangelware.

Als ich meiner Mutter sagte, dass ich keinen Schlafanzug hatte, schlug sie vor, ich sollte dafür beten. Das tat ich dann. Innerhalb von einer Woche traf ein Paket von Freunden ein, in dem ein hellroter Pyjama lag. Und nach zwei Wochen kam ein zweiter. Das ist wirklich kein Witz. Ich kann mich nicht erinnern, jemals zuvor oder danach einen Schlafanzug geschenkt bekommen zu haben. Die Antwort auf mein Gebet war so eindeutig und sie kam so schnell, dass ich sie nicht übersehen konnte. Gott kümmert sich also auch um Schlafanzüge.

Er kümmert sich auch um Milch. Jeden Morgen spreche ich beim Frühstück ein stilles Gebet, wenn Kim sich die Milch für ihr Müsli eingießt. Durch ihr begrenztes Sehvermögen fehlt ihr die

Tiefenwahrnehmung, darum ist das Eingießen für sie nicht einfach. Und ihre motorischen Einschränkungen erschweren es ihr, die Milchpackung im richtigen Moment wieder abzusetzen. Dazu kommt, dass sie es nicht mag, wenn man ihr Ratschläge erteilt, und nicht auf mich hört, wenn ich *Stopp* sage. Das Ergebnis kann ziemlich nervig sein. Inzwischen verlässt Jill sogar die Küche, wenn die Milchpackung herausgeholt wird. Aber Gott kümmert sich auch um die Milch beim Frühstückstisch. So sehr ist er an unserem Leben interessiert.

Sollten wir deshalb alle beten, wenn wir uns Milch einschenken? Natürlich nicht. Ich nehme an, Sie haben inzwischen gelernt, wie man Milch eingießt! In Ihrem Leben ist das keine Not. In Kims aber schon. Darum beten wir. Das macht uns nicht geistlicher als andere Leute; es ist nur eine von den kleinen Gebetsreisen, die Kim und ich unternehmen.

EIN AUGENBLICK DER MENSCHWERDUNG

Das Wunder des unendlich-persönlichen Gottes zeigt sich ganz besonders in der Inkarnation, der Menschwerdung Jesu. Die Geburt Gottes geschah für uns völlig unerwartet: Ein sechseinhalb Pfund schwerer jüdischer Junge mit dunkelbraunem lockigem Haar wird im Herbst oder Winter des Jahres 5 v. Chr. geboren, in der Höhle eines Schafhirten, an einem Hügel in der Stadt Bethlehem, in der römischen Provinz Judäa in Westasien. Das ist so speziell, dass es unsere Fantasie ins Wanken bringt. Gott hat einen ganz besonderen Ort und eine ganz besondere Zeit gefunden, in der seine Liebe unsere Welt berührt.

Auch das Gebet ist ein solcher Moment der Inkarnation – Gott ist mit uns. Gott begibt sich in die kleinen Details meines Lebens hinein. Ein anderer Autor eines ansonsten hervorragenden Buches über das Gebet schreibt, im Gebet ginge es vor allem darum, dass wir mit Gott zusammen sind, und nicht, dass Gott unsere Bitten erhört. Als Beispiel führt er die Mütter an, die „zur Zeit der hohen Kindersterblichkeit inständig darum beteten, dass ihre Kinder nicht in so jungen Jahren starben. Die moderne Medizin hat diesen Gebeten in der westlichen Welt ein Ende gesetzt."[38] Vielleicht. Aber vielleicht entwickelte sich die moderne westliche Medizin ja gerade deshalb, weil die jungen Mütter im Westen für ihre Kinder beteten.

Es ist auffallend, wie viele christliche Autoren sich gegen das realitätsbezogene Gebet wenden. Dies hat offenbar tiefer liegende Ursachen als den griechischen Neoplatonismus und die buddhistische Spiritualität. Vielleicht macht Gott uns nervös, wenn er uns zu nahe kommt. Wir wollen nicht physisch von ihm abhängig sein. Das kommt uns oberflächlich vor, so als wollten wir Gott beherrschen. Tief drinnen mögen wir nämlich die Gnade nicht. Wir wollen nicht das Risiko eingehen, dass unser Gebet nicht erhört wird. Lieber leben wir in der Sicherheit unserer Isolation, als es mit dem lebendigen Gott zu tun zu bekommen. Den Vater und damit auch das Gebet anzunehmen, heißt, das zu akzeptieren, was ein Pastor einmal „den Stachel der kleinen Dinge" nannte.[39]

Unsere Abneigung gegen das Bitten ist außerdem in unserem Wunsch nach Unabhängigkeit verwurzelt. Reinhold Niebuhr, ein bekannter amerikanischer Theologe aus der Zeit nach dem 2. Weltkrieg, beschreibt das Problem sehr treffend: „Das menschliche Ego geht von seiner Selbstgenügsamkeit und Selbstherrschaft aus und wähnt sich darin sicher. [...] Es verkennt den gebundenen und abhängigen Charakter seines Lebens und hält sich für den Urheber seiner eigenen Existenz."[40] Wir mögen es nicht, gebunden zu sein, völlig abhängig voneinander. Das kleine Kind, das wir nach der Aufforderung von Jesus werden sollen, ist in allem ganz von seinen Eltern abhängig.

---

38 James Houston: *The Transforming Power of Prayer.* Colorado Springs, NavPress, 1996, S. 27 u. 37.

39 Bowen Matthews, zitiert in C. Jack Orr: *„A First-Time Visit to an Old-Time Place"*, DreamSeeker Magazine 2, Nr. 4, Herbst 2002, S. 9.

40 Reinhold Niebuhr: *Human Nature.* New York, Scribner, 1964, S. 201.

Was verliere ich, wenn ich ein Leben des Gebets führe? Die Kontrolle. Unabhängigkeit. Und was gewinne ich? Die Freundschaft mit Gott. Ein ruhiges Herz. Das lebendige Wirken Gottes in den Herzen der Menschen, die ich liebe. Die Fähigkeit, die Flut des Bösen einzudämmen. Schlussendlich verliere ich mein eigenes Reich und bekomme seines. Ich bin kein unabhängiger Spieler mehr, sondern ein abhängiger Liebender. Kein Waisenkind, sondern ein Kind Gottes.

Jeden Tag erfahre ich die fürsorgliche Gegenwart meines Vaters. Letzten Samstag zum Beispiel war ich gerade in einem Elektronikgeschäft, um ein Ladegerät für eine Sprechanlage zu besorgen, die wir in Kims Wohnung installieren wollten. Da erhielt ich einen panischen Anruf von Jill. Sie hatte gerade mit Kims Betreuer telefoniert, der sie bei ihrem Job begleitet, wenn sie die Hunde aus dem Tierheim ausführt. In der Mittagspause hatte Kim sich etwas zu essen bei McDonald's bestellt, konnte aber ihre Kreditkarte nicht finden. Also hatte McDonald's ihr das Essen wieder weggenommen, und Kim rastete aus. Ich versuchte, den Betreuer per Handy zu erreichen, doch das klappte nicht.

Worin sah ich nun die Fürsorge meines Vaters? Weil ich mich in dem Elektronikgeschäft befand, war ich nur zehn Minuten von Kim entfernt. Als ich den Betreuer endlich erreichen konnte, beschrieb er mir versehentlich den Weg zu einer anderen McDonald's-Filiale. Während ich an einer Ampel wartete, sah ich auf der anderen Straßenseite einen McDonald's. In diesem Moment dachte ich, dass mit der Wegbeschreibung, die ich bekommen hatte, etwas nicht stimmen konnte. Ich fuhr auf den McDonald's-Parkplatz, und da war Kim. Zehn Minuten nach Jills Anruf war ich also schon bei ihr. So konkret erlebten wir Gottes Liebe für Kim.

Der Stress, den ich in den zehn Minuten durchmachte, erinnerte mich an meine Abhängigkeit von Gott und machte mich noch mehr von ihm abhängig. Wenn wir leiden, ist das Gottes Geschenk an uns, mit dem er uns bewusst macht, wie abhängig unsere Existenz ist – abhängig von dem lebendigen Gott. Und doch bleibt es weitgehend ein Geheimnis, *wie* Gott durch das Gebet tatsächlich wirkt.

DAS GEHEIMNIS DES GEBETS

Wenn wir beten, geschieht etwas Rätselhaftes im Verborgenen unseres Lebens. Sobald wir aber versuchen, dieses Geheimnis zu lüften, entgleitet es uns. Es ist ein echtes Rätsel.

Wie ein autistisches Kind können wir immer nur von der Seite aus sehen, wie das Gebet wirkt. Wenn Kim andere Leute begrüßt, schaut sie sie nicht direkt an, sondern aus dem Augenwinkel. Manche Fachleute glauben, dass es für Menschen mit Autismus zu überwältigend ist, andere unmittelbar anzusehen.

Vieles im Leben können wir nicht direkt betrachten. In der Quantenphysik kann man die Geschwindigkeit und die Masse eines Partikels nicht gleichzeitig beobachten. Die körperliche Liebe in der Ehe ist etwas Schönes; wenn aber jemand dabei zuschaut, ist es Pornografie. Das Beobachten verändert die sexuelle Intimität. Manche Dinge verschwinden ganz einfach, wenn wir versuchen, sie festzuhalten oder sie zu erforschen.

Studien, die zu beweisen versuchen, dass das Gebet tatsächlich etwas bewirkt, haben das Wesen des Gebets nicht verstanden. Dieses Unternehmen ist genauso abwegig, als würde man versuchen, die eigene Existenz zu beweisen oder die Liebe zu messen. Gott ist eine Person, und sein Universum spiegelt diese Tatsache wider. Je näher etwas dem Wesen Gottes ist, umso mehr spiegelt es ihn wider und umso weniger ist es messbar. Dinge wie Aufrichtigkeit, Schönheit, Hoffnung und Liebe fallen alle in dieselbe Kategorie wie das Gebet. Man kann feststellen, dass es sie gibt, und man kann sie sogar beschreiben, aber definieren kann man sie nicht, einfach weil sie dem Bild Gottes so ähnlich sind.

Die Annahme, wir könnten bei allem herausfinden, wie es funktioniert, entspringt dem Denken der Aufklärung, das davon ausgeht, dass alles nur Materie und Energie ist. Die Definition von „allem" lässt so wichtige Dinge wie Liebe, Schönheit und Menschen außen vor. Die kostbarsten Dinge des Lebens können wir weder beweisen noch direkt beobachten, aber wir wissen genau, dass sie existieren, so wie wir wissen, dass es die Sonne und den Mond gibt.

Seit 1983 beten wir dafür, dass Kim sprechen lernt. Sie war damals eineinhalb Jahre alt. Wir wussten nicht, dass zur selben Zeit Ingenieure einer Computerfirma in Ohio dabei waren, den ersten leicht zugänglichen Sprachcomputer zu entwickeln. Vier Jahre später, als Kim fünf war, sprach sie ihr erstes elektronisches Wort: *McDonald's*. Jetzt besitzt sie einen Sprachcomputer der dritten Generation, genannt *Pathfinder*.

Mancher würde nun einwenden: „Sprachcomputer hätte man sowieso erfunden." Oftmals ist es beim Gebet tatsächlich so, dass im Rückblick alles so selbstverständlich zu sein scheint, als ob es ohnehin passiert wäre. Doch das Zurückschauen ist eigentlich eine gottgleiche Haltung, die zu wissen meint, wie alles funktioniert. Das Kind aber sagt: „Herr, ich bin nicht hochmütig und schaue nicht auf andere herab. Ich strecke mich nicht nach Dingen aus, die viel zu hoch für mich sind" (Psalm 131,1).

Das Gebet ist etwas ganz Intimes. Sobald wir uns eine bestimmte Gebetserhörung vornehmen und herausfinden wollen, wie sie zustande kam, verlieren wir Gott. Wir können die kausale Verbindung zwischen unseren Gebeten und dem, was dann geschieht, ganz einfach nicht sehen. Aber wir sollten nicht vergessen, dass dies nicht nur für das Gebet gilt. Die besten Dinge in unserem Leben haben alle keine sichtbare Verbindung. Nehmen wir zum Beispiel die selbstlose Liebe, die keine Erwiderung oder Belohnung erwartet. Für unsere intellektuellen Eliten ist sie völlig irrational, weil bei ihr kein sichtbarer Zusammenhang erkennbar ist zwischen dem, was sie gibt, und dem, was sie bekommt. Dennoch wird die Liebe in unserer Welt „auf Knien verehrt".[41] Als Mutter Teresa zu den intellektuellen Eliten der Harvard-Universität sprach, erhoben sich die Zuhörer von ihren Plätzen und spendeten ihr donnernden Applaus.[42] Die Liebe ergibt vollkommen

41 *The Village*. DVD, Regie: M. Night Shyamalan. Burbank, Kalifornien, Touchstone Pictures/Buena Vista Home Entertainment, 2004.

42 Philip Lawler: „*A Life of Purity*." The Wall Street Journal. Montag, 8. September 1997, A18.

Sinn, wenn wir erkennen, dass sie ein Spiegelbild der Liebe Gottes ist. Genauso ist es mit dem Gebet.

Die Unmöglichkeit, die Verbindung zwischen Ursache und Wirkung zu erkennen, ist typisch für das Wesen des Gebets, denn es ist ein direktes Handeln Gottes. Wenn wir genau analysieren wollen, wie das Gebet funktioniert, ist es, als ob man ein Vergrößerungsglas benutzt, um herauszufinden, warum eine Frau schön ist. Wenn wir Gott zu einem Objekt machen, entzieht er sich uns. Dasselbe tun wir auch, wenn unser Partner oder Freund uns ständig wie ein Objekt behandelt. Wir ziehen uns von dieser Person zurück.

Wenn wir uns auf diesen göttlichen Tanz,
den wir Gebet nennen, einlassen,
müssen wir unseren Wunsch aufgeben,
alles unter Kontrolle zu behalten und genau zu wissen,
wie das Gebet funktioniert.

Die Gebetserhörung beginnt oft schon vor dem tatsächlichen Gebet. (Die Firma, die Kims Sprachcomputer herstellt, wurde vierzehn Jahre vor Kims Geburt gegründet.) Es gibt nur einen Weg, wie wir herausfinden können, wie das Gebet funktioniert: Wir müssen vollkommenes Wissen über die Vergangenheit, Gegenwart und Zukunft besitzen *und Macht* über sie haben. Mit anderen Worten: Wir können das Gebet erst dann wirklich begreifen, wenn wir Gott sind.

Wenn wir uns auf diesen göttlichen Tanz, den wir Gebet nennen, einlassen, müssen wir unseren Wunsch aufgeben, alles unter Kontrolle zu behalten und genau zu wissen, wie das Gebet funktioniert. Wir müssen Gott die Führung überlassen. Wir müssen vertrauen. Denn Gott will uns erfreuen, und zwar nicht nur mit dem Geschenk seiner selbst, sondern auch mit Parkplätzen, Schlafanzügen, dem erfolgreichen Milcheingießen und mit Sprachcomputern. Niemand handelt so wie er!

15. JESUS UND SEINE GROSSARTIGEN VERHEISSUNGEN FÜR DAS GEBET

Jesus kann uns ganz schön nervös machen, vor allem wenn er über das Gebet spricht. Nach dem Abendmahl sagt er einige ziemlich erstaunliche Dinge zu seinen Jüngern. Während er noch mit ihnen am Tisch sitzt, erklärt er: „Worum ihr in meinem Namen bitten werdet, das werde ich tun, damit durch den Sohn die Herrlichkeit des Vaters sichtbar wird. Was ihr mich also in meinem Namen bitten werdet, das werde ich tun" (Johannes 14,13-14). Später am selben Abend sind Jesus und seine Jünger unterwegs nach Getsemane und gehen durch die dunklen Straßen von Jerusalem. Vielleicht kommen sie gerade am Tempeltor mit seinem goldenen Weinstock vorbei, als Jesus seinen Jüngern sagt, dass er der wahre Weinstock, die Quelle des Lebens ist. „Wenn ihr fest mit mir verbunden bleibt und euch meine Worte zu Herzen nehmt, dürft ihr von Gott erbitten, was ihr wollt; ihr werdet es erhalten" (Johannes 15,7). Unser Fruchtbringen zeigt sich im erhörten Gebet – „dann wird euch der Vater alles geben, worum ihr ihn in meinem Namen bittet" (Johannes 15,16). Als Jesus mit dieser letzten Rede, in der er seine Jünger lehrt, zum Ende kommt, betont er noch einmal: „Ich sage euch die Wahrheit: Wenn ihr den Vater in meinem Namen um etwas bittet, wird er es euch geben. [...] Bittet ihn, und er wird es euch geben. Dann wird eure Freude vollkommen sein" (Johannes 16,23-24). An insgesamt sechs verschiedenen Stellen sagt Jesus: „Bittet, und ich werde es euch geben."

Wenn ich die Teilnehmer unserer Gebetsseminare um eine ehrliche Reaktion auf diesen „Blankoscheck" bitte, den Jesus beim Abendmahl offenbar ausstellt, dann fühlen sich alle unbehaglich. Eine Person fragte: „Ist das nicht übertrieben?" Jemand anderes sagte: „Ich versage nicht gern. Wenn ich bete, und dann nichts geschieht, ist mein Glaube dann echt? Was stimmt dann nicht mit mir? Oder mit Gott?" Wieder jemand anders aus der Runde gestand: „Das entspricht nicht meiner Erfahrung." Einer nach dem anderen sagte: „Ich habe gebetet, aber es ist nicht so eingetreten." Alle, die sich das Kleingedruckte in den Worten von Jesus genauer angeschaut hatten („wenn ihr mit mir verbunden bleibt" oder „wenn ihr in meinem Namen bittet"), reagierten deprimiert und meinten, sie seien nicht mit Jesus verbunden.

Wie also sollen wir mit diesen besonderen Gebetsverheißungen von Jesus umgehen?

THEOLOGISCHE ERKLÄRUNGSVERSUCHE

Verschiedene Theologen haben versucht, Jesus aus der Klemme zu helfen. Einer von ihnen schrieb:

> Eine oberflächliche Lektüre von Johannes 14,13-14 scheint den Menschen zu vermitteln, dass Jesus ihnen gibt, was immer sie wollen. [...] Satan möchte nur zu gern, dass wir die Lüge glauben, Gott beantworte unsere Gebete so, wie wir es uns wünschen. [...] Und wenn wir merken, dass Gott unsere Bitten um Reichtum, Ruhm und Ehre nicht erhört, [...] dann halten wir das Christentum für eine Täuschung und werfen Jesus vor, seine Versprechen nicht zu halten. [...]
> In Wirklichkeit sagt Jesus aber: „Bittet mich im Bereich meines Wirkens um alles, was ihr wollt, und ich werde es

> tun." […] Wenn wir ein wirksames Zeugnis für Jesus ablegen wollen, müssen wir Gott im Gebet um seinen Beistand bitten und sagen, dass allein sein Wille geschehen soll, nicht unserer. Nur dann werden unsere Gebete erhört.[43]

Dieser Ausleger sagt also im Grunde genommen Folgendes: Was Jesus hier *wirklich* meint, ist, dass Gott uns dabei hilft, wenn wir uns auf einem Missionseinsatz befinden, dass wir aber auch dann noch sagen sollen: „Dein Wille geschehe." Dieser Autor begrenzt die außergewöhnliche Verheißung, die Jesus gegeben hat, auf eine rein religiöse Aktivität wie die Mission. Unmerklich hat er das Modell der Aufklärung übernommen und das Gebet in unsere private Welt verschoben. Er löst das Problem der großen Verheißungen von Jesus, indem er sie wegerklärt. So lässt er Gott unendlich bleiben, aber er verliert seine Nähe.

Der Ausleger hat jedoch recht in dem Punkt, dass das Gebet keine Magie ist und auch kein Versuch, Gott zu steuern. Hofni und Pinhas holten die Bundeslade in die Schlacht gegen die Philister, als magischen Trick, der ihnen zum Sieg über die Feinde verhelfen sollte. Sie hatten Frauen, die zum Tempel kamen, sexuell missbraucht, aber jetzt, wo die Philister ihnen im Nacken saßen, suchten sie Gottes Gegenwart. Die Philister gewannen die Schlacht, töteten Hofni und Pinhas und raubten die Bundeslade (siehe 1. Samuel 4,1-11).

Mit anderen Worten: Wir sollten nicht leichtfertig mit Gott umgehen. Er ist nicht unser Spielzeug und auch nicht unser persönlicher Wunschautomat. Wir müssen uns in den Weinstock einordnen. Aber trotzdem bleibt die Frage nach unserem Umgang mit den außergewöhnlichen Verheißungen, die Jesus für das Gebet gegeben hat.

---

43 Dr. Bob Burrelli: „*Questions & answers*". Songtime Newsletter, November 1998.

JAKOBUS HILFT UNS WEITER

Jakobus, der Bruder von Jesus, hilft uns hier auf die Sprünge, indem er die besonderen Verheißungen von Jesus für das Gebet in ein Gleichgewicht bringt. Jakobus beschreibt zwei Gefahren, denen wir beim Beten begegnen. Die erste Gefahr, die auf der linken Seite der folgenden Grafik beschrieben ist, lautet: nicht bitten. Jakobus schreibt: „Solange ihr Gott nicht bittet, werdet ihr nichts empfangen." Die zweite Gefahr besteht darin, dass wir selbstsüchtig bitten: „Und wenn ihr ihn bittet, wird er euch doch nichts geben. Denn ihr verfolgt üble Absichten: Es geht euch nur darum, eure selbstsüchtigen Wünsche zu erfüllen" (Jakobus 4,2-3). Wir können auf beiden Seiten vom Pferd fallen.

Das Gebet von Jesus im Garten Getsemane zeigt uns das perfekte Gleichgewicht. Er vermeidet die Klippe des Nichtbittens, indem er sagt: „Abba, Vater, alles ist dir möglich, lass diesen bitteren Kelch des Leidens an mir vorübergehen" (Markus 14,36). Wer lieber keine Bitten an Gott richtet, ordnet sich seinem Willen unter, noch bevor er ehrlich mit Gott gesprochen hat. Manchmal bemühen wir uns so sehr darum, gut zu sein, dass wir nicht mehr echt sind. Das Ergebnis ist eine Art von Religiosität, in der wir von Gott getrennt sind. Mein wahres Ich kommt nicht mit dem wahren Gott in Berührung.

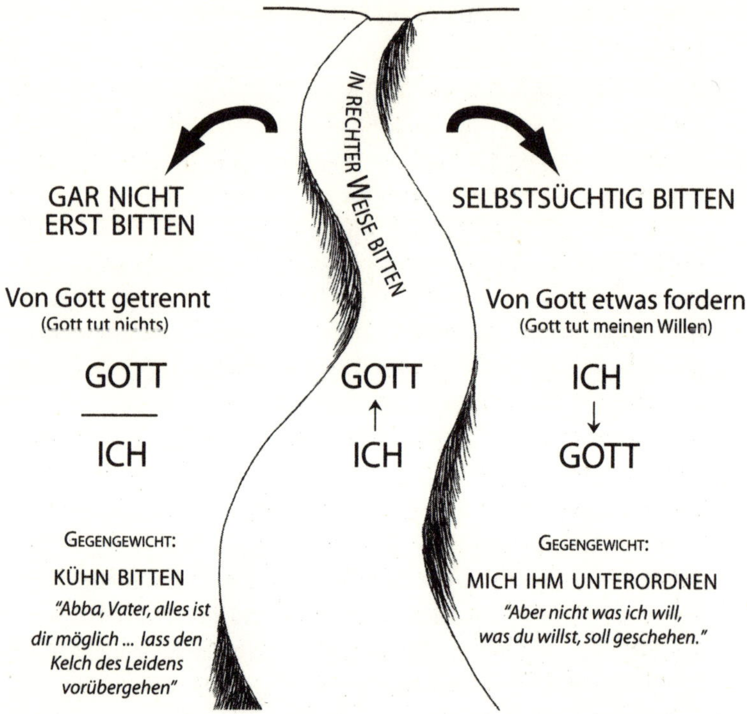

Im nächsten Atemzug vermeidet Jesus die Klippe des selbstsüchtigen Bittens, indem er sich ganz und gar Gottes Willen unterordnet: „Aber nicht was ich will, sondern was du willst, soll geschehen" (14,36). Jesus geht aufrichtig mit seinen Gefühlen um, aber sie beherrschen ihn nicht und er versucht auch nicht, Gott durch sie zu beherrschen. Er missbraucht nicht die Fähigkeit, mit seinem Vater zu kommunizieren, um seinen eigenen Willen durchzusetzen. Er akzeptiert die Geschichte, die sein Vater in sein Leben hineinwebt.

Wenn wir das Gebet von Jesus rein rational betrachten, erscheint es uns verrückt. Warum sollte Jesus seinen Vater um etwas bitten, von dem er ganz genau weiß, dass der Vater es nicht tun wird? Aber unser Verstand ist nur ein Teil dessen, was uns als Ebenbilder Gottes ausmacht. Wünsche, Gefühle und Leidenschaften gehören genauso dazu. Wenn wir uns klarmachen, dass

Jesus ein Mensch ist und kein Roboter, dann macht dieses Gebet absolut Sinn.

Ein Beispiel kann uns das verdeutlichen. Als nach den Terroranschlägen vom 11. September die Türme des World Trade Centers brannten, konnten die Menschen, die von den Flammen eingeschlossen waren, aufgrund der immensen Hitze des Feuers nicht mehr nach unten gelangen. Sie konnten aber auch nicht dort bleiben, wo sie waren. Also wählten sie ihre einzige Alternative – sie sprangen in den Tod, wobei viele sich an den Händen hielten. Welchen Sinn macht es, sich an den Händen zu halten? Diese Menschen wussten doch, dass sie sterben würden, egal ob sie dabei die Hand eines anderen fassten oder nicht. Aber das Leben ist mehr als reine Logik. Als Menschen sind wir ein Spiegelbild eines komplexen Gottes. Es gehört zur göttlichen Schönheit, dass wir für die Gemeinschaft geschaffen sind. Darum halten wir die Hand eines Freundes, wenn wir in den Tod springen. Während Jesus seinen Vater bittet, „den bitteren Kelch des Leidens vorübergehen" zu lassen, weiß er, dass die göttliche Gemeinschaft, die er mit seinem Vater teilt, am Kreuz zerbrochen werden wird. Indem er seinen Vater bittet und sich seinem Willen unterordnet, hält er für einen kurzen Moment die Hand seines Vaters.

Schadrach, Meschach und Abed-Nego befinden sich in einer ähnlichen Situation, als sie vor dem brennenden Ofen stehen. Sie reagieren auf Nebukadnezars Befehl, sich vor ihm niederzuwerfen, mit derselben Balance, die wir auch bei Jesus gesehen haben. Sie antworten dem König: „Unser Gott, dem wir dienen, kann uns aus dem Feuer und aus deiner Gewalt retten" (Daniel 3,17). Sie vermeiden die Klippe des Nichtbittens, indem sie kühn erklären, Gott werde sie retten. Im nächsten Satz aber fügen sie hinzu: „Aber auch wenn er es nicht tut, musst du wissen, o König, dass wir nie deine Götter anbeten oder uns vor der goldenen Statue niederwerfen werden" (3,18). Das hört sich im ersten Moment wie ein Widerspruch an, doch es zeigt nur, dass diese Männer kühn beten und sich zugleich Gott völlig unterordnen konnten. Mit dem mutigen Hinweis auf Gottes Rettung vermeiden sie eine unaufrichtige Religiosität oder Trennung von Gott; und indem sie die Geschichte, in die Gott sie hineingestellt hat, ganz und gar annehmen, vermeiden sie ein selbstsüchtiges Leben.

ZURÜCK ZU JESUS

Wir haben nun zwar einen ganz wichtigen Punkt im Blick auf das Gebet verstanden, aber immer noch bleibt das Versprechen von Jesus: „Bittet, was ihr wollt." Warum hat Jesus nicht selbst seine Aussage mit einem Gegengewicht versehen, wenn er das wirklich so gemeint hat? Ich denke, die Antwort lautet: *Wir* sind es, denen die Balance fehlt. Wir vertrauen entweder auf uns selbst, oder wir verzweifeln. In beiden Fällen sind wir gelähmt und können uns nicht auf Gott zubewegen. Wie Eltern, deren kleines Kind gerade wegläuft, ruft Jesus uns hinterher: „Mein Vater hat ein großes Herz. Er liebt die kleinen Dinge deines Lebens. Sag ihm, was du brauchst, und er wird es für dich tun." Jesus möchte, dass wir uns an dieses großzügige Herz des Vaters anschließen. Er will, dass wir das Vertrauen in uns selbst verlieren, denn „ohne mich könnt ihr nichts ausrichten". Wir sollen unser Vertrauen allein auf ihn setzen, denn „wer mit mir verbunden bleibt, so wie ich mit ihm, der trägt viel Frucht" (Johannes 15,5).

Alles, was Jesus in den Evangelien über das Gebet lehrt, lässt sich in einem Wort zusammenfassen: *Bittet*. Seine größte Sorge ist es, dass wir gar nicht oder nur zögerlich bitten und uns das von Gott fernhält. Doch das ist nicht der einzige Grund, warum er uns auffordert zu bitten. Gott will uns gute Gaben schenken. Er gibt gerne.

Im Gleichnis von der hartnäckigen Witwe (siehe Lukas 18,1-8) beschreibt Jesus einen ungerechten Richter, der einer hilflosen Witwe die kalte Schulter zeigt. Als sie aber nicht aufhört, ihn um Hilfe zu bitten, gibt er schließlich nach, nicht aus Sorge um sie, sondern weil er seine eigenen Interessen realistisch betrachtet.[44]

---

44 Vern Poythress: „*Keep on Praying*". Decision, Oktober 1998, S. 33.

Wenn er ihr Problem nicht löst, wird sie ihm das Leben schwer machen. Wenn also selbst ein ungerechter Richter einer Witwe hilft, wird unser Vater es dann nicht erst recht tun?

In einem anderen Gleichnis erzählt Jesus von einem Mann, der um Mitternacht an die Tür des Nachbarn klopft, um sich drei Brote zu leihen, weil ein Freund überraschend zu Besuch gekommen ist (siehe Lukas 11,5-8). Der Nachbar ruft, er solle ihn in Ruhe lassen, weil er schon zu Bett gegangen sei. Aber dann wird ihm klar, dass er nicht mehr einschlafen kann, wenn der andere weiterhin an die Tür hämmert; also kann er ihm auch ebenso gut die drei Brote leihen, damit der endlich Ruhe gibt. Wie der ungerechte Richter ist er zwar nicht großzügig, aber auch nicht dumm.

Warum drei Brote? Ein Brot ist für den Freund, der nachts überraschend gekommen ist. Das zweite ist für den Gastgeber selbst, damit der Freund nicht alleine essen muss. Und wenn der Freund aufgegessen hat, bietet ihm der Gastgeber das dritte Brot an, um sich großzügig zu zeigen. Er will nicht geizig wirken. Sein guter Ruf und der gute Ruf der Dorfgemeinschaft stehen auf dem Spiel. Mit anderen Worten: Der erste Laib Brot ist für das physische Bedürfnis des Freundes. Der zweite ist für die Beziehung, die Gemeinschaft. Und der dritte ist für das innere Bedürfnis des Gastgebers, nämlich geliebt zu werden. Wir haben also einen Gott, der uns drei solche Brote schenkt und damit alle unsere Bedürfnisse stillt. Er liebt es, uns zu beschenken.

IM NAMEN VON JESUS BITTEN

Tief drinnen glauben wir ganz einfach nicht, dass Gott so großzügig ist, wie er es sagt. Darum hat Jesus im Kleingedruckten hinzugefügt: „Bittet in meinem Namen." Ich möchte im Folgenden erklären, was das bedeutet.

Stellen wir uns einmal vor, Ihr Gebet ist ein ärmlich gekleideter Bettler, der unangenehm riecht und eine Fahne hat und so zum Palast des großen Königs torkelt. Sie selbst sind Ihr Gebet. Als Sie auf das verriegelte Tor zuschlurfen, zuckt der Wächter zusammen, denn er kann Sie schon von Weitem riechen. Stotternd bringen Sie Ihre Nachricht für den großen König hervor: „Ich möchte den König sprechen." Ihre Worte sind kaum hörbar, aber schließlich flüstern Sie noch: „Jesus. Ich komme im Namen von Jesus." Als der Name von Jesus erklingt, erwacht der Palast wie von Zauberhand zum Leben. Die Wächter stehen plötzlich stramm und verbeugen sich vor Ihnen. Lichter gehen an, und das Tor fliegt auf. Sie werden in den Palast geleitet und dann einen langen Gang entlanggeführt bis zum Thronsaal des großen Königs, der Ihnen entgegeneilt und Sie in seine Arme schließt.

Der Name von Jesus verleiht meinem Gebet den Zugang zu Seiner Majestät. Es dringt durch. Jesus ist nicht nur der Retter meiner Seele. Er ist auch der Retter meines Gebets. Mein Gebet gelangt als das Gebet von Jesus vor den Thron Gottes. „Im Namen von Jesus bitten" ist nicht eine weitere Forderung, die wir erfüllen müssen, damit unsere Gebete perfekt sind. Es ist ein weiteres Geschenk Gottes, weil unsere Gebete so unvollkommen sind.

„Im Namen von Jesus bitten" ist nicht eine weitere Forderung,
die wir erfüllen müssen, damit unsere Gebete perfekt sind.
Sondern es ist ein weiteres Geschenk Gottes,
weil unsere Gebete so unvollkommen sind.

Das Siegel von Jesus auf meinem Paket sorgt nicht nur dafür, dass dieses an sein Ziel gelangt, es verändert auch dessen Inhalt. Paulus schreibt in Römer 8,26: „Dabei hilft uns der Geist Gottes in all unseren Schwächen und Nöten. Wissen wir doch nicht einmal, wie wir beten sollen, damit es Gott gefällt! Deshalb tritt Gottes Geist für uns ein, er bittet für uns mit einem Seufzen, wie es sich nicht in Worte fassen lässt."

ERHÖRTE GEBETE

Wenn ich auf mein Leben zurückblicke, muss ich sagen, dass die Worte von Jesus „Was ihr mich in meinem Namen bitten werdet, das werde ich tun" tatsächlich wahr geworden sind (Johannes 14,14). Lassen Sie mich das erklären, indem ich Ihnen einen kleinen Einblick in meine Gebetskärtchen gebe. (An späterer Stelle werde ich noch erläutern, warum ich Gebetskarten anstelle einer Liste verwende.) Auf der Gebetskarte für meinen Sohn John stehen fünf Anliegen. Vier davon sind bereits klar erhört worden. Für seine beruflichen Anliegen habe ich ein Extrakärtchen. Mehrere Monate, nachdem ich mit dem Gebet für John begonnen hatte, beantwortete Gott meine Bitten auf dramatische Weise. Auf Emilys Gebetskarte hatte ich sechs Anliegen notiert. Davon hat Gott schon fünf erhört. Auf einer anderen Gebetskarte stehen sieben Anliegen für sie, die Gott alle beantwortet hat. Im Moment überlege ich, wie ich für Courtney weiterbeten soll, denn Gott hat vier meiner Gebetsanliegen für sie erhört, und ich bin mir nicht sicher, was als Nächstes dran ist.

An einem meiner Gebetsseminare nahm ein Mann teil, der mit den typischen Zweifeln eines Christen zu kämpfen hatte. Er stellte meine Ausführungen zum Thema Gebetserhörung infrage und meinte, das seien doch alles nur Zufälle. Vieles von dem, was ich schilderte, wäre im Laufe der Zeit sowieso eingetreten. Vielleicht würde ich Gott nur etwas zuschreiben, was ohnehin passiert wäre. Eine gute Frage. Ich war dankbar, dass er den Mut aufgebracht hatte, das zum Ausdruck zu bringen, was viele von uns denken.

Ich wollte keine theoretische Diskussion mit ihm führen, sondern erzählte ihm von mir und meinen Erlebnissen mit Gott und wie Gott auf vielerlei Weise meine Gebete beantwortet hatte. Ich sagte: „Wie erklären Sie sich all die erhörten Gebete für meine Kinder? Das ist doch nicht alles nur Zufall." In der Pause kam er zu mir und erneuerte seine Anfrage. Als ich ihm eine Gebetskarte für eines meiner Kinder zeigte, damit er ein konkretes Beispiel sehen konnte, fragte er mich, ob er einmal willkürlich eine meiner

Karten herausziehen dürfte. Vielleicht dachte er, ich würde die Beweise fälschen, indem ich eine „gute" Karte auswählte. „Klar", antwortete ich. Also zeigte er blind mit dem Finger auf eine Karte in dem Stapel meiner Gebetskarten. Darauf stand ein Anliegen, für das ich ein Jahr zuvor gebetet hatte. Der Mann hätte kein besseres Beispiel herausziehen können. Es war eine der dramatischsten Gebetserhörungen, die ich je erlebt hatte. Ich erzählte ihm, was Gott als Antwort auf dieses Gebet getan hatte. Dazu gehörte unter anderem, dass wir unaufgefordert eine Spende über 50.000 Dollar erhalten hatten, um für unsere Gebetsseminare einen Mitarbeiter in Vollzeit anstellen zu können. Der Mann ging ernüchtert davon. Vielleicht haben wir doch einen lebendigen Gott.

Erst gestern habe ich fünf Gebetserhörungen erlebt. Das ist viel für einen normalen Tag, aber auch nicht ungewöhnlich. Drei dieser Anliegen betrafen Menschen, für die ich gebetet hatte, dass der Charakter von Christus einen bestimmten Bereich ihres Lebens prägen sollte. Das vierte Anliegen war die Gesundheit unserer Buchhalterin, die seit sechzehn Monaten unter einer schweren chronischen Erschöpfung leidet. Es gab zwar keine spektakuläre Heilung, aber eine verbesserte Diagnose. Das letzte Anliegen betraf dieses Kapitel. Seit mehreren Monaten habe ich mich schon damit abgemüht, und gestern fügte sich dann endlich alles zusammen.

Ich habe herausgefunden: Je näher meine Gebete dem Herzen Gottes sind, umso deutlicher und schneller werden sie erhört. Besonders auffallend war die Erhörung der Gebete, in denen es darum ging, dass jemand Christus ähnlicher werden sollte. Ich erhielt zwei Anrufe von meinen Kindern. Eines erzählte mir, wie Gott bei ihm ein Verhaltensmuster durchbrochen hatte, das mit Götzendienst zu tun hatte. Das andere Kind berichtete, Gott habe ihm gezeigt, dass es zu sehr seinem eigenen Willen folgte. Ich hatte mit keinem meiner Kinder über diese Themen gesprochen. Meine Worte waren nur an Gott gerichtet gewesen. Bei der dritten Person ging es um eine Neigung zur Härte, an der Gott zu arbeiten begann. Er hatte im Leben aller drei Menschen Leid zugelassen. Dadurch kam zum Vorschein, was in ihren Herzen vor sich ging, und sie waren in der Lage, ihre Sünde zu erkennen. Der Vater nimmt seine Kinder gern in das Leben seines Sohnes mit hinein – in sein Leben, seinen Tod und seine Auferstehung. Er möchte, dass wir am Weinstock bleiben. Das ist seine Art, an uns zu handeln.

Wenn wir uns mit unseren Gebeten beschäftigen, können wir klar sehen, wie Gott sein Muster in unser Leben hineinwebt, aber dies Außenstehenden zu erklären, ist oft schwierig. Manchmal können wir nicht darüber sprechen, weil wir sonst einen anderen Menschen unnötig bloßstellen würden. Manchmal ist es schwierig, weil wir uns eigentlich mitten in der Geschichte befinden müssen, um sie wahrzunehmen. Das Wirken des Heiligen Geistes muss im Verborgenen geschehen.

Jesus sagt, dass wir uns zum Gebet zurückziehen sollen (siehe Matthäus 6,5-6). Er hat uns erzählt, dass das Reich Gottes einem Schatz gleicht, der in einem Acker vergraben ist, oder einem Saatkorn, das in der Erde liegt. Auch sein eigenes irdisches Leben von der Geburt bis zum Tod besaß diese verborgene Qualität. Und doch war sein Leben, von einem rein weltlichen Standpunkt aus betrachtet, das einflussreichste in der Weltgeschichte. Es ist mit keinem anderen zu vergleichen. Auch jetzt besitzt die Gegenwart von Christus auf der Erde dieselbe Eigenschaft. Sie ist ganz unscheinbar, verborgen im Leben derer, die ihm nachfolgen.

VERBUNDEN BLEIBEN

Ein Leben des Gebets ist ein Leben der Verbundenheit. Viele Christen geraten in eine Sackgasse, wenn sie das Gebet mit der Verbundenheit mit Jesus in Zusammenhang bringen. Sie kommen ins Stocken und denken: *Wenn ich mit Jesus eng in Verbindung bleiben würde, dann würden meine Gebete erhört werden.* Diese Verbundenheit scheint schwer fassbar zu sein, wie eine Art geistliches Luftschloss. Dabei ist diese Verbundenheit alles andere als weltfremd. Sie beschreibt nämlich, wie wir unser Leben führen sollen, in einer Partnerschaft mit Gott.

Die Verbundenheit mit Jesus lernen wir am besten, wenn wir ihn um etwas bitten. Jesus hat die Einschränkung „wenn ihr fest mit mir verbunden bleibt" nur an einer von den sechs Stellen ausgesprochen, an denen er sagt: „Bittet, was ihr wollt." Ihm ging es in erster Linie darum, dass wir überhaupt beten. *Fangt an,* sagt er uns. Und bittet nicht nur um geistliche Dinge. Sagt Gott alles, schüttet ihm euer Herz aus. Bevor ihr eng mit mir verbunden bleibt, muss erst euer wahres Ich dem wahren Gott begegnen. Darum bittet, was ihr wollt.

Was müssen wir als Erstes tun, wenn wir das Angebot von Jesus „Bittet, was ihr wollt" ernst nehmen wollen? Jedes Kind weiß die Antwort auf diese Frage. Wir sollen bitten, und um das tun zu können, müssen wir uns überlegen, was wir eigentlich wollen. Nun wird es erst recht kompliziert. Will ich eine Million Euro? Ich bekam Schweißausbrüche, als eines meiner Kinder einen Beruf in Erwägung zog, bei dem es reich werden würde. Natürlich ist nichts daran falsch, wenn man viel Geld verdient. Mir ist nur intensiv bewusst, was der Reichtum in unserer Seele anrichten kann. Thomas Merton, ein Trappistenmönch, schrieb: „Warum verbringen wir unser Leben damit, etwas zu sein, das wir nie sein wollten, wenn wir wüssten, was wir wirklich wollen? Warum verschwenden wir unsere Zeit damit, Dinge zu tun, die [...] das genaue Gegenteil von dem sind, wofür wir geschaffen wurden?"[45]

Es braucht viel Nachdenken, um die Frage zu beantworten: „Was möchte ich?" Dann dauert es nicht lange, bis wir uns das Kleingedruckte bei Jesus genauer anschauen – „wenn ihr fest mit mir verbunden bleibt und euch meine Worte zu Herzen nehmt, dürft ihr von Gott erbitten, was ihr wollt; ihr werdet es erhalten" (Johannes 15,7). Meine drei Gebetsanliegen entstanden alle aus meiner engen Verbundenheit mit Jesus. Aber alles fing damit an, dass ich darüber nachdachte, was ich von Gott erbitten wollte.

Erfahrungsgemäß stellen viele Menschen Gott in diesem Punkt nicht auf die Probe. Sie bitten ihn nicht um das, was sie wol-

45 Thomas Merton: *No Man Is an Island.* New York, Shambhala, 2005, S. 124.

len. Ich sage das mit aller Vorsicht, weil viele Christen die Erfahrung gemacht haben, dass ihre Gebete nicht erhört wurden, und sie diese Enttäuschung noch nicht verarbeitet haben. Wir werden uns mit diesem Thema in Teil 4 näher beschäftigen. Dennoch: Die meisten fallen auf der linken Seite unserer Grafik von der Klippe: Sie bitten Gott gar nicht.

In den nächsten beiden Kapiteln werden wir uns ein paar Bereiche genauer ansehen, in denen wir unsere Bitten nicht vor Gott bringen und ihn lieber auf Distanz halten.

16. „UNSER TÄGLICHES BROT" – WARUM WIR NICHT DARUM BITTEN

Im Gottesdienst beschränken sich die Gebete meistens auf die Themen Krankheit, Arbeitslosigkeit, Erziehungsprobleme und vielleicht gelegentlich die Mission. Doch das Gebet von Jesus um das tägliche Brot ist eine Einladung, alle unsere Bedürfnisse vor Gott zu bringen. „Unser tägliches Brot gib uns heute" (Matthäus 6,11; Luther 2017) ist im Griechischen ein seltsamer Ausdruck, der wörtlich übersetzt bedeutet: „Gib uns heute das Brot von morgen." Er weist auf die Fülle des Guten hin, das Gott in unser Leben bringen möchte. Ich wette, dass sich in Ihrem Kühlschrank oder auf Ihrem Girokonto bereits das „Brot von morgen" befindet.

Bei meiner Frau und mir gab es eine Zeit, in der wir das Brot von morgen nicht hatten. Ich war noch Student und ernährte unsere kleine Familie (unsere erste Tochter Courtney war gerade ein Jahr alt) durch Malerarbeiten, die ich neben dem Studium erledigte. Am Neujahrstag 1975 hatten wir nichts mehr zu essen, kein Geld und keine Arbeit. Unsere Bücher, unseren Schmuck und die Ringe, die wir zur Erinnerung an die Highschool besaßen, hatten wir bereits veräußert. Also setzten wir uns an den Küchentisch und beteten um etwas zu essen. Kaum hatten wir unser Gebet beendet, klingelte das Telefon, und eine Kundin fragte, ob ich am darauffolgenden Tag kommen und Malerarbeiten bei ihr erledigen könnte. Am nächsten Tag erzählte ich der Kundin nicht nur, dass sie die Antwort auf unser Gebet gewesen war, sondern bat sie auch um einen Vorschuss. Man soll ja auch nicht gleich zu geistlich werden ...

Ich war so verblüfft darüber, wie schnell Gott unser Gebet beantwortet hatte, dass ich ihn, als ich zu Bett ging, um etwas noch Größeres bat: *Gott, könntest du mich bitte verändern?* Ich war nicht einmal ganz sicher, ob ich wirklich ein echter Christ war. Zumindest schien das Christsein in meinem Leben nicht zu funktionieren. Ich hatte mit intellektuellen Zweifeln zu kämpfen. Die Bibel kam mir langweilig vor. Es war nicht nur ein Tiefpunkt – mein ganzes Leben sah so aus. Am nächsten Morgen wachte ich auf mit einem Lied im Herzen und einem Hunger nach Gottes Wort, der mich seither nicht mehr verlassen hat. Gott hatte mich verändert.

Oftmals öffnet unsere Bitte um das tägliche Brot die Tür zu dem tieferen Bedürfnis unseres Herzens nach dem wahren Brot. Am Tag nachdem Jesus fünftausend Menschen mit Essen versorgt hatte, versammelte sich die Menge am Seeufer von Kapernaum, hungrig nach einem Frühstück. Jesus aber sagte ihnen, dass er etwas Besseres für sie hatte: „Und nur dieses Brot, das vom Himmel herabkommt, schenkt den Menschen das Leben" (Johannes 6,33).

Was gibt es noch an täglichem Brot, um das wir nicht bitten? Und wie zeigt uns das Bedürfnis nach dem täglichen Brot unser Bedürfnis nach dem himmlischen Brot?

MATERIELLE DINGE – UNSER EGOISMUS UND UNSERE VERLETZLICHKEIT

Wir haben schon gesehen, wie schwer es uns fällt, um so alltägliche Dinge wie Schlafanzüge zu beten. Aber es gibt noch viel mehr, besonders materielle Dinge, um die wir Gott niemals bitten würden. Zum Beispiel schrecken wir davor zurück zu beten: *Gott, ich hätte gern ein Ferienhaus. Würdest du mir bitte eines geben?* Es macht uns gar nichts aus, selbstsüchtig zu *handeln*, aber selbstsüchtig zu *reden* ist uns peinlich. Schließlich sind wir ja keine kleinen Kinder mehr. Ein Ferienhaus ist so weit entfernt vom täglichen Brot, dass es uns anmaßend vorkommt, Gott darum zu bitten.

Anstatt Gott um ein Ferienhaus zu bitten, schauen wir unsere Finanzen an, reden mit einem Makler und kaufen uns ein solches Haus – ohne je ernsthaft über der Entscheidung gebetet zu haben. Verstehen Sie mich bitte nicht falsch. Ich will damit nicht sagen, dass es eine Sünde ist, sich ein Ferienhaus zu kaufen. Gott hat Freude daran, seinen Kindern gute Gaben zu geben, und dazu gehören auch Ferienhäuser. Aber er möchte in alle unsere Entscheidung einbezogen werden. Er will, dass unsere materiellen Bedürfnisse uns auf unsere seelischen Bedürfnisse hinweisen. Genau das bedeutet die enge Verbundenheit mit Jesus – ihn an jedem Bereich unseres Lebens teilhaben zu lassen.

Die *enge Verbundenheit mit Jesus* ist eine perfekte Beschreibung für ein Leben des Gebets. Zum Beispiel könnten manche Christen, die über die Anschaffung eines Ferienhauses nachdenken, durchaus beten und Gott so praktische Fragen stellen wie: „Können wir uns das leisten?"; „Bedeutet es zu viel Arbeit?"; „Sollen wir für dieses Haus ein Angebot abgeben?". Das sind gute Fragen. Aber Fragen, die unser Herz betreffen, stellen wir Gott viel seltener, z. B Fragen wie: „Wird uns ein zweites Haus anderen gegenüber überheblich machen?"; „Wird es uns isolieren?". Im ersten Fragenbereich ist Gott unser Finanzberater. Im zweiten Bereich ist er unser Herr. Wir bleiben eng mit ihm verbunden. Wir geben unserer Seele bleibende Nahrung.

Auf ähnliche Weise können wir mit unserem beruflichen Aufstieg umgehen. Weil es uns egoistisch vorkommt, dafür zu beten, arbeiten wir lieber daran! Es endet damit, dass wir einen wichtigen Teil unseres Lebens von Gott getrennt halten, weil wir auf uns selbst stolz sein wollen. Wie wir gesehen haben, erschaffen wir so zwei Ichs – ein geistliches und ein materielles.

Wir beten auch deshalb nicht so gern um materielle Dinge, weil wir damit nämlich Gott dazu einladen würden, unser Leben zu regieren. Das macht uns verletzlich. Wie die Menschen am Seeufer von Kapernaum wollen wir gern ein Frühstück haben, aber keine Seelennahrung. Wir wollen Gott lieber als Flaschengeist, der alle unsere Wünsche erfüllt, aber nicht als Person. Theologen haben darauf hingewiesen, dass die Aussagen von Jesus über das Reich Gottes ein dezenter Hinweis darauf sind, dass er der König ist. Wenn wir im Vaterunser beten „Dein Reich komme", dann sagen wir damit: „Jesus, du König, regiere in meinem Herzen." Unser Herz ist eines der größten Missionsfelder Gottes.

Wir scheuen uns vor Gebeten, die Gott dazu einladen, unser Leben zu regieren. Denn sie machen uns verletzlich.

Merkwürdigerweise kann unser Gebet auch dazu dienen, Gott auf Distanz zu halten. Das tun wir, indem wir bestimmte Dinge nur ihm sagen und nicht unseren Glaubensgenossen. Denn was ist leichter: unreine Gedanken Gott zu beichten oder einem guten Freund? Beim Freund ist es schwieriger. Denn da fühlt es sich so real an. Wir müssen dem Leib Christi, seiner physischen Gegenwart auf dieser Erde, dieselben Fragen stellen, die wir auch an Gott richten.

Wenn wir unser Gebet von der Herrschaft Jesu isolieren, indem wir andere Christen nicht mit einbeziehen, endet es damit, dass wir unseren eigenen Willen tun. Viele Christen halten ihre Entscheidungsfindung vom Leib Christi fern, und dann igeln sie sich weiter in ihren Ferienhäusern ein. Sie sagen dann so etwas wie: „Na ja, mein Mann und ich haben darüber gebetet, und der Herr schien es zu bestätigen." Vielleicht hat Gott es tatsächlich bestätigt. Es kann aber auch sein, dass wir unser Gebet als geistliches Deckmäntelchen missbrauchen, um unseren eigenen Willen zu tun. Wir können unsere Begierden sogar vor uns selbst verbergen.

Wenn wir die Heilige Schrift ernst nehmen und ein Herz besitzen, das zum Hören bereit ist, dann könnte unser Gespräch mit einem guten Freund vielleicht so aussehen:

> „Meine Frau und ich hätten gern ein Ferienhaus. Du weißt ja, wie viel Stress wir in unserem Leben haben. Es wäre schön, wenn wir einen ruhigen Ort hätten, wo wir entspannen können. Nun haben wir dieses schöne Haus an einem See in den Bergen gefunden, das für die ganze Familie geeignet wäre. Allerdings fragen wir uns auch, inwiefern diese Entscheidung unser Herz verändern könnte. Wir möchten ja Jesus nachfolgen, und er warnt uns davor, immer größere und bessere Scheunen zu bauen. Wäre das etwa eine *größere und bessere Scheune*? Werden wir dadurch überheblich gegenüber anderen? Wird uns das Haus isolieren? Ist es weise, unser Geld so einzusetzen? Wird uns das einschränken in dem, was wir anderen Menschen geben können? Andererseits könnten wir unser Ferienhaus auch Menschen zur Verfügung stellen, die sich keines leisten können. Sag mir doch bitte, was du darüber denkst."

Wir sollten unserem Freund oder unserer Freundin gleichzeitig auch genügend Daten zur Verfügung stellen, damit er oder sie einen klugen Rat geben kann. Wir sollten offen sagen, wie viel das Haus kosten soll, wie hoch unser Einkommen ist und inwiefern sich dies alles auf unsere Möglichkeiten, anderen zu helfen oder etwas anzusparen, auswirken wird.

Ein Grund, warum wir unsere christlichen Freunde nicht in diese Fragen mit einbeziehen, ist der westliche Individualismus. Dieser wiederum geht auf das jüdisch-christliche Erbe zurück, bis hin zu Psalm 23 und zu Gottes liebevoller Fürsorge für *mich*. Wenn der gute Hirte *mich* liebt, dann schenkt *mir* das Würde und macht *mich* wertvoll. Ich als einzelner Mensch bin wertgeachtet. Aber der moderne Säkularismus hat den Hirten aus Psalm 23 herausgenommen, sodass nur noch mein Ich übrig bleibt, das seine eigene Würde und seinen eigenen Wert erschafft. Es ist mein Geld, ich habe es verdient. Ich brauche eine Auszeit. Also kommt es mir gar nicht in den Sinn, Gott oder sonst jemanden in meine Entscheidung für den Kauf eines Ferienhauses einzubeziehen.

WEISHEIT – DORT, WO WIR SIE NICHT ERWARTET HABEN

Wenn wir einen Rat brauchen, suchen wir uns einen klugen Menschen, stellen ihm unsere Frage und nehmen seine Antwort zur Kenntnis. Selten kommen wir auf die Idee, dass wir es mit Gott auch so machen könnten. Zunächst einmal wissen wir nicht, wie Gott antworten wird. Nur weil wir keine Stimme hören, schließen wir die Möglichkeit aus, dass Gott in unser Leben hineinsprechen könnte. Eigentlich sagen wir damit: „Ich muss schon im Voraus wissen, wie das alles funktionieren soll. Ich muss über alles die Kontrolle behalten." Dabei vergessen wir aber, dass wir die meiste Zeit unseres Lebens die Fäden nicht in der Hand haben. Gerade wenn es um andere Menschen geht, können wir nicht im Voraus wissen, wie die Dinge ausgehen werden. Wir denken nicht daran, dass in unserem Körper ein Geist lebt, der dazu geschaffen ist, auf Gott zu hören.

Ohne dass wir es merken, ist unser Handeln vom Denken der Aufklärung geprägt, das die Möglichkeit eines unendlichen Gottes, der persönlich in unser Leben hineinspricht, leugnet. Darum ziehe ich den biblischen Begriff *Weisheit* dem allgemein verbreiteten Begriff der *Führung* vor. Führung heißt, dass ich den Wagen steuere und Gott frage, wohin ich lenken soll. Die Weisheit ist reicher, persönlicher. Ich brauche nicht nur Hilfe bei der Umsetzung meiner Pläne, ich brauche Hilfe bei meinen Fragen und sogar für mein eigenes Herz.

Im Folgenden möchte ich ein Beispiel dafür anführen, wie ich Gott in meinem Leben um Weisheit bat. Die Grafik unten zeigt eine Seite aus meinem Gebetsnotizbuch, das ich Ende der 1990er-Jahre führte. (In Teil 5 werde ich näher darauf eingehen, wie man Gebetstagebücher verwendet.) Damals beschäftigte ich mich mit dem Gedanken, wie ich die nächsten zwei Jahre planen sollte. Ich machte gerade eine theologische Ausbildung und gleichzeitig wollte ich ein Buch schreiben und Studienmaterial über die Person Jesu verfassen. Mir war nicht klar, was ich zuerst schreiben sollte und ob es überhaupt sinnvoll war, es zu versuchen.

Vater, bitte zeig mir, wie ich die nächsten zwei Jahre planen soll.
Ich weiß nicht, wie ich es machen soll. Ich habe den Eindruck,
ich sollte erst mein Studium beenden und dann das Buch schreiben.

Soll ich mit den vierzig Lektionen fortfahren?
Wie teile ich meine Zeit ein?
Fange ich überhaupt damit an?

Buch = Haus, nett, aber man kann auch in einem Zelt leben.

Noch während ich diese Worte niederschrieb, begann Gott mein Gebet um Weisheit zu beantworten. Als ich die Fragen notierte, kam mir ein Bibelwort in den Sinn – „Richte erst draußen deine Arbeit aus und bearbeite deinen Acker; danach gründe dein Haus" (Sprüche 24,27; Luther 2017). Ich erkannte, dass das Verfassen eines Buches wie ein Hausbau war. Darum schrieb ich „Buch = Haus". Ein Buch ist wie ein Haus – ganz nett, aber nicht unbedingt notwendig. Man kann auch zur Miete wohnen. Also verschob ich das Buchprojekt. Ein Jahr später gestattete mir einer meiner Professoren, einen begleiteten Selbststudien-Kurs zu absolvieren. In dieser Zeit schrieb ich die ersten acht Kapitel eines Buches über Jesus.

Im Zentrum dieses Tagebucheintrags steht meine eigene Schwachheit. Ich bat Gott nicht nur um Rat – denn das hätte bedeutet, dass ich selbst die Kontrolle über alles behalten hätte. Ich war mir völlig darüber im Klaren, dass ich nicht die Kraft hatte, die nächsten zwei Jahre meines Lebens durchzustehen. Ich bat Gott auch nicht darum, mein Partner zu werden. Ich beugte mich vor ihm. Ich wollte fest mit ihm verbunden sein. Mich in eine solche Abhängigkeit zu begeben, ist nicht gerade typisch für mich. Vor ein paar Jahren hätte Jill mir beinahe ein T-Shirt gekauft mit der Aufschrift: „Often Wrong, but never in Doubt" (Ich liege oft daneben, zweifle aber nie an mir).

Diese Fragen in mein Gebetsnotizbuch zu schreiben war eine Form der Kapitulation. Sie entsprach ganz und gar nicht dem Zeitgeist mit seinem Streben nach unbegrenzter Freiheit und Selbstverwirklichung. Stattdessen wollte ich in Harmonie mit meinem Schöpfer leben. Schon Einstein hat beobachtet: „Ob Menschen, Pflanzen oder kosmischer Staub – wir alle tanzen nach einer geheimnisvollen Melodie, die in der Ferne von einem unsichtbaren Musiker intoniert wird."[46] Ich wollte gern nach der Musik meines Vaters tanzen, wollte das wahre Brot essen, das vom Himmel kommt.

---

46 Albert Einstein, zitiert in George Viereck: *„What Life Means to Einstein."* The Saturday Evening Post, 26. Oktober 1929, S. 117.

17. „DEIN REICH KOMME“ – WARUM WIR NICHT DARUM BITTEN

Christen haben mit der Bitte „Dein Reich komme“ so einiges angestellt, um die Herrschaft Jesu auf Distanz zu halten. Wir haben das Reich Gottes vergeistlicht, weil wir dachten, es habe nur mit religiösen Dingen zu tun. Oder wir haben das Reich Gottes mit christlichen Institutionen gleichgesetzt. Dort ist das Reich Gottes zwar auch, aber es kommt nicht nur dort zum Ausdruck.

Im Folgenden habe ich eine kleine Liste mit Reich-Gottes-Gebeten gemacht, die wir selten so aussprechen. Danach werden wir uns ausführlicher damit beschäftigen:

- ❑ Veränderungen bei anderen Menschen (zu beherrschend, zu hoffnungslos)
- ❑ Veränderungen bei mir selbst (zu Furcht erregend)
- ❑ Veränderungen dessen, was mir in meiner Kultur nicht gefällt (zu unmöglich)

VERÄNDERUNG BEI ANDEREN MENSCHEN – ZU BEHERRSCHEND, ZU HOFFNUNGSLOS

Nur äußerst selten beten wir ernsthaft und bewusst für Menschen, die uns am Herzen liegen, wenn diese mit bestimmten Sünden zu kämpfen haben. Ein treffendes Beispiel dafür sind wir Ehemänner, weil die meisten von uns nämlich nicht bewusst für ihre Frau beten, sondern sich lieber beklagen oder sich zurückziehen. Wenn sie dann doch beten, wollen sie häufig einfach nur ein schmerzfreies Leben für sich selbst. Männer bemühen sich darum, Geld zu verdienen, Haus und Hof ordentlich zu halten oder die Kinder beim Sport zu unterstützen, aber viele bemühen sich nicht um die Dinge, die von ewigem Wert sind, und denken auch nicht darüber nach.

Zum Beispiel bittet ein Mann Gott selten darum, dass seine Frau Jesus ähnlicher wird. Nehmen wir einmal an, die Frau kritisiert ihn ständig. Wenn er sie darauf anspricht, entgegnet sie: „Ich würde dich nicht so häufig kritisieren, wenn es nicht so viele Probleme bei dir gäbe." Indem er das Thema anspricht, erntet er noch mehr Kritik. Also verschließt er sich innerlich. Es ist ihm ganz einfach gleichgültig. Sie ist eben so. Er geht zur Tagesordnung über und greift zur Fernbedienung.

Ohne es zu merken, ist er zum Skeptiker geworden, der nicht mehr damit rechnet, dass seine Frau sich verändern kann. Der kindliche Geist kommt ihm naiv vor, wie eine ferne Erinnerung. Er ist zwar klug wie eine Schlange, aber nicht harmlos wie eine Taube. Er fühlt sich von Idioten umgeben, und seine einzige Chance besteht darin – wie bei den griechischen Stoikern –, das Ganze auszusitzen. Das Fehlverhalten, das ihm hier auf ganz niedriger Ebene begegnet, hat ihn ausgezehrt.

Das Verhalten seiner Frau im Gebet vor Gott zu bringen, würde bedeuten, alte Wunden wieder aufzureißen. Allein schon mit Gott darüber zu reden ist frustrierend, weil es sich so hoffnungslos anfühlt, so als ob man geistlich gesehen gegen eine Wand rennt. Es ist viel einfacher, nicht darüber nachzudenken. In diesen Frust mischen sich dann noch Schuldgefühle. Es ist ja etwas Wahres dran an dem, was die Frau sagt. Er weiß gar nicht mehr, wo ihre Sünde endet und seine anfängt.

Der Mann zögert auch deshalb mit dem Gebet für seine Frau, weil man ihm gesagt hat, dass er nicht versuchen soll, seine Frau zu beherrschen. Aber beim Gebet geht es ja darum, die Herrschaft an Gott abzugeben. Und möchte der Vater nicht, dass wir alle seinem Sohn ähnlicher werden?

Wo soll der Mann also anfangen? Wie ein kleines Kind sollte er Gott um das bitten, was er will. Es könnte ihm helfen, in einem Gebetstagebuch oder auf einem Kärtchen zu notieren, welche Veränderung er sich bei seiner Frau wünscht, und ein passendes Bibelwort zu suchen, das beschreibt, wie Christus in ihr lebt. Dann könnte er anfangen, dieses Bibelwort jeden Tag für sie zu beten und Gott zu bitten, auch in seinem eigenen Herzen zu wirken.

Dieses Gebetsanliegen wird dann zu einem zwanzig Jahre andauernden Abenteuer. Das Abenteuer beginnt damit, dass er Gott fragt: *Habe ich auch so einen Kritikgeist? Reagiere ich auf den Kritikgeist meiner Frau mit meiner eigenen Kritik?* Oft gilt das, was uns an anderen am meisten stört, auch für uns selbst. Indem der Mann zunächst den Balken aus seinem eigenen Auge entfernt (siehe Matthäus 7,1-5), setzt er im Leben seiner Frau die unsichtbare Energie des Heiligen Geistes frei. Das Reich Gottes bricht an.

Der Mann kann zulassen, dass Gott die Kritik seiner Frau dazu gebraucht, ihn Jesus ähnlicher zu machen. Statt ihre Kritik abzuwehren und das zu bekämpfen, was sie sagt, kann er es einfach tun, wenn es ihm möglich ist. Wir können uns nicht in den Kampf gegen das Böse begeben, wenn wir Gott nicht auch das Böse in uns zerstören lassen. Die Welt ist viel zu sehr vernetzt.

Wir wissen doch ganz genau, dass Gott auf diese Art wirkt, darum ziehen wir uns vom Gebet zurück. Wie Jona draußen vor der Stadt Ninive beklagen wir uns über Gottes Barmherzigkeit und sagen: „Gott, ich wusste ja gleich, dass du das tun würdest. Kaum fing ich an, für sie zu beten, fingst du an, an mir zu arbeiten."

Wenn der Mann die Kritik seiner Frau ernst nimmt, hat er

vielleicht das Gefühl, seine Identität dabei zu verlieren, zu einem christlichen Co-Abhängigen zu werden, der versucht, gut zu sein, ohne weiter darüber nachzudenken. Aber so ist das nicht. Er folgt ganz einfach nur seinem Herrn nach, von dem es heißt: „Er stand vom Tisch auf, legte sein Obergewand ab und band sich ein Tuch aus Leinen um. Er goss Wasser in eine Schüssel und begann, seinen Jüngern die Füße zu waschen und mit dem Tuch abzutrocknen" (Johannes 13,4-5). Die Liebe Jesu ist ganz konkret. Und so muss unsere Liebe auch sein.

Der Mann begibt sich nicht unter die Fuchtel seiner Frau, sondern hinein in das Leben von Jesus. Er kann nicht an das Evangelium glauben, wenn er nicht selbst zum Evangelium wird. Mit anderen Worten: Wenn wir erfahren haben, dass Gott uns liebt, sollen wir seine Liebe an andere weitergeben. Sonst verdirbt die Liebe Gottes. In dem Moment, wo der Mann seiner Frau Gnade erweist, wird er in das Leben des Sohnes hineingenommen. Er wird Christus ähnlich.

Auch in seinem eigenen Herzen kann der Mann kein Vakuum hinterlassen. Er muss seinen Kritikgeist durch einen dankbaren Geist ersetzen. Das geschieht am besten, indem er auf einem Kärtchen oder im Gebetstagebuch in kurzen Sätzen notiert, wie dankbar er für seine Frau ist. Indem er Gott täglich für konkrete Punkte bei seiner Frau dankt, wird er in ihr bald das sehen, was sie ist – ein Geschenk.

Auf den ersten Blick könnte das so aussehen, als ob der Mann sich die Realität schönredet. Das Leben fühlt sich ungleich, unfair an. Immerhin ist ja seine Frau diejenige mit dem Kritikgeist. Er wendet also nicht nur seine Kraft auf, um über seinen Hang zur Kritik nachzudenken (der nicht halb so schlimm ist wie der seiner Frau), sondern er arbeitet auch noch daran, für sie dankbar zu sein. Das Einzige, was ihm selbst auch noch etwas bringt, ist sein armseliges kleines Gebet.

Ein dankbares Herz gibt beständig Gnade weiter, weil es selbst Gnade empfangen hat. Liebe und Gnade sind im Ungleichgewicht. Gott hat seinen Sohn mit der Kritik überschüttet, die ich verdient hätte. Jetzt lädt er mich dazu ein, jemanden, der mich verletzt hat, mit unverdienter Gnade zu überschütten. Gnade bringt Gnade hervor. Der Mann unternimmt eine Reise in das Herz Gottes.

Willkommen in Gottes Leben! So fühlt sich ein Leben der Gnade also an, besonders am Anfang. Das armselige kleine Gebet schließt sich an das Machtzentrum des ganzen Universums an. Wenn der Mann dranbleibt, wird er über die kreative Energie Gottes nur noch staunen. Die Gnade behält die Oberhand.

Wenn wir damit beginnen, Gott um das zu bitten,
„was wir wollen", werden wir überrascht sein,
wie seine Gegenwart in unserem Leben zu leuchten beginnt.

Ein Mann, der beständig für seine Frau betet, wird sich ihrer als Person immer mehr bewusst werden. Petrus fordert die Ehemänner auf, ihre Frauen zu achten und zu ehren: „Vergesst nicht, dass Gott in seiner Gnade allen das ewige Leben schenkt, Männern wie Frauen. Nichts soll zwischen euch stehen, das euch am gemeinsamen Gebet hindert" (1. Petrus 3,7). Das Gebet lässt sich von der Liebe nicht trennen.

Es ist spannend zu beobachten, was sich mit der Zeit verändert. Indem der Mann sein Ego aus dem Weg räumt, macht er dem Heiligen Geist Platz, damit dieser im Leben seiner Frau wirken kann. Gott vollbringt die Dinge viel effektiver, als der Mann es könnte. Niemand kann uns so lehren wie Gott.

Allmählich entdeckt der Mann, dass sein Mut und seine Weisheit wachsen. Er findet die besten Worte und den besten Zeitpunkt, um offen und ehrlich, aber auf sanfte Weise mit seiner Frau zu reden. Er muss keine Schlacht mehr gewinnen, sondern eine Freundin lieben. Das Reich Gottes bricht an!

VERÄNDERUNG BEI MIR SELBST – ZU FURCHT ERREGEND

Wie sieht es mit der Veränderung bei mir selbst aus? Fast alle Christen gehen davon aus, dass Gott ein Gebet um Veränderung erhört, und das jagt uns Angst ein. Denn was passiert, wenn ich zum Beispiel um Geduld bete? Gott lässt Leid in meinem Leben zu. Was geschieht, wenn ich um Demut bete? Gott führt mich in die Demut hinein. Wir haben Angst vor solchen Gebeten, weil wir unser Leben selbst in der Hand behalten möchten. Wir vertrauen Gott nicht.

Wir beten auch deshalb nicht dafür, dass wir uns verändern, weil wir nicht gerne zugeben, dass wir das nötig haben. Wie schwierig ist solch ein Gebet: *Herr, heute Morgen bin ich gereizt. Hilf mir bitte, freundlich zu sein.* Um das beten zu können, muss ich mit meiner Gereiztheit für eine Weile aufhören und mir selbst gegenüber zugeben, dass ich schlecht gelaunt bin. Es ist aber nicht so einfach, meine falsche Einstellung zu erkennen, weil das Problem ja nicht bei mir liegt; schuld sind die anderen um mich herum.

Der Fatalismus, den die moderne Psychologie verbreitet, trägt ebenfalls dazu bei, uns zu lähmen. Gefühlszustände sind sakrosankt. Wenn ich schlecht gelaunt bin, habe ich das Recht, so zu sein und meine Gefühle zum Ausdruck zu bringen. Mein Umfeld muss damit klarkommen. Es ist eine der schlimmsten Sünden, so die weitverbreitete psychologische Meinung, wenn man seine Gefühle unterdrückt. Wenn ich also bete, dass ich nicht wütend werde, dann fühlt sich das unaufrichtig an, so als ob ich mein wahres Ich unterdrücke.

Eines Tages sagte unsere Enkelin Claire zu meiner Frau: „Oma, ich hab heute einen schlechten Tag." Jill hatte das auch schon bemerkt, aber sie antwortete ihr freundlich: „Claire, weil es Jesus gibt, können wir jeden Tag wieder ganz neu anfangen." In unserer modernen Welt gilt ein solcher Satz fast als ketzerisch. Sobald wir unsere Gefühle erkannt haben, sind wir in ihnen gefangen.

Seltsamerweise befreit uns die Idealisierung unserer Gefühle nicht dazu, wir selbst zu sein, sondern sie lässt uns zum Spielball unserer Gefühle werden. Jesus sagt dazu, dass wir wie ein Schilfrohr sind, „das bei jedem Windhauch hin und her schwankt" (Matthäus 11,7).

Aber wenn wir die Worte von Jesus ernst nehmen – „Worum ihr in meinem Namen bitten werdet, das werde ich tun" (Johannes 14,13) –, dann öffnet uns das die Tür zu wahrer Veränderung und Hoffnung. Wir sind dann nicht länger im Denken unserer Kultur gefangen. Wir werden vom Herrscher des Universums zur Mitregentschaft eingeladen. Der König ist gekommen.

VERÄNDERUNG DESSEN, WAS MIR IN MEINER KULTUR NICHT GEFÄLLT – ZU UNMÖGLICH

Meistens jammern wir nur über das, was uns an unserer Kultur nicht gefällt. Es kommt uns nie in den Sinn, dass wir für eine Veränderung dieser Kultur beten könnten. Im Jahr 2000 war ich besorgt über das mangelnde Bewusstsein unserer Kultur für das Böse. Der Säkularismus leugnet die Existenz einer spirituellen Welt und macht das Böse zu einem gesellschaftlichen Konstrukt, zu einem Produkt unserer Fantasie. Das quälte mich. Und so schrieb ich ein schlichtes Gebet auf, dass „die Amerikaner sich der Existenz des Bösen wieder mehr bewusst werden". Ein Jahr später, nach dem Terrorangriff auf das World Trade Center, begannen die Amerikaner wieder über das Böse zu sprechen.

Als ich das meinem Sohn John erzählte, schaute er mich grinsend an und fragte langsam und betont: „Dann hast also du diesen Anschlag ausgelöst?!" John wollte damit jeglichen Anspruch von mir, den Lauf der Geschichte beeinflusst zu haben, auf die Schippe nehmen. (Meine Familie arbeitet täglich daran, dass ich demütig bleibe.)

Ich begreife das Gebet nicht. Es ist etwas zutiefst Persönliches und Geheimnisvolles. Erwachsene wollen immer die kausalen Zusammenhänge herausfinden. Kleine Kinder tun das nicht. Sie bitten einfach nur.

Wenn wir einmal innehalten und nachdenken, entdecken wir ganze Bereiche unseres Lebens, bei denen das Gebet außen vor ist.

18. SICH GANZ GOTT ÜBERLASSEN: „DEIN WILLE GESCHEHE"

Emily rief nach mir, denn sie brauchte Hilfe mit dem Modem des Computers (das war noch in der Zeit, als es keine schnelles Internet gab). Sie ging seit einem Jahr zur Highschool und brauchte eine Internetverbindung, doch das Modem funktionierte nicht. Nach einer kurzen Überprüfung kam ich zu dem Schluss, dass ich die Modem-Software neu installieren musste. Glücklicherweise hatte der Computerhersteller eine Diskette mit der Originalversion mitgeliefert. Ich suchte in der Schachtel mit dem Zubehör für unseren Computer nach der Diskette, fand sie aber nicht. Sie war weg.

Schon fing ich innerlich an zu kochen. Ich wusste, dass mein Sohn die Diskette herausgenommen und nicht zurückgelegt hatte. Also rief ich nach oben: „Andrew, komm sofort runter." Er kam gerade aus dem Bad, die Treppe herunter zu uns ins Wohnzimmer. Ich merkte, dass er sich über meinen Ton ärgerte, aber das war mir egal. Ich hatte es einfach satt, dass er so unordentlich war. Es war schlichtweg egoistisch.

Andrew suchte herum, fand die Diskette und ging wieder nach oben. Ich bemerkte die Spannung zwischen uns und fragte mich, ob ich zu hart gewesen war. Buße beginnt meistens mit einer Frage, einem leichten Unbehagen. Anders als Jesus, der sagte: „Von sich aus kann der Sohn gar nichts tun" (Johannes 5,19), hatte ich auf meine eigene Weise reagiert. Ich hatte Gott nicht gefragt, wie ich mit meinem Sohn umgehen sollte. Ich wusste, er hatte die Diskette genommen und nicht zurückgelegt. Damit war die Sache für mich erledigt. Mein eigener Wille verschloss mir die Tür zum Gebet.

Solange wir nicht erkennen, wie stark unser Eigenwille ist, können wir die zweite Bitte des Vaterunsers – „Dein Wille geschehe" (Matthäus 6,10) – nicht begreifen. Es war nicht nur so, dass ich in diesem konkreten Fall nicht gebetet hatte, ich betete auch sonst nicht für diesen speziellen Bereich in Andrews Leben. Es war mir nie in den Sinn gekommen, seine Unordnung vor Gott zu bringen. Denn die Lösung war ja so offensichtlich: „Andrew, räum deine Sachen auf." Es gab gar keinen Zweifel daran, was zu geschehen hatte.

Folglich tat ich dasselbe wie Andrew. Während er so gedankenlos war, die Diskette nicht zurückzubringen, war ich so gedankenlos, ihn sofort herunterzukommandieren. Andrew hatte eigensüchtig gehandelt und ich auch.

Die Sünde ist eine komplizierte Angelegenheit. Wir sind nie passive Zuschauer, die von sich aus weise und gerecht sind, sondern wir sind ein Teil des Problems. Meine Lösung machte alles nur noch schwieriger. Darum können wir es uns nicht leisten, irgendetwas aus uns selbst heraus zu tun.

Weil ich aus eigenem Antrieb gehandelt hatte, unabhängig von meinem himmlischen Vater, mussten meine Worte alles bewirken. Und da ich nicht darum gebetet hatte, dass Gott in Andrews Herz wirkte, hatte ich den Eindruck, ich müsste selbst mit seiner Nachlässigkeit fertigwerden, und das verstärkte meine heftige Reaktion noch.

Stellen wir uns einmal vor, ich wäre wie Jesus gewesen, abhängig von meinem himmlischen Vater, und hätte ihn um Weisheit, Gnade und Mut gebeten: Weisheit, um mit meinem Sohn richtig umzugehen; Gnade, um ihm nicht in einem fordernden Geist zu begegnen; und Mut, um die Sache tatsächlich in Angriff zu nehmen. Ich greife also in die Schachtel und finde sie leer vor. Anstatt Andrew zu mir zu zitieren, halte ich erst einmal inne und bete. *Herr, ich glaube, das ist Andrews Schuld und es ärgert mich. Hilf mir, ihn ohne einen fordernden Geist um die Diskette zu bitten. Du weißt, wie schnell ich mich als Richter aufspiele.* Dann würde ich nach oben rufen: „Andrew, Emily und ich können die Diskette nicht finden, um das Modem wieder in Gang zu bringen. Könntest du bitte mal runterkommen und uns helfen? Sie kann sonst nicht online gehen."

Dann würde ich mit Emily am Computer warten. Das bedeutet, dass ich merke, wie Emily immer ungeduldiger wird, weil ihr Bruder nicht sofort kommt. Während wir so dasitzen, könnte ich im Stillen für Emily beten. Und für Andrew. Ich könnte um die Gnade beten, ruhig zu warten. Mein rastloser Geist will endlich weiterkommen, aber wenn ich den Platz akzeptiere, den Gott mir zugewiesen hat – in einem Verkehrsstau, in der Schlange vor der Supermarktkasse oder im Umgang mit einem quengelnden Kind –, öffne ich eine kleine Tür, die von meiner Seele zu Gott führt.

Wenn mein Sohn dann endlich kommt und die Diskette gefunden ist, könnte ich warten, bis er das Problem behoben hat, ihm danken und ihn fragen: „Hast du noch eine Minute Zeit, um über die Sache mit der Diskette zu reden?" Wenn er Nein sagt, könnte ich fragen: „Hast du vielleicht später heute Abend Zeit?" Und wenn wir schließlich miteinander sprechen, wird er vielleicht anfangen: „Papa, ich weiß schon, was du sagen willst." Ich lasse ihn erzählen und fülle die Lücken mit ein paar Fragen wie: „Hast du einfach nur vergessen, die Diskette zurückzulegen? Ist das vorher auch schon passiert? Neigst du vielleicht dazu, Dinge nicht wieder wegzuräumen? Siehst du, wie sich das auf Emily und mich ausgewirkt hat? Merkst du, wie egoistisch dein Verhalten war?"

Wir sehen, dass dieser sanftere Umgang mit Andrew nicht von meinem Eigenwillen geprägt gewesen wäre. Aber leider ist es nicht so gewesen. Darum habe ich mich bei meinem Sohn auch für mein Verhalten entschuldigt!

Wenn mir mein Eigenwille bewusst gewesen wäre, hätte das die Tür zum Gebet geöffnet, zu einer engen Verbindung mit Jesus. Der größte Kampf in meinem Leben besteht nicht darin, Gottes Willen zu erkennen, sondern meinen eigenen Willen zu entlarven und mich dem Willen Gottes unterzuordnen. Wenn ich das erkannt habe, ist die Gebetsverbindung zu Gott wieder aktiv. Denn dann muss ich beten, weil ich nicht mehr länger selbst die Macht in der Hand behalte. Entweder sehe ich das ganze Leben als ein Geschenk an, oder ich setze meine eigenen Vorstellungen vom Leben durch.

UNSEREN EIGENWILLEN ERKENNEN

Die Bergpredigt von Jesus, die in Matthäus 5–7 wiedergegeben wird, ist ein Musterbeispiel dafür, wie man seinen Eigenwillen erkennt und Gott die Kontrolle übergibt. Jesus zeigt uns, was es bedeutet, ein Kind unseres himmlischen Vaters zu sein. Um diese Predigt zu verstehen, stellen wir uns unser Leben einmal als einen Raum vor, in dem sich verschiedene offene Türen befinden, die Geld, Sex, Macht und Ehre bedeuten.

Jesus beginnt seine Predigt, indem er uns sagt, er werde nun durch unser Leben gehen und all die Türen schließen, die zu menschlicher Macht und Ehre führen. In den Seligpreisungen sagt er: „Glücklich sind, die auf Frieden bedacht sind, denn sie werden die ganze Erde besitzen" (Matthäus 5,5). Oder anders ausgedrückt: „Gebt in euren Beziehungen eure Macht auf und ich zeige euch einen ganz anderen Lebensstil. Habt keine Angst davor, von anderen abhängig zu sein oder unterzugehen. Ich kümmere mich um euch."

Im restlichen Kapitel 5 schließt Jesus eine Tür nach der anderen. Er fordert uns auf, denen, die uns beschimpfen, unseren Feinden, die Macht zu geben und an ihre Bedürfnisse zu denken (5,43-47). Wenn wir den Eindruck haben, dass jemand sich über uns ärgert, sollen wir nicht warten, bis er auf uns zukommt; wir sollen auf ihn oder sie zugehen, selbst wenn uns keine Schuld trifft (5,23-24). Jesus schließt die Tür zur Rache, auch zur emotionalen Rache, durch Distanzierung (5,38-42). Und wenn wir etwas verkaufen, sollen wir nicht versuchen, Macht über andere auszuüben, indem wir schwören oder mehr versprechen, als wir geben können (5,33-37). Er schließt auch die Tür zu einem geheimen Leben des sexuellen Vergnügens, indem er uns sagt, wir sollen unser Auge ausreißen, wenn es uns dazu verführt, eine Frau zu begehren (5,27-30). Wenn wir all das tun, was Jesus in Kapitel 5 sagt, dann wachsen wir geistlich.

In Kapitel 6 beschäftigt sich Jesus mit unserem Wunsch, geistlich zu wirken. Er sagt uns, dass wir unser Gebetsleben im Verborgenen halten sollen, damit wir es nicht dazu missbrauchen, gut dazustehen. Wenn wir beten, dann ganz privat (6,5-8). Wenn wir fasten, dann sollen wir es nicht nach außen zeigen (6,16-18). Und wenn wir etwas spenden, dann sollen wir niemandem davon erzählen (6,1-4). Wir sollen unsere Spiritualität nicht als Mittel gebrauchen, um Macht und Ehre zu erlangen. Jesus schließt die Tür, durch die wir unsere Identität auf unsere eigene Gerechtigkeit gründen.

Dann schließt Jesus auch die Tür, durch die wir unsere finanzielle Sicherheit erlangen. Stattdessen sollen wir unser Geld weggeben (6,19-24). Wenn wir dann finanziell nicht mehr abgesichert sind, geraten wir vielleicht in Panik und sagen: „Wer wird mir jetzt helfen?“ Jesus antwortet: „Dein Vater. Schau die Lilien auf dem Feld an. Trachte zuerst nach dem Reich meines Vaters.“ Wir sollen also nicht nur unser Geld aufgeben, sondern auch unsere finanziellen Sorgen (6,25-34). So haben sich zwei weitere Türen geschlossen, die zu menschlicher Macht und Ehre führen.

Wenn wir mit Kapitel 7 beginnen, haben wir bereits eine neue Weltsicht erlangt. Wir haben es gelernt, Gott in den Mittelpunkt zu stellen. Doch wenn wir uns umschauen, merken wir, dass die Menschen um uns herum in allen möglichen Sünden verfangen sind. Nun tippt uns Jesus aber auf die Schulter und sagt: „Hör auf, die anderen zu verurteilen. Wenn du bei jemand anderem eine Sünde siehst, dann benutze diese Information nicht, um diese Person zu korrigieren, sondern um dich selbst in Demut zu üben, indem du nach dem Balken in deinem eigenen Auge suchst." Statt unsere Einsicht in die Probleme anderer Leute als geistlichen Hammer zu benutzen, soll uns diese Erkenntnis noch tiefer in die eigene Buße führen (7,1-5). Autsch! Wie kann man so leben?

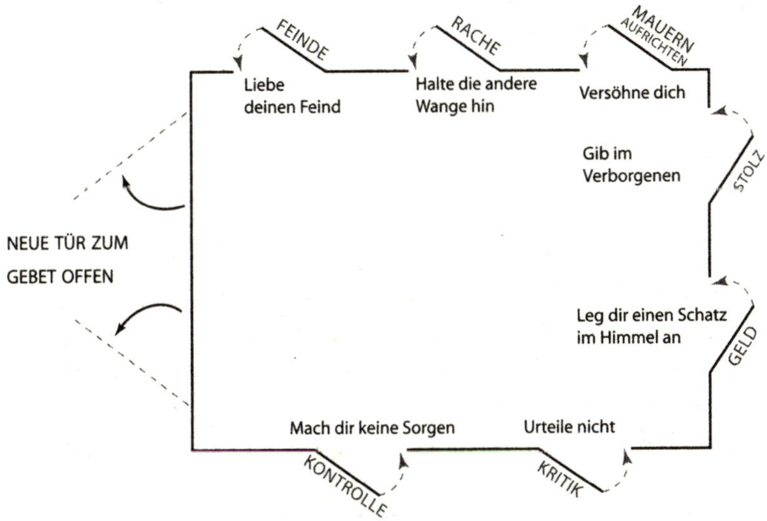

Nachdem Jesus all unsere Türen geschlossen hat, öffnet er die Tür zum Gebet und erzählt uns, wie er das Leben angeht (7,7). Er bittet seinen Vater um Hilfe. Er spricht mit seinem Vater und sagt ihm, was er möchte. Das Gebet ist der Weg, um den eigenen Willen aufzugeben. Wenn wir aufhören, unseren eigenen Willen zu tun, und stattdessen auf Gott warten, dann treten wir in seine Gedankenwelt ein. Wir beginnen, in ihm zu bleiben, fest mit ihm verbunden zu sein. Das ist betend leben.

WER BRINGT DEN MÜLL RAUS?

Schauen wir uns noch ein weiteres Beispiel an, das uns zeigen soll, wie wir unseren Eigenwillen erkennen und sich dadurch eine Tür zum Gebet öffnet. Nehmen wir einmal an, dass Martin, der Mann von Susanne, jeden Dienstag die Mülltonnen an die Straße stellt, damit sie geleert werden. Das ist seine Aufgabe. Letzte Woche hat er es vergessen und diese Woche auch. Normalerweise erledigt er das ganz zuverlässig, aber Susanne sagt zu ihm: „Schatz, du hast schon wieder vergessen, die Mülltonnen rauszustellen." Sie betont *schon wieder* auf eine Weise, die ihren Ärger klar zum Ausdruck bringt.

Warum regt sich Susanne so sehr darüber auf? Warum fühlt sie sich dazu gedrängt, *schon wieder* mit diesem vorwurfsvollen Unterton zu versehen? Weil sie es tun musste, weil es sie Mühe gekostet hat und sie deshalb zu spät zur Arbeit gekommen ist. Wenn sie nicht *schon wieder* sagt, dann wird ihr Mann es weiterhin vergessen. Und wenn er nicht einsieht, dass sein Verhalten schon zum Muster geworden ist, wird sie diejenige sein, die für den Rest ihres Lebens den Müll rausbringen muss.

Stillschweigend setzt Susanne voraus: „Es hängt alles von mir ab. Wenn ich es ihm nicht klarmache, dann tut es keiner." Gott kommt in ihren Gedanken gar nicht vor. Folglich glaubt sie, es sei allein ihre Sache, mit ihrem Mann Klartext zu reden. Wenn er aber nicht auf sie hört, dann wird aufgrund seiner Vergesslichkeit die lästige Aufgabe an ihr hängen bleiben.

Susanne redet eigenmächtig und benutzt die Worte *schon wieder*, um ihren Mann zu beeinflussen. Jesus aber sagt: „Ich habe nicht eigenmächtig zu euch geredet. Der Vater hat mich gesandt und mir gesagt, was ich reden und verkünden soll" (Johannes 12,49). Susanne setzt die Worte *schon wieder* bewusst ein, um ihren eigenen Willen durchzusetzen. Sie will sich nicht mit der Aussicht abfinden, dass sie von nun an jeden Dienstag die Mülltonnen rausstellt. Das ist einfach nicht akzeptabel.

Susanne hat ihr Leben unter Kontrolle, sie ist entschlossen, ihr kleines Königreich schmerzfrei zu gestalten. Selbst wenn sie beten würde, dann wäre das Gebet nur eine weitere Waffe in ihrem Kontrollarsenal. Gott würde sie wahrscheinlich enttäuschen und am Ende wäre sie sowohl ihm als auch ihrem Mann gegenüber verbittert. Merkwürdigerweise hat der Eigenwille oft selbstzerstörerische Züge und wird zu einer sich selbst erfüllenden Prophezeiung. Der kritisierte Ehepartner zieht sich innerlich zurück; er hört nicht nur auf, sich um den Müll zu kümmern, sondern er öffnet auch sein Herz nicht mehr.

Eigenwille und Gebet sind zwei verschiedene Wege, wie man die Dinge angehen kann. Im Zentrum des Eigenwillens stehe ich selbst und verändere die Welt nach meinem Bild. Im Zentrum des Gebets steht Gott, der mich nach dem Bild seines Sohnes verändert.

Es kommt Susanne gar nicht in den Sinn, dass Gott von ihr möchte, dass sie für den Rest ihres Lebens den Müll rausbringt. Das würde ja bedeuten, dass sie sich von ihrem Mann ausnutzen lässt. Aber bringt Jesus nicht auch ständig den Müll seiner Gemeinde hinaus? Ist das nicht eine Art und Weise, wie wir unsere Feinde lieben sollen?

Was würde passieren, wenn Susanne ihren Eigenwillen ablegt? *Sie weiß es nicht.* Wie wird Gott im Leben ihres Mannes handeln? Und was will er in ihrem Leben tun? Welche Balken wird sie in ihrem eigenen Auge entdecken? Ihrem Mann vergeben bedeutet, die Kontrolle zu verlieren.

Wenn Susanne ihren Eigenwillen aufgibt, begibt sie sich an die Seite von Abraham, der mit Isaak den Berg Moria hinaufsteigt. Sie schließt sich David an, der sein Messer niederlegt, als Saul in der Höhle in Reichweite ist. Susanne begibt sich in eine enge Verbindung mit Jesus. Sie schreibt ihre Geschichte nicht mehr allein.

Im Zentrum meines Eigenwillens stehe ich selbst
und verändere die Welt nach meinem Bild.
Im Zentrum des Gebets steht Gott,
der mich nach dem Bild seines Sohnes verändert.

Während einer besonders schweren Zeit in meinem Leben erkannte ich, dass die biblische Aussage „Gott ist meine Burg" nicht bedeutet, dass Gott mir eine Burg schenkt. Es bedeutet, dass er selbst die Burg ist (siehe Psalm 62,3). Ohne Gott bin ich ganz allein. Dieser Gedanke gefiel mir nicht besonders.

Wenn Susanne den Eigenwillen aufgibt und betend lebt, dann jagt ihr das im ersten Moment Angst ein. Es ist wie ein Sprung ins Ungewisse. In Wirklichkeit aber verlässt sie das unsichere Fundament ihres Eigenwillens und begibt sich auf den festen Grund, den Gott darstellt. Sie setzt das Gebet *Dein Reich komme, dein Wille geschehe* in ihrem Leben um. Statt ihre eigene Geschichte zu schreiben, gibt sie sich damit zufrieden, dass Gott seine Geschichte schreibt. Wenn die Vergesslichkeit ihres Mannes zu einer schlechten Gewohnheit wird, treibt sie das noch tiefer ins Gebet. Der Müll ist vielleicht nur die Spitze des Eisbergs im Leben ihres Mannes. Möglicherweise hat er ein Problem mit seinem Eigenwillen, mit seiner Trägheit oder seinem Egoismus. Susanne wird dann weniger Worte an ihren Mann richten und mehr Worte an Gott. Sie wird auch beginnen, über ihr eigenes Herz nachzudenken. Gibt es Bereiche in ihrem Leben, wo sie dasselbe tut? Wenn sie über ihre Mülltonne hinausblickt, sieht sie auf der anderen Seite Jesus stehen.

Betend leben können wir nur dann, wenn wir unseren inneren Schweinehund entdecken. Wenn wir unseren Eigenwillen sehen, öffnet uns das die Tür, damit wir die Dinge so tun wie Gott. Statt wie Frank Sinatra zu singen *I did it my way*, sollten wir lieber in Gottes Geschichte eintreten und zusehen, wie er es tut. Denn er ist einzigartig.

TEIL 4

IN DER GESCHICHTE MEINES VATERS LEBEN

19. EINE GESCHICHTE, DIE SICH ENTFALTET

Als Emily 1987 geboren wurde, bekamen wir ein ernsthaftes Platzproblem in unserem Auto. Schon Emilys fünf ältere Geschwister passten kaum in unseren kompakten Kombi – die zwei Jungs mussten sich ohne Anschnallgurte auf den Rücksitz zwängen. Nach zehnjähriger Tätigkeit an einer Schule in der Innenstadt war ich inzwischen Vizedirektor einer Missionsgesellschaft, die es nicht leicht hatte. Das Geld war immer knapp, also beschlossen wir, einen Kredit aufzunehmen und einen etwas größeren gebrauchten Van zu kaufen. Mit sechs Kindern und zwei Erwachsenen fehlte uns allerdings immer noch ein Sitzplatz, aber Andrew (drei Jahre alt) und Kim (sechs Jahre) waren noch so klein, dass sie sich einen Sitzplatz teilen konnten.

Emily verbrachte die meiste Zeit ihres ersten Lebensjahres angeschnallt in ihrem Kindersitz. Jill war ständig mit dem Auto unterwegs, um Kim zur Sprachtherapie, zur Physiotherapie und zu Ärzten zu fahren. Wir hatten schon Sorge, dass Emilys Hinterkopf so flach werden könnte wie der von Indianerkindern, die den ganzen Tag über in einem Tragegestell umhergetragen werden …

Uns war nicht klar, wie gern Emily unseren Van mochte, bis wir ihn mehrere Jahre später an unseren Mechaniker verkauften, weil das Getriebe kaputtging. Wir kauften stattdessen einen älteren Kombi. Immer wieder sprach Emily (die inzwischen sechs Jahre alt war) wehmütig von dem alten Van, sodass Jill und ich irgendwann feststellen mussten, dass dies eine Seite von Emily war, die wir noch nicht kannten. Ein paar Jahre später begann ich, fast jeden Tag für Emily zu beten, wobei ich ein Gebetskärtchen benutzte. Ich betete, dass sie „nicht diese Welt liebt und ihr Herz nicht an irgendetwas hängt, das zu dieser Welt gehört" (1. Johannes 2,15).

Emily

1. Johannes 4,18: „Wenn Gottes vollkommene Liebe uns erfüllt, vertreibt sie sogar die Angst."

1. Johannes 2,15-16: „Liebt nicht diese Welt und hängt euer Herz nicht an irgendetwas, das zu dieser Welt gehört. Denn wer die Welt liebt, kann nicht zugleich Gott, den Vater, lieben. Was gehört nun zum Wesen dieser Welt? Selbstsüchtige Wünsche, die Gier nach allem, was einem ins Auge fällt, das Prahlen mit Wohlstand und Macht. All dies kommt nicht von Gott, unserem Vater, sondern gehört zur Welt."

Die Liebe zu materiellen Dingen war keine alles verschlingende Sünde in Emilys Leben. Es war nur eine leichte Neigung ihres Herzens. Wenn ein Schiff lediglich ein paar Grad vom Kurs abweicht, bemerkt man es am Anfang kaum, doch mit der Zeit wird der Abstand zum eigentlichen Ziel riesig. Mit meinem Gebet wollte ich erreichen, dass Emily mit ihrem Herzen dicht bei Gott blieb. Ich betete für die kleine Emily, weil ich ihr Herz anders nicht erreichen konnte.

Gott hat jedoch noch etwas Größeres vor, als nur unsere Gebete zu erhören. Das Gebet lädt Gott in mein Leben ein, und ganz allmählich verändert es auch mich, den Beter. Und zwar auf vielerlei Weise.

Das Erste, was ich an mir bemerkte, wenn ich für Emily betete, war, dass sie mir mehr als Person bewusst wurde. Auch wies ich sie nun nicht mehr so schnell mit meinen Kommentaren zurecht. Weil ich mit meinem himmlischen Vater über die Neigung ihres Herzens sprach, konnte ich mit ihrer Versuchlichkeit entspannter umgehen. Das Gebet machte mich gelassener.

Mein regelmäßiges und bewusstes Gebet für Emilys Problem beeinflusste auch die Entscheidung darüber, welches Auto Jill und ich kauften. Im Jahr 2003 gab das Getriebe unseres Nissan den Geist auf, denn der Wagen hatte immerhin schon 250.000 Kilometer auf dem Buckel. Wieder verkauften wir unser Auto an den Mechaniker. Dieses Mal waren unsere drei ältesten Kinder jedoch schon aus dem Haus, und so waren wir nicht mehr so knapp bei Kasse. Wir spielten mit dem Gedanken, uns zum ersten Mal einen Neuwagen zu leisten, und fuhren zum Honda-Händler. Jill gefiel der Honda Civic, mir der Honda CRV. Als wir beim Abendessen darüber sprachen, merkten wir, wie Emily (die inzwischen fünfzehn war) beim Gedanken an ein neues Auto sichtlich auflebte. Dadurch würde ihr Ansehen bei ihren Freundinnen steigen. Jill und ich sahen uns an, und nach dem Essen tauschten wir unsere Gedanken aus.

Emily besuchte eine Schule, an der es viele Kinder aus reichen Familien gab; der Druck, selbst auch wohlhabend zu erscheinen, war groß. Mit einem neuen Wagen vorzufahren, würde ihren sozialen Status enorm steigern. Wir aber wollten nicht dazu beitragen, dass Emily eine falsche Identität vorspiegelte, und wir wollten wegen des Autos keinen Kredit aufnehmen müssen. Also kauften wir einen Toyota, Baujahr 1996, den Jill und unsere älteren Kinder sofort als „Altherrenauto" bezeichneten. Ich betete weiterhin für Emily, dass sie nicht ihr Herz an die Dinge dieser Welt hängte.

Unsere Liebe für Emily wirkte sich auf unsere Gebete aus, und unsere Gebete wiederum prägten die Art und Weise, wie wir Emily liebten. Die Gebete waren nicht getrennt von der größeren Geschichte, die Gott in ihr und unser Leben hineinwebte. Sie machten uns wachsam und beeinflussten unsere Entscheidungen. Hier noch ein Beispiel, wie das konkret aussah:

Ein Jahr nachdem wir den Toyota gekauft hatten, verdiente sich Emily durch einen Ferienjob bei McDonald's tausend Dollar. Mit dem Geld wollte sie das Auto ihrer älteren Schwester abkaufen, musste mit dem Kauf jedoch noch warten, bis ihre Schwester und deren Mann im Winter nach Bangladesch gingen. Im Herbst gab es viele Veranstaltungen, die an Emilys Finanzen zehrten, und so hatte sie an Weihnachten nur noch fünfhundert Dollar übrig. Sie kam zu Jill und mir und bat uns um ein zinsloses Darlehen, das sie „in ungefähr zwei Monaten" zurückzahlen wollte. Doch die Regeln in unserer Familie sind klar: Wir kümmern uns um die Grundversorgung, aber für ihre Extrawünsche kommen unsere Kinder selbst auf, dazu gehören auch Handys und Autos. Also sagten wir Nein.

Ein paar Wochen später hörte Jill zufällig, wie Emily um ein Auto betete und Gott ihr Herz ausschüttete. Das berührte uns sehr, vor allem, weil es uns zeigte, dass sich Emilys Herz mehr Gott zuneigte als materiellen Dingen – und so liehen wir ihr das Geld.

Meine Gebete für Emily machten mir jedoch auch klar, wie es um mein eigenes Herz bestellt war. Ich begann zu erkennen, dass auch ich die Welt und die Dinge dieser Welt liebte. Selbst meine Sparsamkeit war ein Zeichen von Geldliebe. Wenn man ganz besessen davon ist, kleine Summen Geld zu sparen, ist das nicht anders, als wenn man besessen davon ist, große Summen Geld zu verdienen. In beiden Fällen stehen die Finanzen im Mittelpunkt. Ich erkannte auch, dass ich einem Menschen gegenüber besonders freundlich war. Er gehörte zu denjenigen, die großzügig für unsere Mission spendeten. Auch das ist eine Form von Geldliebe.

Ich habe die Erfahrung gemacht: Wenn Gott ein bestimmtes Gebet nicht erhört, dann häufig deshalb, weil er mir etwas bei mir selbst zeigen möchte. Unsere Gebete existieren nicht unabhängig von allem anderen in unserem Leben. Wir sind im Gespräch mit einem persönlichen, göttlichen Geist, der uns nicht nur erhören, sondern auch prägen möchte. Dass Gott unsere Gebete ganz automatisch erhört, ist ein Gedanke, der aus dem Heidentum kommt. Dort erfüllen die Götter unseren Willen als Antwort auf unsere Gebete.

Wenn mir jemand sagt, dass Gott seine Gebete nicht erhört, dann frage ich immer nach dem Hintergrund. Wie lange hat dieser Mensch für etwas Bestimmtes gebetet? Was bewirkte Gott in seinem Herzen, als er betete? Wie handelte Gott in dieser Situation? Die meisten von uns betrachten ihre Gebete isoliert von dem, was Gott sonst noch in ihrem Leben tut, aber so denkt Gott nicht. Das Gebet existiert nicht in einer besonderen spirituellen Welt. Es ist Teil all dessen, was in unserem Leben vor sich geht. Das Gebet selbst ist eine Geschichte.

DAS GEBET FÜR UNSERE KINDER

Es ist erstaunlich, wie selten Bücher zum Thema Kindererziehung das Gebet erwähnen. Instinktiv glauben wir, dass unsere Kinder schon gut gedeihen werden, wenn wir die richtigen biblischen Grundsätze haben und sie konsequent anwenden. Aber schon im Garten Eden war das nicht so zwischen Gott und seinen Menschenkindern. Es war die perfekte Umgebung, eine perfekte Beziehung. Und trotzdem schlugen Adam und Eva, Gottes Kinder, den falschen Weg ein.

Viele Eltern, zu denen auch ich gehörte, sind anfangs davon überzeugt, dass sie ihr Kind verändern können. Wir geben dem Willen des Kindes zwar nicht nach (was gut ist), aber wir zwingen ihm unseren eigenen Willen auf (was schlecht ist). Ohne es zu merken, überfordern wir unsere Kinder. Wir werden von der Hoffnung angetrieben, dass wahre Veränderung möglich ist und dass diese geschieht, weil wir uns richtig verhalten.

Solange wir nicht davon überzeugt sind, dass wir das Herz

unseres Kindes nicht ändern können, werden wir auch das Gebet nicht ernst nehmen. Darum fehlt uns auch oft die Einsicht zur Buße. Wenn wir zum Beispiel sehen, wie eigenwillig unser Sohn ist, dann fragen wir in der Regel nicht *Wo bin ich eigenwillig?* oder *Wo bin ich zornig?*. Wir wollen Gottes Hilfe, damit wir unseren Sohn beherrschen können. Dabei vergessen wir, dass Gott kein Flaschengeist ist, der einfach nur unsere Wünsche erfüllt, sondern jemand, der zwar unsere Gebete erhören, uns aber auch so verändern möchte, dass wir seinem Sohn ähnlicher werden.

Solange wir noch glauben,
dass wir das Herz unseres Kindes verändern können,
werden wir auch das Gebet nicht ernst nehmen.

Viele Eltern in unserem Kulturkreis fallen ins andere Extrem und werden passiv. Sie sagen Dinge wie „Mein Sohn war schon immer so aufmüpfig" oder „Bereits als Kind hatte er solche Wutanfälle". Diese Passivität wird noch verstärkt durch psychologische Verallgemeinerungen, die bestimmte Phasen in der Kindheit als eiserne Regeln darstellen. Wenn eine Zweijährige sich völlig danebenbenimmt, dann zuckt die Mutter die Schultern und sagt: „Sie ist halt in der Trotzphase." Diese Mutter ist in den psychologischen Beschreibungen gefangen. Ihre Passivität wird noch dadurch verstärkt, dass sie mit ihrer Tochter gesprochen, sie vielleicht sogar bestraft hat, es aber nichts nützte. Die Mutter hat sich gegen die Realität gestemmt, doch diese ist keinen Meter zurückgewichen. Sie hat es mit Beten versucht, doch auch da ist nicht viel passiert. Sie ist auf den Eigenwillen eines anderen Menschen gestoßen und hat kapituliert. Sie hat die Welt ganz passiv akzeptiert, so wie sie ist. Wie die alten Griechen ist sie im Schicksal gefangen. Wenn wir so handeln, dann erscheint uns das Leben festgelegt und unveränderlich. Damit verliert das Gebet seinen Sinn.

Die folgende Grafik beschreibt zwei Haltungen, die uns beide davon abhalten, in die Geschichte einzusteigen, die Gott im Leben unserer Kinder (oder im Leben einer anderen Person) schreibt. Am Anfang stellen wir Forderungen, doch wenn wir es dann mit dem menschlichen Eigenwillen zu tun bekommen, driften wir in die Verzweiflung ab.

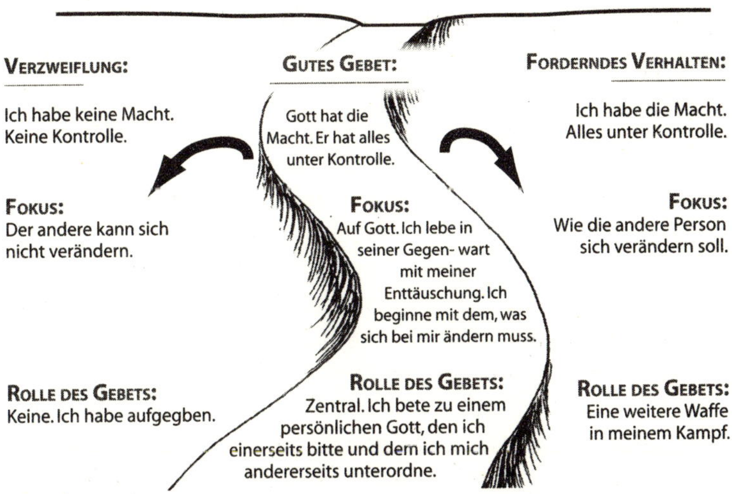

Wenn wir auf dem Weg des guten Gebets sind, dann haben wir auch aufgegeben – jedoch auf eine positive Weise. Wir haben unsere Fähigkeit aufgegeben, andere Menschen zu verändern. Stattdessen halten wir uns an Gott fest und schauen zu, wie er seine Geschichte schreibt. Offen gesagt gelingt Jill und mir die Erziehung unserer Kinder am besten, indem wir beten.

HOCKEY UND GLAUBE

Unsere Gebete für Emily lassen sich in einem Wort zusammenfassen: *Glaube*. Wir wünschten uns, dass ihre Lebensenergie von Gott kommt und nicht von Menschen oder Dingen um sie her. Wir wollten, dass sie fest mit Gott verbunden bleibt. Hier noch eine Geschichte, die sich aus diesem Gebet heraus entwickelte:

Emily spielt gern Feldhockey, an ihrer Schule wurde diese Sportart sehr gefördert und gutes Training angeboten. Ihr Team konnte viele Turniere für sich entscheiden und kämpfte auch immer wieder um den Titel als beste Schulmannschaft des ganzen Bundesstaates. Der Trainer war klasse, aber Emily hatte den Eindruck, dass er manche Spieler bevorzugte. In jenem Jahr gehörten Emily und ihre Freundin nicht zu seinen Lieblingen und so musste Emily manchmal das ganze Spiel auf der Ersatzbank verbringen.

Als die Mutter einer anderen Spielerin davon erfuhr, sprach sie mich in der Sporthalle unseres Wohnortes darauf an: „Das ist doch unglaublich, was der Trainer da tut. Macht euch das denn gar nichts aus?" Ich antwortete: „Eigentlich nicht. Wir sind dankbar, dass Emily so auf relativ schmerzarme Weise etwas lernen kann, während wir noch für sie da sind. Es ist eine wunderbare Gelegenheit für sie, im Glauben zu wachsen. Auf der Bank lernt sie viel mehr über Gott als auf dem Spielfeld."

Die Mutter hatte erwartet, Jill und ich wären wütend darüber, wie der Trainer mit Emily umging. Ihr Ziel war es, dass ihre Tochter gute Leistungen im Sport vollbrachte. Unser Ziel war es, dass Emilys Fundament im Glauben fester wurde. Darum sahen wir im Sport nur eine weitere Gelegenheit, bei der sie lernen konnte, in Gott verwurzelt zu sein. Emilys Ausharren auf der Ersatzbank war für mich die Antwort auf mein tägliches Gebet, dass Emily nicht die Welt oder die Dinge dieser Welt lieben sollte.

Natürlich wünschte ich mir auch, dass meine Tochter auf dem Spielfeld mehr zum Zug kam. Es schmerzte mich, wenn ich von der Zuschauertribüne hinüberschaute und sie auf der Bank sitzen sah. Doch meine Enttäuschung wurde gemildert durch die Erkenntnis, dass ihre Situation eine gute Vorbereitung auf das Leben war. Im Leben sitzt man nämlich eher auf der Ersatzbank, als dass man zum großen Star wird.

Ich fragte Emily, ob ich mit dem Trainer darüber sprechen sollte, aber sie wollte das allein regeln. Bei ihren Gesprächen mit dem Trainer kam zwar nicht viel heraus, aber ich freute mich, dass sie den Mut aufbrachte, mit einem Erwachsenen offen über eine empfundene Ungerechtigkeit zu reden. Wenn wir mit einem Vorgesetzten sprechen, der uns ungerecht behandelt, kann es passieren, dass wir noch mehr Ablehnung erfahren. Daher war das Gespräch mit dem Trainer eine weitere Gelegenheit für Emily zu lernen, ihr Leben nicht auf diese Welt zu gründen. Also noch eine Gebetserhörung.

Im darauffolgenden Sommer fuhr Emily als Mitarbeiterin zu einem christlichen Ferienlager, und dort machte sie im Glauben riesige Fortschritte. Dafür ließ sie sogar das Hockey-Trainingslager sausen. Als sie im Herbst wieder zurückkam, wusste sie nicht, wie gut sie noch war und ob sie noch zum Team gehören würde. Aber es war ihr egal, was ihr Trainer oder ihre Freunde dachten. Und was kam dabei heraus? Sie spielte so gut wie nie zuvor. Ich fragte sie, woran das liege, und sie antwortete: „Mir ist nicht mehr so wichtig, was andere über mich denken. Ich kann einfach ich selbst sein."

Weil wir so bewusst für Emily gebetet hatten, erkannten wir das größere Bild, das Gott durch die Enttäuschungen auf der Ersatzbank in ihr Leben hineingewebt hatte. Gott hatte ein gewisses Maß an Leid in ihrem Leben zugelassen, damit ihre Seele wachsen und sich tiefer mit ihm verbinden konnte. Nur Gott handelt so.

20. DIE LIEBE DES VATERS

In der Beziehung zwischen Emily und mir stimmte etwas nicht. Es herrschte eine gewisse Distanz zwischen uns. Ständig hatte sie etwas an mir zu kritisieren. Im Jahr 2002 schrieb ich auf ihre Gebetskarte: *Hilf mir, ihr näherzukommen.* Diese Notiz stand genau über meinem Gebetsanliegen, dass die Liebe zur Welt nicht ihre Liebe zum himmlischen Vater verdrängen sollte. Ich ahnte nicht, wie eng Emilys Haltung gegenüber ihrem irdischen Vater mit ihrer Einstellung zu ihrem himmlischen Vater verwoben war.

Um mein Gebet durch konkrete Taten zu unterstützen, fragte ich Emily, ob sie mich zu zwei Vortragsreisen nach San Diego begleiten wolle. Wir hatten eine tolle Zeit zusammen, aber die Distanz war immer noch nicht überwunden. Im Jahr 2006 schrieb ich eine weitere Notiz auf mein Gebetskärtchen: dass wir uns näherkämen. Ich konnte die Kluft zwischen mir und meiner Tochter einfach nicht überwinden. Also betete ich.

GUATEMALA

Im September 2007 spazierten Emily und ich über den Hof eines Kinderheims in Guatemala, wo sie die nächsten neun Monate verbringen würde. Als die Sonne unterging, konnte ich immer noch den Stacheldraht über den drei Meter hohen Mauern erkennen, die das Gelände umgaben. Emily hatte beschlossen, noch nicht aufs College zu gehen, sondern erst einmal in diesem Heim in Villa Nueva, Guatemala, zu arbeiten, wo 45 obdachlose Kinder lebten. Die Einrichtung befand sich mitten in einem Slum, der von Gangs beherrscht wurde.

Wir hatten Emily zu diesem Schritt ermutigt, nicht nur, weil das Waisenhaus Hilfe brauchte, sondern auch, damit Emily von den Götzen der Highschool frei würde – Sport, Jungs, Aussehen und Freunde. Am wichtigsten war uns jedoch, dass Emilys Glaube wachsen konnte. Wir wünschten uns, dass sie eng mit Gott in Verbindung stand. Emilys Bereitschaft, nach Guatemala zu gehen, war eine weitere Gebetserhörung. Doch so wirklich war das Gebet immer noch nicht beantwortet worden.

Als wir beide so nebeneinanderher gingen, machte Emily plötzlich eine äußerst kritische Bemerkung darüber, dass sie zu Hause kein Handy gehabt hatte. Wir hatten es ihr zwar nicht verboten, aber sie hatte es sich nicht leisten können, weil sie auch Ausgaben für ihr Auto hatte. Ich wusste, dass es ihr Angst machte, allein in einem fremden Land zu sein, weit weg von ihrer Familie, ihren Freunden und allem Vertrauten, also erwiderte ich nichts.

Zumindest sagte ich nichts zu Emily. Ich wusste: Der Glaube war das Verbindungsglied zwischen Emilys Angst, ihrer Distanz zu mir und ihrem Wunsch nach einem Handy. Sie ging ein paar Schritte vor mir, und so verlangsamte ich mein Tempo und betete: *Gott, du musst Emily in diesem Jahr Glauben schenken. Eine bessere Gelegenheit wirst du nicht bekommen.* Mir war sehr bewusst, dass ich den Glauben in Emilys Herz nicht von mir aus wachsen lassen konnte. Das musste Gott tun.

War dies eines von diesen angeblich so machtvollen Gebeten, bei denen man etwas ganz konkret von Gott fordert und es dann auch bekommt? Nein, es war in Wirklichkeit ein ganz hilfloses Gebet. Ich betete, weil ich schwach war. Ich versuchte nicht, Gott unter Kontrolle zu bekommen. Und ganz bestimmt hatte ich Emily nicht unter Kontrolle. Ich bat Gott ganz einfach nur um das, was ihm sowieso auf dem Herzen lag. Ich konnte mir nicht vorstellen, dass er ein solches Gebet nicht erhören würde.

Die nächsten neun Monate waren die schwierigsten in Emilys bisherigem Leben. Sie lebte mit 45 verwaisten Latinos unter einem Dach und hatte nichts als ihr mageres Highschool-Spanisch. Gott gebrauchte Emilys Isolation und die Herausforderung, sich mit launischen Teenagern anfreunden zu müssen, um sie immer wieder an ihre Grenzen zu führen und sie zu sich hinzuziehen. Als sie wieder nach Hause kam, war sie ein ganz anderer Mensch.

Ein Jahr später auf dem College bat sie mich, eine Hausarbeit Korrektur zu lesen, die sie für einen ihrer Kurse geschrieben hatte. Darin erzählt sie, wie Gott in ihrem Leben den Faden wieder aufnahm, um sie in jenem Jahr zu verändern:

> Als ich zur Highschool ging, fand jeden Donnerstagmorgen die Probe unserer Jazzband statt. Eines Morgens war ich spät dran. Ich hätte eigentlich um 7:15 Uhr das Haus verlassen müssen, und es war schon 7:21 Uhr. Mein Vater saß bereits im Auto und wartete auf mich. Also schnappte ich mir meine Wimperntusche, rannte aus der Tür und warf mir den Rucksack über die Schulter. Ich saß auf dem Beifahrersitz und beklagte mich die ganze Fahrt über, sagte, ich wollte nicht mehr in der Band mitspielen, obwohl es ja ursprünglich meine eigene Idee gewesen war. Ich klappte die Abdeckung des kleinen Spiegels herunter, der sich in der Sonnenblende befand, um meine Wimperntusche aufzutragen. Aber die Abdeckung klappte immer wieder zu und verdeckte den Spiegel. Nach drei Versuchen riss ich so fest daran, dass sie abbrach. Mein Vater fing an, mit mir über mein Verhalten zu sprechen. Als wir vor der Schule hielten, sprang ich beleidigt aus dem Auto und knallte die Tür zu, ohne Tschüss oder Danke zu sagen.
>
> Ich konnte natürlich eine Ausrede für mein Verhalten finden, aber das eigentliche Problem war mein Herz. Ich war verbittert, weil meine Schwester Kim, die Autismus hat,

viel mehr Aufmerksamkeit bekam als ich. In der Schule war ich verunsichert. Ich hatte nicht die richtigen Klamotten, nicht die richtige Frisur, und ich hatte es satt, dass ich nicht zu den anderen passte. Vielleicht war diese Unsicherheit die Ursache für mein respektloses Verhalten gegenüber meinem Vater. Ich kritisierte ihn eigentlich ständig. Aber der Hauptgrund war, dass ich die Liebe von Jesus nicht in mir trug.

Am Ende der Highschool beschloss ich, nicht gleich zu studieren, sondern ein Jahr zu überbrücken und in einem Waisenhaus in Guatemala zu arbeiten. Während dieses Jahres zeigte Gott mir Bereiche meines Lebens, in denen ich Mauern aufgerichtet hatte und in die ich Gott nicht hineinlassen wollte.

Eines Tages saß ich im Speisesaal für Gäste des Waisenhauses und unterhielt mich mit einer ehrenamtlichen Helferin, die für einige Wochen zu uns gekommen war. Ich wollte ihr Bilder von meiner Familie zeigen. Mein Vater hat einen Blog und ich wusste, dass er dort Fotos hineingestellt hatte. Als ich durch seine alten Blogs scrollte, tauchten plötzlich Bilder von mir auf, vom Abschlussball der Highschool. Als ich die Kommentare unter den Fotos las, die mein Vater geschrieben hatte, war ich von seiner Liebe auf einmal völlig überwältigt. Die Helferin, die neben mir saß, muss wohl gedacht haben, ich sei verrückt geworden, weil mir die Tränen über die Wangen liefen. Ich dachte daran, wie oft ich ihn angeschrien hatte, weil er zu geräuschvoll kaute, wie oft ich ihm vorgeworfen hatte, er würde mich nicht lieben, wie ich aus dem Zimmer stürmte, und zwar nicht nur in jenem Jahr, sondern praktisch meine ganze Teenagerzeit hindurch. Als ich nun die Worte las und die Bilder sah, hatte ich das Gefühl, seine Liebe überhaupt nicht verdient zu haben, all die Aufmerksamkeit, Geduld und Sanftmut, die er mir entgegenbrachte.

Während ich an jenem Tisch saß und auf den Computer-Bildschirm starrte, wanderten meine Gedanken zu Gott. Die Art, wie mein Vater mich liebte, war ein Beispiel dafür, wie Gott mich liebte. Ich musste daran denken, wie oft ich Gott ignoriert hatte, in meinen Beziehungen zu anderen, im Sport, in der Musik, in allen Bereichen meines Lebens. Wenn es gut lief, dann beachtete ich Gott nicht, und wenn schlechte Zeiten kamen, machte ich ihm Vorwürfe. Doch nichts, was ich tat, konnte mich von der Liebe Christi trennen. „Gott aber beweist uns seine große Liebe gerade dadurch, dass Christus für uns starb, als wir noch Sünder waren" (Römer 5,8). Ich, die ich es überhaupt nicht verdient hatte, empfing das größte Geschenk, das ewige Leben, weil Gottes Liebe und seine Gnade über mich kamen. Ich besitze die Liebe eines Vaters. Mein irdischer Vater zeigte mir durch eine simple Internetseite, dass nicht das, was ich tue, ihn dazu bringt, mich zu lieben. Er liebt mich, weil ich seine Tochter bin. Meine Respektlosigkeit konnte seine Liebe nicht auslöschen. Für mich war das ein kleines Bild für die Liebe meines himmlischen Vaters zu mir. Ich werde nie voll und ganz verstehen, wie ich so sehr geliebt werden kann, wo mein Herz doch oft so hässlich und unliebenswert ist. Aber ich glaube, genau das macht die Gnade so wunderbar.

Meine beiden Gebetsanliegen – für Emilys Beziehung zu ihrem irdischen und zu ihrem himmlischen Vater – waren eng miteinander verbunden. Der Durchbruch in der einen Sache führte auch zum Durchbruch in der anderen. Wenn ich sehe, wie Gottes Geschichte sich entfaltet, erkenne ich darin auch die Spuren seines Designs, seiner Poesie.

Ich staunte auch darüber, wie weise es von Gott war, unsere Gebete für Emily erst nach fünf Jahren zu erhören. Während sie sich um die Waisenkinder kümmerte und Freundschaft mit ihnen schloss, wurde ihr Herz milder, und ihre Lebensziele begannen sich zu verändern. Sie verzichtete auf das College oder eine berufliche

Karriere. Ihr Leben schlug eine völlig neue Richtung ein. Gott wollte Emily erst ihre Scheuklappen abnehmen, dann war sie an dem Punkt angelangt, an dem er sie haben wollte.

Sie stand allein mitten auf einem Schlachtfeld, das von den Symbolen der modernen amerikanischen Teenagerwelt dominiert wurde: Jungs, Freunde, Aussehen, Sport und Klamotten. Jesus war nur noch eine verblassende Kindheitserinnerung. Mein Gebet für sie schien so schwach und machtlos zu sein.

Als ich für Emily betete, dass sie nicht diese Welt lieben sollte, sah es so aus, als stünde sie allein mitten auf einem Schlachtfeld, das von den Symbolen der modernen amerikanischen Teenagerwelt dominiert wurde: Jungs, Freunde, Aussehen, Sport und Klamotten. Jesus war nur noch eine verblassende Kindheitserinnerung. Mein Gebet für sie schien so schwach und machtlos zu sein. Nun aber haben diese leise geflüsterten Worte, die an Emilys Herz gerichtet waren, diese einst so mächtigen Idole hinweggefegt. Das Streben nach Beliebtheit wurde ersetzt durch Liebe, durch den Wunsch, denen beizustehen, die ihr im Gegenzug nichts zu bieten hatten. Am Ende siegte doch das Gebet. Wie der Apostel Paulus kann auch ich bezeugen: „Gott hat sich die aus menschlicher Sicht Törichten ausgesucht, um so die Klugen zu beschämen. Gott nahm sich der Schwachen dieser Welt an, um die Starken zu demütigen. Wer von Menschen geringschätzig behandelt, ja verachtet wird, wer bei ihnen nichts zählt, den will Gott für sich haben. Dadurch erklärt er für null und nichtig, worauf Menschen so großen Wert legen“ (1. Korinther 1,27-28).

EIN ZERBROCHENES BILD VON GOTT

Was aber, wenn unser menschlicher Vater uns gegenüber versagt hat? Manche zucken zusammen, wenn sie das Wort *Vater* hören. Wie können wir Gott als unseren Vater betrachten, wenn unser Vater distanziert, abwesend oder hart zu uns war?

Die gute Nachricht ist, dass unser himmlischer Vater die Fehler unserer irdischen Väter wiedergutmachen kann. Hören wir uns einmal die Geschichte von Ravi Zacharias an, einem bekannten Evangelisten und Apologeten:

> Ich lernte Christus kennen, als ich in einem Krankenbett lag. Ich hatte gerade einen Selbstmordversuch hinter mir. Damals war ich siebzehn und völlig niedergeschlagen und verzweifelt. Mein Vater hatte mir gerade gesagt, dass ich ein völliger Versager sei. Ich sei schon als Versager geboren, meinte er. Jemand gab mir damals eine Bibel. Heute bin ich meinem himmlischen Vater so dankbar, dass mein Vater noch lange genug lebte, um mir einen Brief zu schreiben – denn er starb relativ früh. In dem Brief stand: „Wirst du mir jemals vergeben können, was ich zu dir gesagt habe?" Und doch, im tiefsten Dunkel meiner Seele merkte ich, dass der himmlische Vater mir näher war, als ich es je gedacht hätte.[47]

Weil wir in einer gefallenen Welt leben, muss Gott zerbrochene Bilder gebrauchen, um sich selbst zu beschreiben, so wie das Bild des Vaters. Eigentlich sind ja alle bildlichen Vergleiche, die Gott in der Bibel für sich verwendet, durch die Sünde des Menschen beeinträchtigt. Denken wir nur an den Vergleich mit einem König oder mächtigen Herrn. Wie viele gute Politiker kennen wir? Die Erfahrungen der frühen Kirche mit dem römischen Kaiser waren auch nicht gerade angenehm. Dennoch nahm die Gemeinde

---

47 Ravi Zacharias in seiner Ansprache zum nationalen Tag des Gebets, 1. Mai 2008.

dessen Titel „Herr“ und verwendete ihn für Jesus, indem sie ihn „Herr Jesus“ nannte.

Wir wissen, dass unser König oder unser Vater nicht so ist, wie er sein sollte. Und das bedeutet, dass wir wissen, was ein guter Vater ist. Weil wir nach dem Bild des dreieinigen Gottes geschaffen sind, haben wir eine intuitive Kenntnis davon, wie ein guter Vater lieben sollte. Wenn wir nicht wüssten, was ein guter Vater ist, würden wir unseren ja nicht kritisieren.[48] Die moderne Psychologie kann uns unbewusst in unserer Vergangenheit gefangen halten. Auch das ist eine Art Fatalismus, der unsere Fähigkeit zerstört, die Geschichte zu erkennen, die Gott in unserem Leben schreibt.

Emily könnte Ihnen auch heute noch eine Liste geben mit all dem, wo ich als Vater versagt habe. Ganz oben würde stehen: Er isst zu geräuschvoll! Ihre ständige Bitte an mich lautet, keine Karotten oder Chips in ihrer Gegenwart zu essen. Gott gebraucht das Schwache dieser Welt – und dazu gehören auch Väter –, um seine Geschichte zu schreiben.

48 David Powlison, in: The Journal of Biblical Counseling 12, Nr. 1, Herbst 1993, S. 2-6.

21. UNBEANTWORTETE GEBETE: DAS GROSSE GANZE VERSTEHEN

Als Jill mit Kim schwanger war, betete sie Psalm 121 und bat Gott, ihr Kind vor allem Schaden zu bewahren. Neben den Psalm schrieb Jill das Datum (August 1981), an dem sie angefangen hatte, den Psalm zu beten.

Als Kim geboren wurde, ging alles schief. Der Arzt gab Jill eine viel zu hohe Dosis eines Medikaments, das die Wehen einleiten sollte, und danach kümmerte er sich nicht mehr um sie. Ich hatte meine Frau bei drei natürlichen Geburten erlebt, aber dieses Mal war es anders. Sie hatte unsägliche Schmerzen und der Arzt ließ sich im Kreißsaal gar nicht mehr blicken. Dann kam Kim zur Welt; sie war ganz blau und ihr erster Apgar-Wert war niedrig. In meinen Augen sah sie anders aus als unsere ersten drei Kinder nach der Geburt. Ich rief Jills Eltern aus dem Krankenhaus von einem Münztelefon aus an. „Irgendetwas stimmt mit dem Baby nicht", sagte ich und brach in Tränen aus.

Wir wussten nicht, was eigentlich los war und hatten keine klare Diagnose. Die bekamen sie erst, als Kim schon neunzehn war. Und so tappten wir, wie so viele andere Eltern von behinderten Kindern, lange Zeit im Dunkeln. Wir wussten nicht, ob Kim einen Geburtsschaden erlitten oder sonst irgendeine Störung hatte. Ich sprach mit einem Mitarbeiter der Krankenversicherung über das Verhalten des Arztes, und der sagte nur: „Ja, das ist kein guter Arzt." Ich redete mit dem Arzt selbst, und er drohte uns zu verklagen, wenn wir etwas gegen ihn unternahmen. Wir waren jung, wussten nicht, was wir tun sollten, und hatten Angst.

Mit der Zeit begann Jill die gefürchteten Tabellen zu hassen, die angaben, was ein Kind in einem bestimmten Alter können sollte. Manche Ärzte machten uns Mut und meinten, es wäre schon alles in Ordnung mit Kim. Andere sagten genau das Gegenteil. Ein Neurologe an einer großen Klinik äußerte sogar den Verdacht, wir würden Kim schlagen.

Die vielen Probleme, die Kim hatte, erdrückten uns. Und es kamen immer neue dazu. Ihr Muskeltonus war zu schwach. Sie konnte ihren Blick nicht fest auf etwas richten. Sie bekam eine Lungenentzündung. Sie hatte Schwierigkeiten beim Atmen, vor allem im Winter, und wurde völlig teilnahmslos, sobald wir die Heizung anstellen mussten. Ihre Atemprobleme wurden so schlimm, dass wir unsere letzten Ersparnisse zusammenkratzten, um auf elektrische Heizkörper umzustellen. Die nächsten zwanzig Jahre lebten wir finanziell immer am Abgrund.

Wir litten fürchterlich unter dieser Situation, besonders Jill. Sie hatte gebetet, dass Gott ihr Baby bewahrte, und nun hatten wir ein krankes Kind. Einmal sagte ich zu Jill: „Warum bringst du Kim nicht einfach vor Gott?" Sie antwortete: „Paul, jeden Tag nehme ich Kim auf den Arm, trage sie zum Fuß des Kreuzes, und dann kehre ich wieder um und komme zurück." Es wäre einfacher für uns gewesen, wenn Jill nicht dafür gebetet hätte, dass Kim vor allem Schaden bewahrt blieb. Die Verheißung, die Gott gegeben hatte, machte alles nur noch schlimmer. Die Hoffnung bereitete uns Schmerzen.

Die folgende Grafik beschreibt unsere Welt. Die Hoffnungslinie steht für unseren Wunsch nach einem gesunden Kind, verstärkt durch unsere Gebete (Psalm 121). Die untere Linie ist die Realität eines kranken Kindes. Wir lebten in der Mitte, in der Wüste, und hielten an der Hoffnung fest, dass Kim irgendwie normal sein könnte. Und doch mussten wir uns der Realität ihrer Behinderung stellen. In einer solchen Welt zu leben ist nicht einfach.

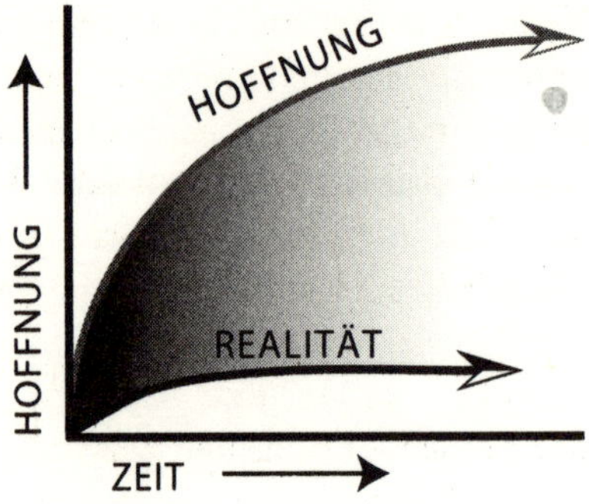

WÜSTE

Mit jeder Faser unseres Herzens wünschen wir uns, dass sich die Lücke zwischen Hoffnung und Realität schließen möge. Wir hätten alles darum gegeben, um nicht in der Wüste leben zu müssen. Anfangs fiel es Jill schwer, sich mit Kims Behinderung abzufinden – teilweise deshalb, weil wir keine Diagnose für die Ursache ihrer Probleme hatten, teilweise weil es einfach wehtat, der Realität ins Auge zu blicken.

Die nächste Grafik beschreibt einen anderen Umgang mit dem Leid: Verdrängung. Wir sind erfüllt mit Hoffnung, stellen uns aber der Realität nicht. Manche Christen beharren zum Beispiel darauf, dass Gott sie heilen wird, und dann sterben sie an Krebs.

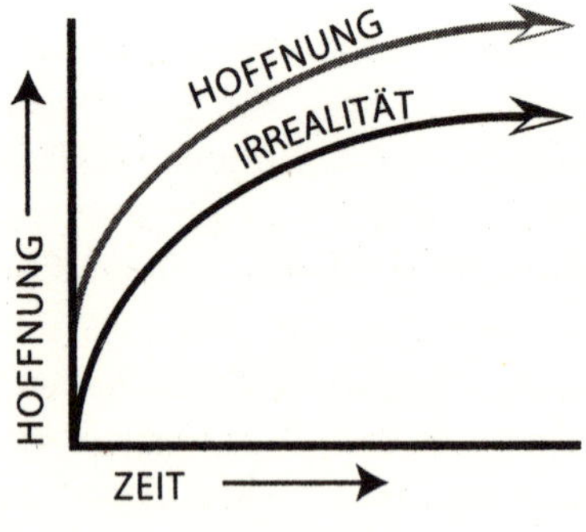

VERDRÄNGUNG

Wenn wir den ersten Schock des Leids überwunden haben, setzt oft eine Entschlossenheit ein, das in Ordnung zu bringen, was den Schmerz verursacht. Dann argumentieren wir, dass wir ja auch früher schon vor großen Hindernissen gestanden und sie überwunden haben. Wir sind dann überzeugt davon, dass wir es mit diesem Problem genauso machen werden. Wir lassen nichts unversucht. Geld spielt dabei keine Rolle. Wir sind überzeugt, dass es irgendwo irgendjemanden gibt, der unser Problem lösen kann. Durch unsere Willenskraft und indem wir Beter mobilisieren, werden wir es schon schaffen.

Die nächste Grafik zeigt verschiedene Versuche, die Kluft zwischen Hoffnung und Realität zu schließen. Oft führt unsere Entschlossenheit jedoch dazu, dass wir zusätzlich zu dem, was wir ohnehin schon zu tragen haben, nur noch mehr Leid erfahren.

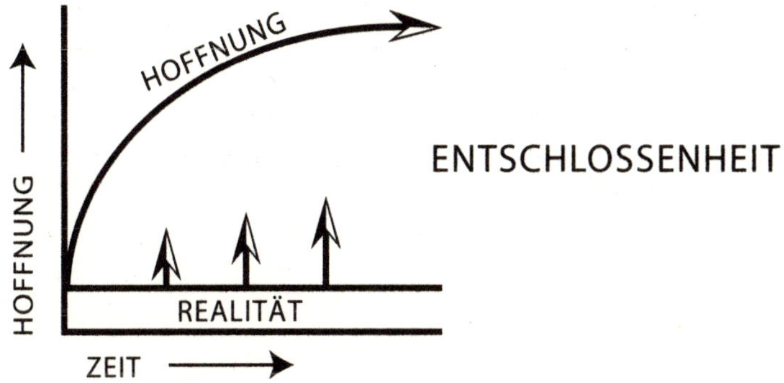

Von der Entschlossenheit ist es nicht mehr weit bis zur Verzweiflung, dem Punkt, an dem wir erkennen, dass wir die Situation nicht verändern können, egal was wir tun. Angesichts des weiter bestehenden Leids wird das Hoffen immer schmerzhafter, also versuchen wir, dem Schmerz aus dem Weg zu gehen, indem wir die Hoffnung aufgeben. Jill hatte mit dem Problem der Verdrängung zu kämpfen, ich mit der Hoffnung. Meiner Meinung nach hätten wir uns der Realität stellen sollen. Aber Jills Hoffnung und ihre Liebe zu Kim brachten sie dazu, immer wieder etwas Neues auszuprobieren. Einmal nannte Jill mich sogar ungläubig. Es dauerte fast fünfzehn Jahre, bis ich endlich anfing, an Kim zu glauben.

In der nächsten Grafik ist zu sehen, wie die Verzweiflung die Spannung zwischen Hoffnung und Realität beenden will. Auf seltsame Weise kann die Verzweiflung sogar tröstlich sein, aber Verzweiflung und Skepsis können die Seele töten.

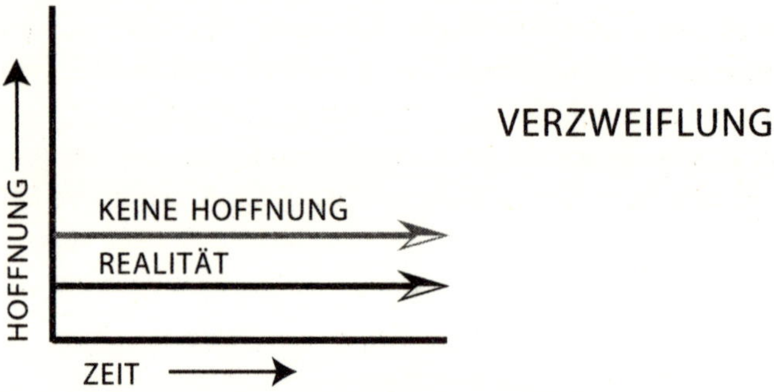

Im Gegensatz dazu leben Menschen des Glaubens in der Wüste. Wie Abraham sind sie sich der Realität ihrer Lebensumstände bewusst, aber sie geben die Hoffnung nicht auf. Paulus beschreibt, wie Abraham „diesen Worten glaubte, obwohl alles hoffnungslos schien" (Römer 4,18). Sara war schon alt und konnte eigentlich keine Kinder mehr bekommen, aber Abraham hatte immer noch Hoffnung:

> Abraham war damals fast 100 Jahre alt und konnte keine Kinder mehr zeugen. Auch seine Frau Sara war nach menschlichem Ermessen viel zu alt, um noch Kinder zu bekommen. Doch obwohl Abraham sich dessen bewusst war, wurde er in seinem Glauben nicht erschüttert. Er zweifelte nicht, sondern vertraute Gottes Zusage. Ja, sein Glaube wurde nur noch stärker. Er gab Gott die Ehre (Römer 4,19-20).

Abraham macht sein Leben an der Hoffnungslinie fest, aber er verliert dabei nicht die Realitätslinie aus den Augen. Auch er schlägt manchmal falsche Wege ein. Er versucht der Wüste zu entkommen, indem er Gott vorschlägt, sein Knecht Elieser könnte ja zu seinem Adoptivsohn werden (siehe 1. Mose 15). Sara will die Lücke zwischen Hoffnung und Realität schließen, indem sie Abraham bittet, mit ihrer Sklavin Hagar zu schlafen (siehe 1. Mose 16). Und als Gott Abraham mitteilt, dass Sara in einem Jahr ein Kind bekommen wird, lacht Sara hinter dem Zeltvorhang (siehe 1. Mose 18). Sie schließt die Kluft, indem sie die Hoffnung aufgibt. Ein Jahr später, als Isaak geboren ist, erkennt sie, dass Gott ihren Zweifel in Freude verwandelt hat. Sie macht sich über ihre eigene Skepsis lustig, indem sie ihrem Sohn einen Namen gibt, der „Gelächter" bedeutet (siehe 1. Mose 21).

LEBEN IN DER WÜSTE

Das Schwerste am Leben in der Wüste ist, dass es keinen Ausweg gibt. Wir wissen nicht, wann es enden wird. Es ist keine Hilfe in Sicht.

Fast alles kann eine Wüste sein: ein Kind, das einen falschen Weg einschlägt, ein schwieriger Chef oder unsere eigene Sünde und Torheit. Vielleicht haben wir sogar eine Wüste geheiratet.

Gott entwirft für jeden Menschen die passende Wüste. Josef erlebte seine Wüste, als er verraten und hinter ägyptischen Gefängnismauern lange Zeit vergessen wurde. Mose lebte vierzig Jahre lang als Ausgestoßener in der Wüste von Midian. Die Israeliten verbrachten vierzig Jahre in der Wüste. David floh vor Saul in die Wüste. Sie alle hielten an der Hoffnung des Wortes Gottes fest, obwohl sie sich der Realität ihrer Situation stellten.

Die Wüste ist ein so starkes Thema in der Bibel, dass sogar Jesus zu Beginn seines öffentlichen Wirkens eine Reise in die Wüste unternimmt. Er fastet dort vierzig Tage lang und ist der Versuchung durch Satan ausgesetzt. Seine Wüste besteht darin, mit der Hoffnung auf die Auferstehung zu leben und sich zugleich der Realität zu stellen, dass sein Vater sich am Kreuz von ihm abwendet.

Dass der Vater sich von uns abwendet, ist der Kern der Wüstenerfahrung. Das Leben ist zu Ende. Es hat keinen Sinn mehr. Wir wollen vielleicht nicht gerade Selbstmord begehen, aber der Tod wäre sicherlich eine Erlösung. Die Versuchung ist groß, die Wüste zu überleben, indem wir das Brot der Bitterkeit annehmen, das Satan uns anbietet – eine trockene, zynische Distanziertheit vom Leben, eine perverse Freude daran, die zu verspotten, die immer noch hoffen.

IN DER WÜSTE ÜBERLEBEN

Gott führt jeden, den er liebt, durch eine Wüste. Das ist sein Heilmittel für unser abspenstiges Herz, das sich auf einer rastlosen Suche nach einem neuen Garten Eden befindet. Und so wirkt die Wüste auf uns:

Das Erste, was geschieht, ist, dass wir allmählich den Kampf aufgeben. Unser Wille wird durch die Realität unserer Lebensumstände gebrochen. Die Dinge, die uns das Leben gebracht haben, sterben ab. Unsere Idole verhungern. So ging es Emily in Guatemala. Und so ging es Jill mit Kim.

Die stille, trockene Luft der Wüste bringt ein Gefühl der Hilflosigkeit mit sich, das für unser Gebet so ungeheuer wichtig ist. Wir stehen unserer Unfähigkeit gegenüber zu leben, uns zu freuen und etwas von bleibendem Wert zu tun. Das Leben begräbt uns unter sich.

Das Leid verbrennt all die falschen Ichs, die durch Misstrauen, Stolz oder Begierde entstanden sind. Es ist uns nicht mehr wichtig, wie andere über uns denken. Die Wüste ist Gottes hoffnungsvollstes Mittel zur Erschaffung eines authentischen Ichs.

Das Leben in der Wüste heiligt uns. Wir merken gar nicht, dass wir uns verändern. Nachdem wir eine Weile in der Wüste gelebt haben, stellen wir einfach nur fest, dass wir anders geworden sind. Was vorher so wichtig war, ist jetzt nicht mehr von Bedeutung. Bevor Kim geboren wurde, haben wir immer die Fransen unseres

Wohnzimmerteppichs mit dem Kamm gebürstet. Zugegeben, ein wenig perfektionistisch. Jetzt sind wir schon froh, wenn wir einen Kamm finden, mit dem wir uns die Haare kämmen können.

Nach einer Weile merken wir auch, wonach wir wirklich Durst haben. David schreibt in der Wüste:

> Gott! Du bist mein Gott! Ich sehne mich nach dir, dich brauche ich! Wie eine dürre Steppe nach Regen lechzt, so dürste ich, o Gott, nach dir (Psalm 63,2).

Die Wüste wird zu einem Fenster zum Herzen Gottes. Endlich bekommt er unsere Aufmerksamkeit, denn außer ihm gibt es dort keine Attraktionen.

Wir rufen so lange und so oft nach Gott, dass sich ein Kanal zwischen uns und ihm öffnet. Wenn wir Auto fahren, schalten wir das Radio aus, um mit Gott allein zu sein. Nachts wachen wir auf und fangen unwillkürlich an zu beten. Ohne es zu merken, haben wir gelernt, betend zu leben. Das klare, frische Wasser der Gegenwart Gottes, das wir in der Wüste entdecken, wird zum Brunnen in unserem Herzen.

*Wir rufen so lange und so oft nach Gott,
dass sich ein Kanal zwischen uns und ihm öffnet.*

Das größte Geschenk der Wüste ist Gottes Gegenwart. Das sehen wir in Psalm 23. Am Anfang geht mir der Hirte voran – „er führet mich zum frischen Wasser" (Vers 2) –, am Ende ist er hinter mir – „Gutes und Barmherzigkeit werden mir folgen mein Leben lang" (Vers 6; Luther 2017). Doch in der Mitte, wenn ich „durchs finstere Tal" gehe, ist er neben mir – „ich fürchte kein Unglück; denn du bist bei mir" (Vers 4). Die schützende Liebe des Hirten gibt mir den Mut, diese innere Reise anzutreten.

DIE WÜSTE BLÜHT

Schon zu einem sehr frühen Zeitpunkt wurde Jill und mir bewusst, dass Gott uns Kim geschenkt hatte, um uns in die Demut zu führen, damit wir seinem Sohn ähnlicher würden. Kim rettete unsere Familie, allen voran mich. Gott gebrauchte Kim, um mich geistlich aufzuwecken. Ich hatte darüber nachgedacht, ob ich die Schule im Stadtzentrum, wo ich Direktor war, verlassen sollte, um unser Steuerbüro zu vergrößern. Ich hatte ein neues Büro eröffnet und merkte, dass ich damit Geld verdienen konnte. Daran ist eigentlich nichts auszusetzen, aber zur gleichen Zeit neigte sich mein Herz von Gott weg. Nach Kims Geburt lösten sich diese Pläne in Luft auf und sechs Monate später betete ich über der Frage, ob ich mit meinem Vater zusammenarbeiten und ihm helfen sollte, seine Missionsgesellschaft aufzubauen. Im Herbst rief er Jill an und bat sie um Hilfe. Ich bot ebenfalls meine Hilfe an, und so starteten wir im Winter 1983 mit der *World Harvest Mission*. Ohne Kim würde es diese Mission nicht geben.

Der Leidensdruck mit einem autistischen Kind, das zudem noch schwere Entwicklungsstörungen hat, ist manchmal überwältigend groß. Bei Jill kamen noch weitere frustrierende Erfahrungen hinzu, sodass sie 1991 an dem Punkt war, meine Liebe zu ihr infrage zu stellen. Das war der Anfang meiner Reise in das Leben von Jesus. Sie führte mich dazu, ein Buch über die Liebe Jesu zu schreiben. Später entstand daraus unsere Arbeit von *seeJesus.net*.

Kim ist der Grund, warum Jill und unsere Tochter Ashley beide Sonderschullehrerinnen wurden. Nun verbringen wir unsere Sommerferien in den *Joni and Friends Camps*, wo Freizeiten für Erwachsene mit Behinderungen angeboten werden. Jesus hat uns zu sich heruntergezogen, dorthin, wo er lebt.

VOR SCHADEN BEWAHRT

Noch ein Wort zu Kims Atemproblemen: Als wir zehn Jahre später unser Haus verkauften, fanden wir heraus, dass unser Gasbrenner nicht richtig installiert worden war. Kims schwache Kondition hatte sie besonders empfindlich gegenüber dem Kohlenmonoxid gemacht, das durch unser Haus strömte. Sie war so etwas wie die Kanarienvögel, die die Bergleute früher mit in die Grube nahmen, um gefährliche Gase aufzuspüren. Kim bewahrte uns letztendlich davor, gesundheitlich Schaden zu nehmen.

Jahre später, als Kim ungefähr zwanzig war, saß ich am Esszimmertisch und machte mir Notizen zu einer Bibelarbeit über Psalm 121, die ich in unserer Kleingruppe halten wollte. Ich hatte Jills Gebet mit Psalm 121 ganz vergessen.

Ich schaute von meiner Arbeit auf und sagte: „Jill, Gott hat genau das getan. Er hat uns vor Schaden bewahrt. Er hat für uns Psalm 121 wahr gemacht." Wir hatten gedacht, der Schaden bestünde darin, eine Tochter mit Behinderungen zu haben. Aber das war gar nichts im Vergleich zu der Gefahr, die von zwei stolzen und eigenwilligen Eltern ausging. Weil Kim stumm war, lernten Jill und ich zuzuhören. Ihre Hilflosigkeit lehrte uns, ebenfalls hilflos zu sein.

Kim brachte Jesus in unser Haus. Jill und ich konnten unser Leben nicht mehr aus eigener Kraft bewältigen. Wir brauchten Jesus, um den Tag von morgens bis abends zu überstehen. Wir hatten unseren Vater um Brot gebeten, und statt uns einen Stein zu geben, bereitete er für uns ein Fest in der Wüste. *Danke, Jesus, für Kim.*

Wenn wir das nicht bekommen, worum wir gebetet oder was wir uns gewünscht haben, dann bedeutet das nicht, dass Gott nicht uns zugute am Werk ist. Stattdessen schreibt er seine Geschichte mit uns. Paulus fordert uns auf: „Lasst euch durch nichts vom Gebet abbringen und vergesst dabei nicht, Gott zu danken" (Kolosser 4,2). Die Dankbarkeit hilft uns, uns auf die Gnade zu konzentrieren und das ganze Leben als ein Geschenk zu betrachten. Der Dank blickt auf all das Gute, das Gott in unserem Leben bisher getan hat, und auf die Auswirkungen, die es hat. Wenn wir aufmerksam sind, erkennen wir, welche Geschichte sich da gerade in unserem Leben abspielt. Wir halten danach Ausschau, wie Gott in der Gegenwart handelt und wie sich sein Wirken entfaltet, um uns auch in Zukunft Gnade zu schenken.

Halten wir also Ausschau nach der Geschichte, die Gott in unserem Leben schreibt. Verlassen wir die Wüste nicht. Corrie ten Booms Vater sagte oft zu ihr: „Das Beste kommt noch."

22. HEBRÄISCHE KLAGELIEDER – DAS BETEN IN DER WÜSTE NEU LERNEN

Als unsere Gemeinde eine sehr schwierige Zeit durchmachte, hielt ich einmal einen besonderen Abendgottesdienst und konfrontierte die Besucher mit einigen Gebeten und führte sie ein wenig hinters Licht, indem ich sagte: „Ich habe diese Texte einem Buch entnommen, das einige spannungsgeladene Gebete enthält. Stört Sie etwas an diesen Gebeten?"

> Bitte, Gott, schrei mich nicht mehr an,
> stell mich nicht wieder an den Pranger.
> Du könntest mich zur Abwechslung mal freundlich behandeln;
> ich bin ganz ausgehungert nach Zuwendung.
>
> Siehst du denn nicht, dass ich grün und blau geschlagen bin,
> schwer verletzt an Leib und Seele?
> Gott, wie lange soll es noch dauern,
> bis du damit aufhörst?

Gott, gehst du mir aus dem Weg?
Wo bist du, wenn ich dich brauche?
Es reicht, Gott,
du hast mich jetzt lange genug ignoriert.
Ich habe dich jetzt lange genug nur von hinten gesehen.

Meine Zuhörer sprangen ganz prima darauf an. „Respektlos." „Unangemessen." „So sollte man nicht mit Gott sprechen." Nun eröffnete ich ihnen, dass die Texte aus der Bibel stammten – aus den Psalmen 6, 10 und 13 in einer modernen Übersetzung. Dann zeigte ich ihnen die Verse in einer etwas wörtlicheren Übersetzung:

Herr, du lässt mich deinen Zorn spüren.
Ich flehe dich an: Strafe mich nicht länger!
Hab Erbarmen mit mir, Herr, ich sieche dahin!
Heile mich, denn ich bin am Ende meiner Kraft!
Ich weiß weder aus noch ein.
Herr, wie lange willst du dir das noch ansehen? (Psalm 6,2-4)

Warum, Herr, bist du so weit weg?
Warum verbirgst du dich, wenn wir dich am nötigsten brauchen? (Psalm 10,1)

Herr, wie lange wirst du mich noch vergessen,
wie lange hältst du dich vor mir verborgen? (Psalm 13,2)

Ich erklärte, dass es sich hierbei um hebräische Klagelieder handelt, eine längst vergessene und doch zutiefst biblische Art zu beten. Die anfänglich negative Reaktion meiner Zuhörer ist verständlich: Klagelieder hören sich respektlos an. Wir fühlen uns unwohl, wenn jemand so mit Gott redet. Wir lesen diese Gebete zwar in den Psalmen, aber wir beten sie nicht. Im Folgenden wollen wir einmal den Fragen auf den Grund gehen, was Klagelieder sind, wie sie wirken und warum wir so allergisch auf sie reagieren.

KLAGELIEDER VERSTEHEN LERNEN

Meine erste Erfahrung mit einem Klagegebet war für mich ziemlich unangenehm und das hing teilweise damit zusammen, dass es eines für mich war! In unserem ersten Ehejahr (Jill war achtzehn und ich neunzehn!), teilte ich ihr mit, dass ich mir nicht sicher war, ob ich Christ sei. Ich war in einer Familie aufgewachsen, in der alles vom Glauben erfüllt war, und doch kam es mir manchmal so vor, als betrachtete ich das Christentum nur von außen. Eines Abends, als Jill im Bett lag, schüttete sie Gott ihr Herz wegen mir aus.

Alles in mir sträubte sich gegen Jills Gebet. Es war aufdringlich, fordernd, sogar anstößig. Damit wollte ich nichts zu tun haben. In meiner presbyterianisch geprägten Frömmigkeit war alles ausgewogen – unsere Gefühle, unsere Reaktionen und unsere Theologie. Jills Klagegebet war alles andere als ausgewogen. Es war rau und ungehobelt.

Jill war ganz entsetzt über meinen toten Glauben. Erinnern wir uns an die Grafik mit der Hoffnungs- und der Realitätslinie, die wir im letzten Kapitel gesehen haben. In Jills Gebet kam auf schmerzhafte Weise die Kluft zwischen der Realität meines kalten Herzens und ihrer Hoffnung für mich zum Ausdruck. Ihre Klage brachte meinen geistlichen Tod mit ihrem Wunsch in Verbindung, dass ich mein Leben mit Gott führte. Deshalb sind Klagelieder so unerfreulich. Sie bringen zwei Dinge (Realität und Verheißung) zusammen, die sich gegenseitig abstoßen. Das Klagegebet verbindet zwei offene Drähte miteinander – Gottes Verheißung und das Problem. Und wenn das passiert, dann sprühen die Funken.

Im letzten Kapitel haben wir gesehen, dass die Kluft zwischen Hoffnung und Realität wie eine Wüste ist. Allein schon die Leere der Wüste feuert das Klagegebet an. Das Klagegebet flieht nicht aus der Wüste, sondern es bekämpft sie. Es nimmt sie aufs Korn. Ja, die Öde der Wüste lässt das Klagegebet umso kühner werden. Mein schwacher Glaube war für Jill eine Wüste. Das verlieh ihrer Klage um mich die Energie und Leidenschaft.

Klagegebete mögen respektlos *erscheinen*, aber in Wirklichkeit stecken sie voller Glauben – einer rauen, reinen Form des Glaubens, der einfach Gott beim Wort nimmt. Jedes Kind ist ein perfekter Klagedichter, nach dem Motto: „Mama, du hast doch gesagt, dass wir diese Woche ins Schwimmbad gehen! Warum machen wir das nicht? Ich will heute dorthin." Das Kind bringt das Versprechen und die Hoffnung („Mama, du hast doch gesagt ...") mit der Realität zusammen („Warum machen wir das nicht?").

Es gibt kein klagefreies Leben. Wenn unser Leben frei von Klagen ist, dann lieben wir nicht genug. Lieben heißt klagen, es heißt zulassen, dass uns das Herz gebrochen wird.

Klagegebete mögen respektlos erscheinen,
aber in Wirklichkeit stecken sie voller Glauben –
einer rauen, reinen Form des Glaubens,
der einfach Gott beim Wort nimmt.

Wenn wir *nicht* über das klagen, was in unserer Welt zerbrochen ist, dann haben wir unser Herz bereits verschlossen. Unsere lebendige, vitale Beziehung zu Gott stirbt einen langsamen Tod, weil wir dem unsichtbaren Zweifel die Tür geöffnet haben und insgeheim zu Skeptikern werden. Die Skepsis führt uns weg von Gott, aber die Klage schubst uns zurück in seine Gegenwart. Darum – so seltsam das auch klingen mag: *Nicht zu klagen* führt zum Unglauben. Dann gewinnt die Realität, und die Hoffnung stirbt. Oder anders ausgedrückt: Die Realität einer zerbrochenen Welt triumphiert über die neue Realität einer erlösten Welt. Wir verpassen die Auferstehung und bleiben beim Tod stehen.

Eines der deutlichsten Zeichen dafür, dass die Israeliten sich von Gott entfernt hatten, war, dass sie aufgehört hatten zu klagen. Lesen wir einmal, was Gott ihnen durch den Mund des Propheten Jeremia vorwirft. Die Klage, die die Israeliten *nicht* gebetet haben, ist kursiv dargestellt:

So spricht der Herr: Was hatten eure Vorfahren an mir auszusetzen, dass sie sich von mir abwandten, nichtigen Götzen nachliefen und so selbst zunichte wurden? Sie fragten nicht: „*Wo ist der Herr zu finden? Er hat uns doch aus Ägypten herausgeführt und hat uns in der Wüste sicher den Weg gewiesen, in dürren Steppen und finsteren Schluchten, in einem Land, das niemand bewohnt und niemand durchwandert.*" Ja, ich war es, ich brachte euch in ein fruchtbares Land, um euch mit all den Köstlichkeiten zu speisen, die es hervorbringt. Aber kaum wart ihr dort, habt ihr mein Land verdorben und mir mein Eigentum zum Abscheu gemacht. Eure Priester fragten nicht nach mir; die Leute, die Weisungen gaben, kannten mich nicht. Die Führer des Volkes lehnten sich gegen mich auf, und die Propheten redeten im Namen Baals. Alle beteten zu Göttern, die nicht helfen können.
Jeremia 2,5-8 (Gute Nachricht Bibel; Hervorhebungen hinzugefügt)

Gott tadelt sein Volk und seine Priester, weil sie nicht gefragt haben: „Wo ist der Herr?" Ein sicheres Zeichen für ihr abtrünniges Herz ist, dass sie Gott nicht herausfordern. Keiner packt Gott am Ärmel und zieht daran. Diese Vorstellung klingt in unseren Ohren so fremd, dass ich es noch einmal betonen muss: Gott ist verärgert über die Israeliten, weil sie *nicht* klagen. Wir meinen, Klagen seien respektlos. Aber Gott sagt genau das Gegenteil. Unsere Klage zeigt, dass wir uns in einer lebendig pulsierenden Glaubensbeziehung zu Gott befinden.

Wir leben in einer zutiefst zerbrochenen Welt. Und wenn uns deren Trümmer nicht das Herz brechen und wir Gott deswegen nicht in den Ohren liegen, dann werden wir allmählich zu Skeptikern, die das Handtuch werfen.

KLAGEN ALS ULTIMATIVE WAFFE

Die falsche Auffassung über das Klagen ist zum Teil auch in dem Wort selbst begründet. Klagen heißt trauern. Darum betrachten wir Klagelieder als etwas ganz Ähnliches wie Lieder zur Beerdigung – eine Art des Trauerns, bei der es keine Aussicht auf Veränderung gibt. Vor Kurzem verlor ein Freund von uns durch einen tragischen Unfall seinen Sohn in jungem Alter. Wir können nicht erwarten, dass der Sohn von den Toten aufersteht – jedenfalls nicht vor der Wiederkunft von Jesus. Also trauern und klagen wir gemeinsam mit unserem Freund. Und so klagte auch König David, als Saul und Jonatan in der Schlacht getötet wurden (2. Samuel 1,17-27). Die beiden kamen nicht mehr zurück.

Dies ist jedoch nur eine kleine Unterkategorie des hebräischen Klageliedes; die meisten Klagelieder wollen nämlich nicht zum Ausdruck bringen, dass man aufgegeben hat, dass man betrauert, was man nicht ändern kann. Sie sind vielmehr ein Aufruf zur Schlacht. Im geistlichen Kampf sind sie so etwas wie die ultimative Waffe: Wenn wir keine andere Wahl mehr haben, greifen wir zum mächtigsten Geschoss, das wir in unserem Arsenal zur Verfügung haben – wir schreien zum lebendigen Gott um Hilfe. Das möchte ich gerne näher ausführen.

Siebzehn Jahre nach Jills Klagegebet für mich war die Reihe an mir, über den Zustand unserer Familie zu klagen. Der Campingausflug, den ich am Anfang dieses Buches erwähnt habe und bei dem meine Tochter Ashley ihre Kontaktlinse verlor, war ein Wendepunkt für unsere Familie – und für mich.

Nachdem wir Ashleys Kontaktlinse im Laub wiedergefunden hatten, ging es mit unserem Campingausflug immer weiter bergab. Die fünf Kinder, die ich mitgenommen hatte (im Alter zwischen drei und sechzehn), stritten sich die ganze Zeit. Ich spannte eine Hängematte auf, damit sie ein bisschen Spaß hatten, aber sie stritten sich die ganze Zeit darum. Ich zündete ein Lagerfeuer an, in dem sie Stöcke verbrennen konnten, und es gab nur Streit. Andrew (sechs Jahre alt) zerhackte das Eigentum des Naturparks, in dem wir zelteten, um Feuerholz zu bekommen. Ein Freund von uns hatte vergessen, uns ein wichtiges Teil unseres Gasherdes zurückzugeben, also musste ich die Spaghetti über dem Feuer kochen. Die Kinder jammerten wegen der ungenießbaren Nudeln. Sie beklagten sich auch über das Schaschlik, das ich am zweiten Abend kochte. Es gibt sogar von damals noch ein Foto von Emily (drei Jahre alt!), wie sie mit einem Beil in der Hand am Lagerfeuer steht. (Ihre Mutter war nicht dabei.) Ich rannte herum und brüllte Kommandos, damit wir nicht völlig im Chaos versanken.

Doch in der zweiten Nacht holte uns das Chaos endgültig ein. Wir campten am Fuß eines Berges in einer Art ausgetrocknetem Flussbett. In jener Nacht goss es in Strömen. Wir hatten ein altes Zelt aus Segeltuch, bei dem das Wasser durchkommt, wenn man die Wände berührt. Die Kinder fanden das unwiderstehlich, denn auf diese Weise konnten sie mit dem Finger ihre Namen an die Zeltwände schreiben. Um zwei Uhr nachts krabbelte ich hinaus, klemmte mir eine Taschenlampe unters Kinn und zog mit der Campingschaufel einen Graben rund um unser Zelt, um das Wasser abzuleiten, das ins Zelt lief, weil der Reißverschluss kaputt war. Das Einzige, was ich finden konnte, um den Zelteingang zu verschließen, waren die Schnürsenkel an den Schuhen der Kinder. Und da ich zu müde war, um die Schnürsenkel von den Schuhen abzunehmen, baumelten diese nun am Zelteingang. Während der Nacht rutschten unsere sechs Schlafsäcke auf den Boden des Zeltes, und wir waren nur noch ein durchnässtes Menschenbündel. Als die Sonne aufging, schälten wir uns heraus, duckten uns unter den Schuhen durch und stolperten nach draußen.

Ich machte mir Sorgen. Wenn ich die Kinder nicht trocken bekam, würden sie krank werden. Das Einzige, was noch trocken war, war unser Auto. Also zwängten wir uns nach dem Frühstück in unseren Van und brachen zu einer langen Fahrt auf. Es war ein schöner Morgen in Pennsylvania, in den Tälern hingen Nebelschleier. Wir fuhren hinunter in kleine Dörfer und dann hinauf in den Sonnenschein. Als die Kinder eines nach dem anderen einschliefen, sahen sie süß und friedlich aus. Es war kaum vorstellbar, dass sie so egoistisch und anstrengend sein konnten.

Im Stillen begann ich mir vorzustellen, wie sich ihr Egoismus in der Zukunft entwickeln würde. Die Probleme, die wir beim Zelten gehabt hatten, hatten mich mit einem ganz neuen Ausmaß an Gehässigkeit bei ihnen konfrontiert. Das flößte mir Angst ein. Aber es waren nicht nur die Kinder. Es ging auch um mich, der ich sie schimpfte und zurechtwies, der durchorganisiert und immer beschäftigt war. Wir würden Probleme bekommen. Und zum ersten Mal in meinem Leben sah ich zwei Dinge ganz klar: Unsere Familie bewegte sich auf einen Abgrund zu und ich hatte nicht die Macht, das zu verhindern.

Also betete ich ziemlich verzweifelt: „Gott, du musst unsere Familie retten. Wir werden in große Schwierigkeiten geraten. Wir brauchen Jesus." Ich war selbst überrascht, wie flehentlich mein Gebet war. Doch als ich es beendet hatte, wusste ich, dass sich in den himmlischen Gefilden etwas ereignet haben musste.

Gott beantwortete mein Klagegebet auf unerwartete Weise, in einem viel größeren Rahmen, als ich es vorhersehen konnte. Ich machte mir vor allem Sorgen um die Kinder. Gott aber machte sich Sorgen um mich. Sechs Monate später, als dieses Gebet schon ganz in Vergessenheit geraten war, hatte ich ein Burn-out. Der Auslöser dafür war eine Cola light, auf deren Süßstoffe ich allergisch reagierte, und natürlich eine viel zu hohe Arbeitsbelastung. Damit begann eine Phase, die sich über rund zehn Jahre erstreckte und in der ich in jedem Bereich meines Lebens unaufhörlich gedemütigt wurde. Gott arbeitete so intensiv, so mächtig und so komplex an mir, dass es schwer zu beschreiben ist. Während dieser Zeit lernte ich es, betend zu leben. Ich lernte, für meine Familie zu beten. Das Gebet wurde für mich so selbstverständlich wie das Atmen. Gott rettete unsere Familie. Und er tut es immer noch.

23. WIE KLAGEGEBETE WIRKEN

Wenn wir sehen, dass ein Drittel der Psalmen, das Buch Klagelieder und große Teile von Hiob, Jesaja, Jeremia und den Kleinen Propheten Klagegebete sind, warum ist das Klagen dann für uns so befremdlich? Und was noch seltsamer ist: Die Israeliten in antiker Zeit fassten ihre Klagen nicht nur in Gebete, sondern sie sangen sie auch. In ihrem Liederbuch standen die Klagelieder sogar im Vordergrund. Warum hören wir sie dann nicht von unseren Kanzeln? Warum kommen sie bei uns so selten vor?

Um die Antwort darauf zu finden, müssen wir zweitausend Jahre zurückgehen. Nach der Zerstörung des Jerusalemer Tempels im Jahr 70 n. Chr., als Christentum und Judentum sich voneinander trennten, verlor die christliche Kirche ihre Fähigkeit zu klagen. Wir gaben sozusagen etwas von unserer jüdischen DNA auf und übernahmen mehr das griechische Denken. Und das geschah so:

Die Menschen in der Antike hätten sich von Disneys Slogan „Glaube an dich selbst" nicht beeindrucken lassen. Die Griechen und die Juden wussten, dass die Welt ein gefährlicher, chaotischer Ort war. Sie machten sich keine Illusionen darüber, wie trügerisch und zerbrechlich das Leben sein konnte. Doch hier enden auch schon die Gemeinsamkeiten. Die Griechen akzeptierten das Chaos, die Juden brachten das Chaos in ihren Klageliedern vor Gott.

Warum war die Reaktion der Griechen und Juden so unterschiedlich? Die Griechen gingen wie alle heidnischen Völker davon aus, dass das Böse zur ursprünglichen Schöpfungsordnung gehörte. Man kann es nicht ändern – also muss man damit klarkommen. Man akzeptiert das eigene Lebensschicksal, hält so still wie möglich durch und versucht, nicht allzu viele Wellen zu verursachen. Den einzigen Ausweg bietet das geistige Leben, das vom Körper unabhängige. Aus Sicht der Griechen war das ideale Leben das des Philosophen – ruhig und geordnet, erfüllt von langen Diskussionen mit gleichgesinnten, intelligenten Freunden.

Die Griechen nannten diese Lebenseinstellung „Stoizismus" (siehe Kapitel 14). Ein Stoiker würde sich niemals eine Peitsche basteln, um die Leute aus dem Tempel zu treiben, oder über den kommenden Untergang Jerusalems klagen. Korruption und Krieg wurden ganz einfach akzeptiert. Die frühe Kirche lehnte den Stoizismus ab, aber dann wurde sie jahrhundertelang von ihm beeinflusst, und daher prägt er auch heute noch unser Denken und Fühlen. Ein Stoiker würde ein Klagelied als etwas Unangemessenes betrachten: zu emotional, zu aggressiv.

Die Israeliten klagten, weil sie sich nach einer besseren Welt sehnten, nach der Welt, so wie sie sein sollte. Sie glaubten an einen Gott, der sich an seinen Bund hält und seine Versprechen nicht bricht. Darum sind Klagelieder so leidenschaftlich und herausfordernd.

Wenn ein Mensch klagt, dann lebt er gleichzeitig in der Vergangenheit, der Gegenwart und der Zukunft. Die Klage bringt Gottes *vergangene* Versprechen mit dem *gegenwärtigen* Chaos in Verbindung und hofft auf eine bessere *Zukunft*. Darum schreit Jesus am Kreuz: „Mein Gott, mein Gott, warum hast du mich verlassen?" (Matthäus 27,46). Er verbindet das äußerste Chaos seines Lebens mit der Liebe seines Vaters. Diese Verbindung ist eine Art ultimative Waffe.

Die Klage von Jesus über seine Gottverlassenheit wird mit der Auferstehung beantwortet. Sein Vater handelt aufgrund seines Gebets und weckt ihn von den Toten auf, er schafft einen neuen, unsterblichen Leib für Jesus, der ein Vorgeschmack auf die kommende neue Schöpfung ist, die alle unter uns, die an ihn glauben, zutiefst verwandeln wird. Die Klage zeigt Wirkung.

Jesus ist kein Stoiker, der bis zur Auferstehung die Zähne zusammenbeißt. Er ist auch kein Determinist, der sagt: „Ich weiß, dass Gott mich von den Toten auferwecken wird. Ich muss das hier nur durchstehen." Er ist sich ganz und gar seiner Situation und der Liebe seines Vaters zu ihm bewusst.

EIN BEISPIELHAFTES KLAGELIED

Nun wollen wir uns ein Klagelied aus der Bibel näher ansehen, um herauszufinden, wie es wirkt. Jesajas Klagelied über die Zerstörung Jerusalems in Jesaja 63–64 ist ein Klassiker. Viele Klagelieder beginnen mit einem Ausbruch an Emotionen, ähnlich wie bei einem Streit zwischen Eheleuten, wenn sich bei einem von ihnen der Ärger zu lange angestaut hat. Jesaja, der wegen Israels Gefangenschaft auf Gott zornig ist, beginnt seine Klage mit dem Vorwurf, dass Gott daran schuld ist, denn er ist ja souverän.

> Warum lässt du uns vom richtigen Weg abirren? Warum hast du uns so eigensinnig werden lassen, dass wir keine Ehrfurcht mehr vor dir haben? Bitte, wende dich uns wieder zu! Wir sind doch immer noch deine Diener, das Volk, das dir gehört (Jesaja 63,17).

Weil Jesaja zutiefst von Gottes Souveränität überzeugt ist, gibt er Gott die Schuld. Viele Klagelieder beginnen auf ähnliche Weise: „Gott, warum hörst du nicht zu?" Der Klagende offenbart Gott sein zerrissenes Herz.

Nach diesem anfänglichen emotionalen Ausbruch bringt Jesaja die Realität von Israels desolatem Zustand mit der Hoffnung auf Gottes Macht in Verbindung. Er glaubt nicht an einen fernen Gott, sondern an einen Gott, der sich in unsere Welt hineinbegibt, in Raum und Zeit handelt. Dies ist das Herzstück des Klagelieds:

> Ach Herr, reiß doch den Himmel auf, und komm zu uns herab! (Jesaja 63,19).

Jesaja erinnert sich daran, wie Gott die Israeliten unter der Führung von Mose aus Ägypten befreit hat und wie er ihnen am Berg Sinai begegnete. Er fordert Gottes Hilfe ein, weil Gott in der Vergangenheit schon den Himmel aufgerissen hat. Er fleht: „Tu es noch einmal, Gott!"

> Denn du vollbringst so furchterregende Taten, wie wir sie uns nicht vorstellen können. Ja, komm doch herab, lass vor deiner Erscheinung die Berge ins Wanken geraten! (Jesaja 64,2).

Dann wird Jesajas Stimme sanfter, als er darüber nachdenkt, was ihn zu diesem Gebet bewogen hat:

> Denn noch nie ist einem so etwas zu Ohren gekommen. Seit die Erde besteht, hat noch niemand von einem Gott wie dir gehört oder einen Gott gesehen, der es mit dir aufnehmen könnte. Nur du kannst den Menschen, die auf dich vertrauen, wirklich helfen (Jesaja 64,3).

Jesaja hat damit eine perfekte Beschreibung des Gebets gegeben. Darum bete ich um einen Parkplatz, darum beklage ich den Zustand der Kirche, darum spreche ich scheinbar unmögliche Gebete. Jesaja und ich, wir kennen beide einen Gott, der „den Menschen, die auf ihn vertrauen, wirklich helfen kann". In einem Klagegebet sagen wir zu Gott: „Dein Wort hat sich in meinem Leben noch nicht erfüllt."

Dann aber ändert sich Jesajas Tonfall von einem leidenschaftlichen Bitten zu einer stillen Buße. Im Grunde sagt er nun: „Wir sind das Problem. Wir haben es vermasselt."

> Auf uns, Herr, bist du zornig, und das mit Recht: Wir haben gesündigt und uns völlig in unsere Irrwege verrannt (Jesaja 64,4).

Danach führt Jesaja in einer kurzen Abfolge mehrere bildliche Vergleiche an, die Israels traurigen Zustand beschreiben (64,5-6):

- ❑ Selbst unsere gerechten Taten sind wie ein schmutziges Kleid.
- ❑ Wir sind wie verdorrtes Laub.
- ❑ Wegen unserer Sünden werden wir wie das Laub vom Wind weggeblasen.
- ❑ Du hast dich von uns abgewandt.
- ❑ Du lässt uns die Folgen unserer Sünden tragen und daran zerbrechen.

Und mittendrin beantwortet Jesaja sein eigenes Gebet mit einer Klage. Er klagt darüber, dass niemand klagt!

> Doch niemand sucht bei dir Hilfe, Herr. Keiner will an dir festhalten (Jesaja 64,6).

Jesajas Trauer über die fehlende Klage liefert uns eine perfekte Beschreibung des Klagegebets. Der Klagende will an Gott „festhalten". Genau das ist das Wesen der Klage: Sie hält sich an Gott fest.

Nun wird Jesajas Ton noch leiser. Er beugt sich vor Gott, nennt ihn seinen Vater, den Töpfer, der Israel geschaffen hat – doch zugleich ist das auch eine Bitte, dass sein Vater, der Töpfer, handelt und Neues schafft.

> Dennoch bist du, Herr, unser Vater! Wir sind der Ton, und du bist der Töpfer! Wir alle sind Gefäße aus deiner Hand (Jesaja 64,7).

Wenn der Prophet sich vor Gott beugt, so heißt das nicht, dass er seine Stimme verliert. Im Gegenteil: Sie wird umso klarer, als er Israels trostlose Situation vor Augen malt. Man kann seine stille Verzweiflung spüren, wenn er zu Gott fleht:

> Ach, Herr, sei nicht für immer zornig auf uns! Trag es uns nicht ewig nach, dass wir gegen dich gesündigt haben! Sieh uns an, wir sind doch immer noch dein Volk. Die Städte deines Heiligen Landes liegen verwüstet da. Jerusalem ist zerstört; von der einst prächtigen Stadt auf dem Berg Zion stehen nur noch Ruinen. Und unser heiliger Tempel, dieser wunderbare Bau, in dem schon unsere Vorfahren dich angebetet haben – er ist ein Raub der Flammen geworden. Die vielen Stätten, an denen unser Herz hing, liegen unter den Trümmern begraben. Herr, wie lange willst du noch warten? Wie lange schaust du noch schweigend zu? Willst du uns ganz im Elend versinken lassen? (Jesaja 64,8-11).

Man kann Jesajas gebrochenes Herz förmlich spüren; selbst Tausende von Jahren später ist dies deutlich zwischen den Zeilen zu lesen. Er beginnt seine Klage ganz ungeschützt und schüttet vor Gott sein Herz aus. Dann bewertet er seine eigenen Gefühle angesichts der Realität Gottes ganz neu. Allmählich öffnet er sein Herz für Gott. Es ist eine Art Pilgerreise: Jesaja fordert Gott mit kühner Entschlossenheit heraus, dann aber offenbart er ihm ganz allmählich seinen Glauben und sein Inneres.

Jesajas Klage ist durch seinen Glauben motiviert. Was Gott betrifft, so ist Jesaja von drei Dingen fest überzeugt: Erstens, Gott ist souverän; er kann etwas tun. Zweitens, Gott ist Liebe; er steht auf meiner Seite, er will etwas tun. Und drittens, Gott hält sich an seinen Bund; er ist an die Zusagen gebunden, die er gegeben hat, er wird etwas tun. Jesajas Glaube gründet sich auf den Charakter Gottes.

Jesajas Pilgerreise ist ganz anders als die fünf Phasen der Trauer, wie sie aus der Psychologie bekannt sind. Statt sich zurückzuziehen (1. Phase: Nicht-wahrhaben-wollen), begibt Jesaja sich mutig in Gottes Gegenwart und bittet ihn um Hilfe. Statt Gott Vorwürfe zu machen (2. Phase: Wut), erinnert er Gott dreist an seine Zusagen. Statt zu manipulieren (3. Phase: Verhandeln), sagt er Gott direkt, was er will und warum. Statt sich in seiner Trauer zu verlieren (4. Phase: Depression), äußert er seinen Kummer offen vor Gott. Und schließlich, statt zu resignieren (5. Phase: Annahme), bringt er seine Bitten unermüdlich vor Gott. Der Prophet hört nicht auf zu bitten, weil er nicht aufhört zu glauben. Der Ton seines Gebets ändert sich und seine Beweggründe ändern sich auch, aber er lässt Gott nicht los. Wie Jakob kämpft er mit ihm. Er packt Gott sozusagen am Ärmel und zieht daran. Die Klage akzeptiert den aktuellen Zustand nicht, und darum ist sie so heftig.

Wenn wir Jesajas Klagegebet mit anderen vergleichen, merken wir, dass sie alle sehr verschieden sind. Wir können solche Gebete nicht einfach mit den „fünf Phasen des Klagens“ beschreiben, denn hier ringen zwei Personen miteinander – Jakob und der Engel, ein menschliches und ein göttliches Wesen. Wenn wir versuchen, eine Person mit „Phasen“ zu erfassen, geht das Personhafte verloren und wir sind in diesen Phasen gefangen.

Wie reagierte Gott auf Jesajas Klage? Mit Jesus. So einfach ist das. Er gab seinen Sohn, der ein neues Jerusalem schuf, seinen Leib. Er riss den Himmel auf und kam als kleines Kind herunter. Gott wurde Mensch.

GEDANKEN ZU JESAJAS KLAGELIED

Das Erste, was uns an einem Klagegebet auffällt, ist dessen Leidenschaft. Doch viele Klagelieder sind auch sorgfältig überlegte Argumentationen, wobei der Klagende sozusagen ein Streitgespräch mit Gott führt. Wenn wir argumentieren, setzen wir uns für eine Sache ein. Dabei gebrauchen wir sowohl unsere ganze Leidenschaft als auch unseren Verstand. Am nächsten komme ich persönlich dem Klagegebet bei meinen gelegentlichen intensiven Diskussionen (Streitgesprächen) mit Jill.

Sehen wir uns einmal näher an, welche Argumente Jesaja vorbringt. Er beginnt mit der Feststellung, dass Gott allmächtig ist. (Ich habe im Folgenden jeden Vers aus Jesajas Gebet mit meinen eigenen Worten umschrieben, um seine Argumentation deutlich zu machen.)

> Gott, wenn du souverän bist, wenn du alles unter Kontrolle hast, warum lässt du dann zu, dass dies hier mit Jerusalem geschieht? (vgl. 63,17).

Dann argumentiert Jesaja, indem er Gott an die Befreiung Israels in vergangener Zeit erinnert:

> Gott, in der Vergangenheit hast du Israel aus unmöglichen Situationen befreit. Du hast sie aus Ägypten herausgeführt. Du hast den Himmel aufgerissen und bist herabgekommen. Das ist doch dein typisches Handeln! So bist du doch! Und so haben wir alle dich erfahren. Kannst du das nicht wieder tun? (vgl. 63,19-64,3).

Dann geht Jesaja zur Buße über. Aus dem 5. Buch Mose (30,1-10) weiß er: Wenn die Israeliten ihre Sünden bereuen, wird Gott sich ihnen wieder zuwenden, ihnen vergeben und sie befreien. So argumentiert Jesaja selbst durch seine eigene Buße für die Rettung Israels:

> Gott, das alles ist unsere Schuld. Wir haben es vermasselt. Wir sind das Problem. Wir tun Buße in Sack und Asche. Wir haben deine Gnade nicht verdient. Wir wissen, dass wir deinen Zorn verdient haben, doch wir wissen auch, dass du ein zerbrochenes Herz liebst (vgl. 64,8).

Und schließlich packt er Gott bei seiner Ehre, indem er ihm die verzweifelte Situation Jerusalems vorhält:

> Gott, sieh doch, das ist deine Stadt, die nach deinem Namen benannt ist! Sieh, wie schrecklich es ihr jetzt geht! (vgl. 64,9-11).

Jesaja entwickelt seine Gedanken in diesem Klagelied und stattet es mit wohlüberlegten Argumenten aus.

SIND KLAGEGEBETE RESPEKTLOS?

Dennoch bleibt die Frage: Sind Klagegebete respektlos? Ist es falsch, wenn Jesaja sagt: „Warum lässt du uns vom richtigen Weg abirren? Warum hast du uns so eigensinnig werden lassen?" (63,17). Meine Antwort lautet: Die Frage ist falsch gestellt. Sie sollte eher lauten: „Was liegt dir auf dem Herzen?"

Schauen wir uns einmal das berühmte Klagegebet des schottischen Reformators John Knox an: „Gib mir Schottland, oder ich sterbe." Hier könnte man kritisieren, dass Knox zu fordernd mit Gott redet. „Was willst du damit sagen, Knox? Wenn Gott dir Schottland nicht gibt, dann gibst du auf und stirbst? Willst du Gott etwa unter Druck setzen?"

Nein, so ist es eben nicht. Was wir hier sehen, ist nur das, was aus dem Herzen von John Knox fließt, seine tiefe Liebe zu Schottland. Er wünschte sich so sehr, seine Landsleute zu Jesus zu führen, dass das Leben für ihn allen Sinn verloren hätte, wenn das nicht geschehen wäre. „Gib mir Schottland, oder ich sterbe" ist nichts als der schönste, reinste Glaube. Und es klingt übrigens ganz ähnlich wie die Klage des Apostels Paulus in Römer 9,1-5. Paulus schreibt dort, er würde es auf sich nehmen, verflucht und von Christus getrennt zu sein, wenn es seinem Volk, den Juden, zugutekäme. Er war so sehr im Evangelium beheimatet, dass er für seine Landsleute das Evangelium *sein* wollte.

Nicht lange nach der deprimierenden Erfahrung unseres Campingausfluges gab meine Missionsgesellschaft mir eine Sabbatzeit. Ich vergrub mich in die Evangelien, um mehr über die Liebe Jesu herauszufinden. Ich war fasziniert davon, wie Jesus die Menschen ansah, wie er sich in ihre Welt hineinbegab und sie von dort herausholte. Ich lernte, Jill auf ganz neue Weise zu lieben, indem ich mir ihre Klagen über die Kinder, über mich oder über andere Dinge anhörte. Anstatt sie gleich zu korrigieren, wenn sie etwas Unrichtiges oder Unausgewogenes sagte, ließ ich sie ihr Herz ausschütten. Statt dafür zu sorgen, dass sie ihren Frust korrekt zum Ausdruck brachte, ging es mir mehr darum, das, was in ihr vorging, richtig zu verstehen. Ich konnte mich nicht ihrer Seele annehmen, wenn ich kein Gespür dafür entwickelte.

Gott heißt uns willkommen,
wenn wir mit unserem aufgewühlten,
zerbrochenen Herz vor ihn treten.

Was bei den biblischen Klagegebeten auffällt, ist, dass Gott sie fast nie kritisiert.[49] Er freut sich, wenn wir mit unserem aufgewühlten Herzen zu ihm kommen. Am Ende des Buches Hiob lobt Gott den mutigen Hiob für seine fordernden Klagen und weist die drei Freunde zurecht, die sich einen Sport daraus gemacht haben, Hiobs Klagen zu kritisieren. Gott heißt uns willkommen, wenn wir mit unserem aufgewühlten, zerbrochenen Herzen vor ihn treten.

VORSICHT MIT GEHEUCHELTEN KLAGEN

Vor einem sollte man sich jedoch hüten, wenn man klagt: Man sollte nicht so murren und sich beschweren wie die Israeliten in der Wüste.

---

49 Die einzige Ausnahme bildet Gottes Antwort an Hiob in Kapitel 38–39 des Buches Hiob. Doch selbst hier werden die drei Freunde von Hiob sehr viel mehr kritisiert, sie, denen Hiobs Klage überhaupt nicht gefiel. Elifas findet Hiobs Klagen ungeduldig (4,2), ungläubig (4,4-5) und ärgerlich (5,2).

Was ist der Unterschied zwischen klagen und murren? Dazu lassen sich drei Antworten finden:

Erstens: Eine Klage wendet sich direkt an Gott. In 4. Mose 20 beschwerten sich die Israeliten nicht bei Gott, sondern bei Mose. Die Klage ist Glaube. Die Beschwerde, das Murren ist Rebellion.

Zweitens: Die Klage begibt sich in Gottes Hand. Bedenken wir den Unterschied zwischen „O Gott, rette uns, wir haben kein Wasser!" und der Forderung der Israeliten: „Mose, bring uns zurück nach Ägypten. Dieser ganze Plan war von Anfang an falsch!" Im Buch Rut klagt Naomi Gott voller Zorn an: „Du hast mich verlassen!" (Rut 1,20-21). Doch während sie das sagt, ist sie schon auf dem Weg von Moab in das Gelobte Land. Es bricht ihr zwar das Herz, aber ihre Füße gehorchen noch.

Und drittens: Die Klage kehrt fast immer in einem Bogen zurück zum Glauben. Wie wir in Jesajas Klagelied gesehen haben, ist die Klage wie eine Reise durch verschiedene Stimmungen und Argumente, bei der man irgendwann zu einem ruhigen Glauben zurückfindet. Die einzige Ausnahme bildet Psalm 88, das dunkelste aller Klagelieder. Doch selbst dieses beginnt mit einem Satz des Glaubens: „Herr, mein Gott, du allein kannst mir noch helfen" (Vers 2). In den finsteren Jahren, in denen Gott mir in seiner Weisheit meine Zukunft nahm, wurde mir Psalm 88 ein guter Freund, ein Spiegel meiner Seele.

Fassen wir zusammen: Ein gutes Klagegebet ist angemessen; es bewirkt etwas; es ist schlicht und aufrichtig. Ein schlechtes Klagegebet ist übertrieben und endlos; es wird kompliziert gemacht durch Bitterkeit, Selbstmitleid, Ausreden und Verdrängung.[50]

---

50 Diese Hinweise verdanke ich David Powlison, dem Leiter der *Christian Counseling and Educational Foundation.*

PERSÖNLICHE ERFAHRUNGEN MIT DEM KLAGEGEBET

Meine Ehe ist durch den Rhythmus unserer Klagegebete geprägt. Es fing in den 1970er-Jahren an mit Jills Klage um mich. Am Ende jenes Jahrzehnts begann ich um sie zu klagen, damit Gott ihr die Gnade schenkte, nicht in allem die Kontrolle behalten zu wollen. Gott beantwortete dieses Gebet, indem er uns Anfang der 80er-Jahre Kim schenkte – was uns in eine Situation brachte, die wir beide nicht mehr unter Kontrolle hatten. In den 80er-Jahren war die Reihe wieder an Jill zu klagen, um Kim und später auch um mich, damit ich lernte, Jill mit Zärtlichkeit und Barmherzigkeit zu lieben. Gott erhörte Jills Klage um mich und meine Klage um die Kinder, indem er mich in das Burn-out und in die Sabbatzeit führte, in der ich mich mit der Person von Jesus beschäftigte.

Nun klagen wir eher gemeinsam. Jeden Morgen treten wir vor Gott und bringen ihm das, was unser Herz belastet. Mit sechs Kindern (fünf davon verheiratet), zwölf Enkeln, vielen Verwandten, meiner Arbeit, Kims Job als Hundebetreuerin, unserer Gemeinde und unserem krisenbehafteten Land gibt es eigentlich immer etwas zu klagen.

Wenn Jill betet, kommen ihre Sorgen und ihre Angst an die Oberfläche. Dann verspüre ich nicht mehr wie früher den Drang, mich zurückzuziehen – ich möchte ihr Herz kennenlernen. Ich höre gut zu, wenn sie ihre Ängste äußert. Denn ich weiß jetzt, dass aus solchen Ängsten gute Klagen entstehen. Ich bin dabei, wenn Jill sich dem lebendigen Gott entgegenstreckt, der sie hört und handelt. Aber oft ist sie auch hin- und hergerissen. Wird er sie erhören? Wird er handeln? Also bete ich für Jills Glauben – und auch für meinen. Wir kämpfen gemeinsam um unseren Glauben.

Immer noch kommen Jills Ängste wie Wellen, die ihre Seele überschwemmen. Manchmal auch meine. Dann gerät mein Glaube ebenfalls ins Wanken, und wir halten uns gemeinsam an Gott fest und lassen ihn nicht los. Jill *erfühlt* ihren Weg durch das Gebet, während ich mich eher *hindurchdenke*. Ihre Gefühle helfen mir, richtig nachzudenken. So bringt sie mir altem Presbyterianer das Beten bei.

Gemeinsam wenden wir uns den Psalmen zu und beten sie mit, Wort für Wort, wobei wir sie persönlich für das anwenden, was uns auf dem Herzen liegt. In der trockenen, leeren Wüste wird das Wort lebendig. Es prägt unsere Klage.

Auf diese Weise zu beten ist für mich eine Herausforderung bis in die Tiefen meines Wesens. Es beseitigt alle Stützpfeiler meiner Seele, denn mein ganzes Herz und mein Verstand neigen sich Gott zu.

Wenn wir unser Klagegebet beendet haben, sind wir erst einmal still. Es gibt nichts mehr zu sagen oder zu tun. Wie Maria, die Jesus die Füße salbte, haben wir alles getan, was wir konnten (Markus 14,8). Wir treten in die Fußstapfen unseres Herrn, der die großen Klagepsalmen Israels betete, während er einen langsamen Tod starb:

- „Mein Gott, mein Gott, warum hast du mich verlassen?" (Psalm 22,2).
- „Ich dürste nach Gott" (siehe Psalm 42,2).
- „In deine Hände lege ich mein Leben" (Psalm 31,6).

Wie Jesaja glaubt auch Jesus, dass sein Vater handeln kann, handeln will und es auch tun wird. Aber jetzt muss er warten. Während der Tod naht, sagt Jesus: „Es ist vollbracht" (Johannes 19,30). Es ist vollendet. Es ist getan. Es gibt nichts mehr zu tun als warten.

24. WIE GOTT IN UNSERER GESCHICHTE AUFTAUCHT

Wenn wir mitten in der Wüste sind, haben wir das Gefühl, dass Gott abwesend ist. Wir sehnen uns danach, dass er sich klar zeigt, damit der ganze Schlamassel einen Sinn bekommt. Wie Hiob sagen wir zu Gott: „Warum ziehst du dich von mir zurück?“ (13,24). Um eine Antwort darauf zu finden, sehen wir uns einmal an, wie Jesus mit drei verschiedenen Frauen umging, die sich alle in einer scheinbar sinnlosen Leidensgeschichte befanden.

DIE KANAANITISCHE FRAU UND IHRE HILFSBEDÜRFTIGE TOCHTER

Das Matthäusevangelium erzählt von einer heidnischen Frau, einer Kanaaniterin, die Jesus und seine Jünger bedrängt, weil ihre Tochter von einem Dämon besessen ist und Hilfe braucht. Anfangs schweigt Jesus, er schickt die Frau zwar nicht weg, aber er nimmt ihre Bitte auch nicht an. Absichtlich verhält er sich unklar. Er hört einfach nur zu.

Die Jünger empfinden die Situation als peinlich und bitten Jesus, das Ganze zu beenden: „Erfüll doch ihre Bitte! Sie schreit sonst dauernd hinter uns her" (15,23). Wahrscheinlich ist ihnen bewusst, dass eine andere kanaanitische Frau, Isebel, die Dämonenverehrung in Israel eingeführt hat. Also haben die Kanaaniter bekommen, was sie verdient haben.

Jesus beachtet seine Jünger nicht. Statt die Frau wegzuschicken, verlängert er die verwirrende Situation noch: Er spricht zwar mit der Frau, aber zugleich richtet er eine Mauer auf, indem er sie auf die ethnische Barriere zwischen ihm und ihr hinweist. Er sagt: „Ich habe nur den Auftrag, den Menschen aus dem Volk Israel zu helfen" (15,24).

Die Frau spürt eine gewisse Öffnung, und so wirft sie sich Jesus zu Füßen und fleht: „Herr, hilf mir!" (15,25). Sie sieht über das hinweg, was Jesus sagt, und richtet ihren Blick auf die Tatsache, dass er sie endlich zur Kenntnis genommen hat. Seine Taten sprechen lauter als seine Worte.

Die Antwort, die Jesus jetzt gibt, könnte einen wirklich auf die Palme bringen. Er fährt mit seinem unklaren Verhalten fort und errichtet ein weiteres Hindernis: „Es ist nicht richtig, den Kindern das Brot wegzunehmen und es den Hunden hinzuwerfen" (15,26). Und doch hat er damit einen weiteren Schritt auf die Frau zugetan, indem er mit ihr im Gespräch bleibt. Sie ignoriert seinen Bluff und setzt alles auf eine Karte: „Ja, Herr, und doch bekommen die Hunde die Krümel, die vom Tisch ihrer Herren herunterfallen" (15,27). Sie hat den Royal Flush gezogen. Jetzt hat sie Jesus. Sie weiß es. Er weiß es. Wie kann Jesus mit seinem offenen, liebevollen Herzen ihrer völligen Schwachheit widerstehen? Jesus staunt über ihren Glauben und verleiht ihr sozusagen den Oscar: „Dein Glaube ist groß! Was du willst, soll geschehen" (15,28).

Wenn Jesus ein Gebetsautomat wäre, dann hätte er die Tochter dieser Frau sofort geheilt, und wir hätten nichts über die Entschlossenheit und Kreativität der Frau erfahren. Wenn Jesus auf so unklare Weise mit uns umgeht, dann schafft er damit einen Raum, in dem nicht nur er selbst in Erscheinung tritt, sondern auch wir. Wenn das Wunder aber zu rasch geschieht, gibt es keinen Platz für Entdeckungen, für eine Beziehung. Mit der kanaanitischen Frau und auch mit uns begibt Jesus sich in eine Art göttliche Liebesbeziehung, in der er wie ein Liebender um uns wirbt.

Das Warten ist das Wesen des Glaubens, und in diesem Rahmen entwickelt sich eine Beziehung. Der Glaube und die Beziehung sind wie zwei Partner in einem Tanz. Alle Welt spricht davon, dass das Gebet eine Beziehung ist, doch meistens meinen die Leute damit eine Art Kuscheln mit Gott. Nichts gegen Kuscheln, aber Beziehungen sind eben viel reicher und komplexer.

EINE ANDERE FRAU UND IHRE HILFSBEDÜRFTIGE TOCHTER

Ich habe erlebt, wie Jesus sich einer anderen Frau und ihrer Tochter gegenüber ganz ähnlich verhielt. Fünfundzwanzig Jahre lang lag Jill Gott wegen Kim in den Ohren. Woche um Woche betete Jill während unserer Familien-Gebetszeit um Kraft und Glauben – Kraft, um den Tag von morgens bis abends durchzustehen, und Glaube, um nicht das Handtuch zu werfen. Schon bald musste der Rest der Familie Jill nicht mehr fragen, welche Gebetsanliegen sie hatte. Wir wussten es schon.

Werfen wir einmal einen Blick hinter die Kulissen von Jills Gebet um Glauben. Sie schrieb den folgenden Tagebucheintrag, kurz nachdem sie entdeckt hatte, dass sie unser sechstes Kind, Emily, erwartete. Kim war damals fünf Jahre alt.

> Ich bin jetzt 32 – du meine Güte! Ich frage mich, was dieses Jahr bringen wird. Vielleicht fängt Kim an zu sprechen? Es ist für mich sehr schwer zu ertragen, dass Kim kaum Fortschritte macht. Gerade lassen wir sie wieder in der Kinderklinik in Philadelphia untersuchen. Man weiß nicht, ob sie manche Dinge einfach nicht kann oder ob sie nur nicht will. All das ist so schwer ... schwer mit anzusehen und immer noch zu glauben, dass Jesus sie und mich liebt und mich hört, wenn ich immer wieder um eine allmähliche Heilung

bete. Hier steht wirklich der Glaube auf dem Spiel – dabei ist das Leid eher ein Nebenthema. Allein Jesus zu sagen, was ich brauche, und es dann ihm zu überlassen, ist so ein Kampf – vor allem wenn ich sehe, wie Kim sich täglich abstrampelt. Es bricht mir wirklich das Herz.

Zwei Tage später, nach dem Besuch in der Kinderklinik, schrieb Jill: „Gib mir den Glauben, dir das Ganze zu überlassen. Bitte hilf ihr zu sprechen." Dann verstummt das Tagebuch. Es dauerte zehn Jahre, bis Jill den Glauben und die Energie fand, wieder etwas hineinzuschreiben. Und es sollte zwanzig Jahre dauern, bis Kim anfing zu sprechen, mit 25 Jahren. Gott ließ Jill im Unklaren, damit ihr Glaube und ihre Fähigkeit, mit ihm in Verbindung zu treten, wachsen konnten. Um wie ein Kind zu werden, musste Jill wieder schwach werden.

Das unklare Verhalten von Jesus gegenüber Jill und der kanaanitischen Frau ist ein Minikurs zum Thema Gebet. Gott ließ im Leben beider eine schwierige Situation zu, und dann hielt er sich abseits. Nicht in der Mitte, sondern am Rand. Wäre er in der Mitte gewesen und hätten die beiden Frauen ihn immer wieder gesehen, hätten sie nicht den Glauben entwickelt, mit dem sie eine echte Beziehung zu ihm aufbauen konnten. Gott wäre nur ein Gebetsautomat gewesen, kein Freund und Liebender.

Wenn wir in einem geistlichen Vakuum ausharren, wenn wir durchhalten, obwohl wir keine klaren Signale bekommen, dann lernen wir Gott kennen.

Wenn Gott zu schweigen scheint und unsere Gebete nicht beantwortet werden, dann ist die Versuchung riesengroß, aus der Geschichte auszusteigen – die Wüste zu verlassen und uns um ein normales Leben zu bemühen. Doch wenn wir in einem geistlichen Vakuum ausharren, wenn wir durchhalten, obwohl wir keine klaren Signale bekommen, dann lernen wir Gott kennen. Und auf diese Weise wachsen alle engen Beziehungen in die Tiefe.

MARIA IN DER MINIWÜSTE

Jesus behandelt Maria aus Magdala ganz ähnlich, als er sie am Ostermorgen trifft. Bei der Begrüßung außerhalb des Grabes verbirgt er seine Identität absichtlich vor ihr. Dann fordert er sie mit einer Frage heraus: „Warum weinst du? Wen suchst du?" (Johannes 20,15). Das ist typisch Jesus, eine echte Frage, vermischt mit einem sanften Vorwurf. Sie braucht nicht zu weinen, denn er ist ja am Leben. Jesus steht am Rand der Geschichte und ist nicht bereit, Maria in Staunen zu versetzen. Das tut er, damit eine reichere, erfülltere Maria zum Vorschein kommen kann. Er gestattet es, dass der Schmerz für sie noch eine kleine Weile länger dauert, damit Jesus als Person Maria als Person begegnen kann.

Maria denkt, er sei der Gärtner, und antwortet: „Hast du ihn weggenommen? Dann sag mir doch bitte, wohin du ihn gebracht hast. Ich will ihn holen" (20,15). Natürlich kann sie ihn nicht „holen", weil sie nicht kräftig genug ist. Ihre Worte lassen vermuten, dass sie Diener hat oder Leute kennt, die ihr helfen können. Sie weiß, wie man die Dinge anpackt. Sie ist vermögend, einflussreich und mutig. Lukas berichtet, dass sie zusammen mit einigen anderen Frauen für Jesus und seine Jünger sorgte (8,2-3). Wenn Jesus sich ihr sofort offenbart hätte, würden wir Maria, die Macherin, so nicht kennen. Dieser neue Adam ist ein behutsamer Gärtner.

Jesus macht ihr schließlich seine Gegenwart deutlich, indem er sie beim Namen nennt: „Maria". Mit anderen Worten: „Hör mit deinem Umherlaufen und Planen auf. Ich war immer hier, am Rand der Geschichte. Ich bin alles, was du brauchst." Es ist so typisch für Jesus, dass er sich auf so schlichte, feinsinnige Weise zu erkennen gibt. Das ist reine Poesie.

Viele von uns wünschen sich, dass Gott in ihrem Leben sichtbarer wäre. Wir meinen, wenn wir ihn besser sehen könnten oder wenn wir verstehen würden, was da vor sich geht, dann fiele es uns leichter zu glauben. Doch wenn Jesus den ganzen Raum einnehmen und unser Blickfeld mit seiner überwältigenden Gegenwart ausfüllen würde, dann könnten wir keine Beziehung zu ihm aufbauen. Jede Person in der Bibel, die Gott klar und deutlich sehen konnte, fiel wie tot zu Boden. Mit dem reinen Licht können wir nicht in Beziehung treten.

Sehen wir uns einmal an, wie das apokryphe Petrusevangelium die Auferstehung von Jesus hundert Jahre später beschreibt:

> Es bot sich ihnen [den Soldaten, die das Grab bewachten] ein weiterer erstaunlicher Anblick: Drei Männer traten nebeneinander aus dem Grab, die zwei äußeren geleiteten den dritten in ihrer Mitte an den Armen. Hinter ihnen kam ein Kreuz heraus. Und auf einmal reichten die beiden äußeren Männer mit ihrem Haupt bis zum Himmel, doch der, den sie in ihrer Mitte führten, überragte den Himmel.[51]

Man erkennt sofort, dass es sich hier um ein falsches, gnostisches Evangelium handelt, weil es so „überweltlich" ist. Wie wir schon weiter oben gesehen haben, lehnte das griechische Denken das Physische ab. Darum wurde hier versucht, Jesus einen ätherischen Leib zu verleihen. In dieser Darstellung befindet sich der Kopf von Jesus buchstäblich in den Wolken. Er ist so groß, dass er zwei Engel braucht, die ihn stützen. Wenn wir es mit einer so immensen Person zu tun haben, bleibt kein Raum mehr für eine Beziehung. Wir können uns mit ihm nicht verbinden. In dieser Vision von Jesus findet unser Glaube keinen Platz.

Wenn wir leiden, sehnen wir uns danach, dass Gott klar zu uns spricht, uns das Ende der Geschichte verrät, und vor allem, dass er sich uns zeigt. Doch wenn er sich uns sofort voll und ganz zeigen,

---

51 Das Evangelium nach Petrus X,39-40. In: *Das Neue Testament und frühchristliche Schriften.* Übersetzt und kommentiert von Klaus Berger und Christiane Nord. Insel Verlag, Frankfurt a. M. u. Leipzig, 1999, S. 679.

wenn er alle Fragen beantworten würde, könnten wir im Glauben nicht wachsen. Wir würden nie aus unserem Kokon schlüpfen, weil wir für immer abhängig wären. Jill wurde in den zwanzig Jahren, in denen sie auf Gottes Antwort wartete, tief verändert. Wenn Gott ihr sofort alles erklärt und Kim geheilt hätte, wäre es nie zu dieser Veränderung gekommen. Niemand handelt so wie Gott. Er liebt unsere Seele wie kein anderer.

25. BETEN OHNE EINE GESCHICHTE

Was geschieht, wenn wir unser Leben nicht als eine Geschichte verstehen, die unser himmlischer Vater schreibt? Hören wir uns einmal an, wie es einer Frau namens Joanne erging. Ihre Geschichte hat Philip Yancey festgehalten:

> Wenn man mich als junge Christin gefragt hätte, ob ich an die Macht des Gebets glaube, hätte ich sofort Ja gesagt. Ich hätte davon erzählt, wie ich einmal im Schnee einen Unfall hatte und unverletzt blieb oder wie ich meinen Hausschlüssel irgendwo in meinem Auto verloren hatte und ihn stundenlang nicht finden konnte, bis ich dafür betete. Vielleicht kümmert Gott sich um frisch bekehrte Gläubige ja ganz besonders, ich weiß es nicht. Bei älteren Gläubigen scheint das anders zu sein.
>
> Ich könnte bestimmt hundert Gebete aufzählen, die nicht erhört worden sind. Und dabei meine ich keine egoistischen Gebete, sondern solche, die wirklich wichtig sind: *Gott, bewahre meine Kinder, damit sie sich nicht mit den falschen Leuten einlassen.* Alle drei hielten sich an Drogen und Alkohol und bekamen es mit der Polizei zu tun.
>
> Ich muss sagen, dass ich die Geschichte von der Witwe, die den Richter so hartnäckig bittet, nicht mehr hören kann.

Tausende Christen beten für einen geistlichen Leiter, der Krebs hat, und er stirbt trotzdem. Was will Jesus mit diesem Gleichnis sagen – dass wir mit dem Kopf gegen eine Wand laufen sollen?

Ich lebe nun schon seit Jahren am Rand des Abgrunds. Ja, es gab auch Zeiten, in denen ich mich Gott nah fühlte und seine Gegenwart spürte, und allein diese Erinnerungen sind es, die mich davon abhalten, den Glauben ganz aufzugeben. Zwei- oder dreimal habe ich Gottes Stimme wahrgenommen. Einmal schien sie fast hörbar zu sein. Ich fuhr damals als junge Frau, die gerade das College abgeschlossen hatte, ins Krankenhaus, denn ich hatte erfahren, dass ich Leukämie hatte. Da kamen mir plötzlich diese Worte aus dem Buch Jesaja in den Sinn: „Fürchte dich nicht, ich bin mit dir; weiche nicht, denn ich bin dein Gott. Ich stärke dich, ich helfe dir auch, ich halte dich durch die rechte Hand meiner Gerechtigkeit."[52] An diesen wenigen Erinnerungen halte ich mich fest, denn ich bekomme nichts Neues, kein neues Zeichen, dass Gott mich hört.

Ich schätze, dass etwa zwanzig Prozent meiner Gebete so ungefähr die Antwort erhalten, die ich mir gewünscht habe. Allmählich gebe ich auf. Ich bete nur noch für das, bei dem ich mir sicher bin, dass es eintreffen wird. Oder ich bete gar nicht. Ich lese mein Tagebuch durch und stelle fest, dass Gott immer weniger tut. Das macht mich wütend. Wie ein Kind höre ich einfach auf, mit Gott zu reden. Ich spüre eine passive Aggression ihm gegenüber. Ich vertröste ihn auf später.

Einmal war ich bei einem Seelsorger und schüttete ihm mein Herz aus. Ich beschrieb ihm in allen Einzelheiten, was ich in den letzten Jahren durchgemacht hatte, gesundheitlich, aber besonders auch mit meinen Kindern. „Was soll ich tun?", fragte ich ihn.

---

52 Jesaja 41,10; Luther 2017.

> Er überlegte ganz lange, und dann sagte er: „Ich weiß es nicht, Joanne." Er seufzte. Ich wartete auf ein paar weise Worte. Doch es kam nichts. Und so ist es auch mit dem Gebet.[53]

Ich empfinde tiefes Mitgefühl für Joanne. Sie hat sehr viel durchgemacht. Leukämie, während sie noch zum College ging, und Probleme mit ihren drei Kindern. Sie ist tief enttäuscht von Gott. Viele Psalmen verleihen dem Schrei ihres Herzens eine Stimme: „Mein Gott, mein Gott, warum hast du mich verlassen?" (Psalm 22,2). Jesus selbst spricht diese Worte am Kreuz, und Joannes Leid findet darin ein Echo.

Ich selbst kenne auch solche Zeiten, in denen man sich von Gott verlassen fühlt. Ein Jahr meines Lebens war besonders schlimm. Es verging keine Woche, in der ich nicht in Tränen ausbrach. Am Ende dieses Jahres fragte ich mich, ob ich Gott falsch verstanden hatte. Hatte ich ein verkehrtes Bild von seiner Barmherzigkeit? Hatte ich seine Gnade überschätzt?

Wir mögen es nicht, wenn unsere Gebete nicht erhört werden oder anders, als wir es erbeten haben. Es bringt unser Leben durcheinander. Ein Mensch mit einem so verzweifelten Herzen wie Joanne löst bei uns Unbehagen aus. Joannes Geschichte hilft uns, die unklare Situation des Gebets wahrzunehmen.

ÜBER DIE GESCHICHTE NACHDENKEN

Wenn ich Joannes Seelsorger wäre, würde ich erst einmal ihre Geschichte wissen wollen. Ich nehme an, dass ihre Schilderung nur die Spitze des Eisbergs ist. Wer ist an ihr schuldig geworden? Hat ihre Gemeinde sie vernachlässigt oder ihr Ehemann? Musste sie sich ganz allein durchschlagen? Ist sie alleinerziehend? Und umgekehrt: An wem ist Joanne schuldig geworden? Hat sie Ent-

---

53 Philip Yancey: *Prayer: Does It Make Any Difference?* Grand Rapids, Michigan, Zondervan, 2006, S. 64–65.

scheidungen getroffen, die zu den Schwierigkeiten ihrer Kinder beigetragen haben? Wie ist sie mit ihren Kindern umgegangen, als es die ersten Anzeichen von Problemen gab? Ich will damit nicht sagen, dass wir als Eltern alles richtig machen müssen, damit Gott unsere Kinder beschützt. Gott selbst hat alles mit uns, seinen Kindern, richtig gemacht, und hat trotzdem Probleme mit uns. Aber Joannes Geschichte erzählt uns nur die eine Seite der Medaille. Wir hören, dass Menschen an ihr schuldig wurden, aber wir hören nicht, dass auch sie selbst eine Sünderin ist. So wie sie die Dinge schildert, ist Gott der Alleinschuldige.

Wenn Joanne für Fragen offen wäre, würde ich fragen, wie sie das Gebet sieht. Sie spricht nämlich über das Gebet so, wie es viele Christen tun, als etwas, das nichts mit ihrem übrigen Leben zu tun hat, als würde es in einem luftleeren Raum existieren, wie ein Satellit, der die Erde umkreist. Aus Joannes Geschichte ist nicht zu entnehmen, wie das Gebet mit anderen Bereichen ihres Lebens in Zusammenhang steht. Unser Gebetsleben ist ja untrennbar verbunden mit unserem Gehorsam, unserer Liebe, unserem Warten und Leiden.

Joanne hat ein paar positive Erlebnisse mit dem Beten gemacht. Sie sagt: „Ich spürte Gottes Gegenwart, und allein diese Erinnerungen sind es, die mich davon abhalten, den Glauben ganz aufzugeben." Solche Erinnerungen können eine große Ermutigung für uns sein, aber wenn die Erfahrung zum Selbstzweck wird, dann ist Gott nur noch ein Objekt, das mir ein angenehmes Leben bereitet. Kein Wunder, dass Gottes Erfolgsbilanz dann nur bei zwanzig Prozent liegt.

Das schwierigste Thema, das bei Joanne angesprochen werden muss, ist ihre Verbitterung. In fast allen ihren Äußerungen schwingt Verzweiflung, gepaart mit einer tiefen Skepsis, mit. Ich frage mich, ob die Ursache ihrer Verbitterung darin liegt, dass sie falsche Lehren gehört hat, die das Gebet vom übrigen Leben trennen. Hat Joannes Verbitterung zu den Problemen ihrer Kinder beigetragen? Sie spricht über die Entfremdung ihrer Kinder von Gott und gibt dann zu, dass es bei ihr selbst auch so aussieht.

Vielleicht ist Joanne ein moderner Hiob, der sinnloses Leid ertragen muss, an dem er keine Schuld trägt. Aber Hiob hat sein Herz nicht verschlossen. Sein robuster Glaube kommt immer wieder in seinen Unschuldserklärungen zum Ausdruck. Es braucht schon einen festen Glauben, wenn man an der eigenen Unschuld festhält, obwohl die drei besten Freunde denken, dass man damit falschliegt. Immer wieder ruft Hiob zu Gott, dass dieser sich rechtfertigen soll. Hiob fordert Gott heraus. Joanne dagegen hat sich nach eigener Aussage von Gott zurückgezogen. Das eine ist purer Glaube, das andere nicht. Der eine vertraut darauf, dass Gott an einer größeren Geschichte schreibt, die andere nicht.

Wenn wir uns angesichts unserer Enttäuschung nicht mit aller Leidenschaft an Gott wenden, so wie es die kanaanitische Frau getan hat, schlüpft die Skepsis zur Tür herein und unser Herz verhärtet sich allmählich. Wir leben und sind doch bereits tot.

Die folgende Tabelle fasst diese zwei Arten des Umgangs mit dem Gebet zusammen.

Keine Geschichte aus der Feder Gottes	**Eine Geschichte aus der Feder Gottes**
BITTER	WARTEND
WÜTEND	BEOBACHTEND
ZIELLOS	FRAGEND
SKEPTISCH	BETEND
DIE MACHT FESTHALTEND	DIE MACHT LOSLASSEND
HOFFNUNGSLOS	HOFFNUNGSVOLL
UNDANKBAR	DANKBAR
VORWURFSVOLL	REUMÜTIG

Ich würde Joanne gern die Geschichte erzählen, wie es fünfundzwanzig Jahre gedauert hat, bis Gott unser Gebet beantwortete und Kim sprechen konnte. Ich würde ihr gern das Hin und Her beschreiben zwischen unseren Gebeten und den verschiedenen Kommunikationsformen, die Kim nach und nach entwickelte. Das Ganze bedeutete Arbeit, Gebet, Fehler, Frustration, noch mehr Arbeit, noch mehr Gebet, Durchbruch, Arbeit, Gebet und so weiter. Immer wieder erlebten wir, wie Gott für uns sorgte, manchmal im letzten Moment. Aber er tat es nie, ohne uns in die Demut zu führen.

1993 beantragte Jill Fördermittel bei unserer Schule, um für Kim einen Sprachcomputer anzuschaffen. Nachdem sich die erste Begeisterung gelegt hatte, stand der Computer nur noch im Regal. Wir genauso wie Kim waren mit der Bedienung des Gerätes, seinen 128 Tastensymbolen und seiner Sprache mit 3.000 Wörtern überfordert. Und selbst wenn Kim die Sprache hätte lernen können, wäre sie nicht in der Lage gewesen, zusammenhängende Sätze zu bilden. Wir wussten auch nicht, ob ihr das je gelingen würde.

Im Frühjahr 1996 kam Kim in der Schule sehr gut zurecht, denn sie hatte einen Gebärdendolmetscher. In meiner Freizeit wollte ich gern ein Buch über Jesus und seine Liebe zu uns schreiben. Während ich noch über diesen Plänen betete, ging mir ein Gedanke durch den Kopf: *Paul, wie kannst du über mich sprechen, wenn Kim nicht sprechen kann?* Diese schlichte Anfrage an meine Aufrichtigkeit hörte sich ganz nach Gott an. Gott wollte, dass mein Privatleben als Familienvater mit meinem öffentlichen Leben als Autor übereinstimmte. Er war nicht damit einverstanden, dass es auf der einen Seite einen fundierten geistlichen Dienst gab, der sich mit der Liebe beschäftigte (mein Buch), und auf der anderen Seite eine unvollendete private Aufgabe (Kims Unfähigkeit zu sprechen). Er wollte nicht, dass mein Leben nach außen hin größer wirkte als nach innen. Ich sollte ein gespaltenes Ich vermeiden.

Also verschob ich den Plan, ein Buch zu schreiben, und begann mich mit der Frage zu beschäftigen, wie Kim mit ihrem Sprachcomputer das Sprechen lernen könnte. Kurz nachdem mir das in meiner Stillen Zeit klar geworden war, erhielten wir einen Newsletter, in dem ein Kurs mit dem Sprachcomputer angeboten wurde. Den Kurs würde einer der Pioniere auf diesem Gebiet halten. Kim und ich fuhren für eine Woche zusammen dorthin und tauchten tief in die Welt des Sprachcomputers ein. Als Kim sah, wie die anderen Kinder ihren Computer benutzten, empfand sie es nicht mehr als so seltsam, mit einer elektronischen Stimme zu sprechen. Als im Herbst das Schuljahr wieder anfing, baten wir den Administrator, Kims individuellen Lernplan wieder freizuschalten, sodass sie an einem speziellen Kurs zum Erlernen der Computersprache teilnehmen konnte.

Wir gaben Kim viel Gelegenheit, mithilfe ihres Computers zu sprechen, zum Beispiel auch das Tischgebet. Manchmal, wenn wir zum Essen ausgingen, vergaßen wir, dass ihre elektronische Stimme zu laut eingestellt war. Dann dröhnte ein „Jesus, danke für dieses Essen" aus dem Lautsprecher. Unsere Kinder, die im Teenageralter waren, versanken dann tief in ihren Sitzen, um sich möglichst unsichtbar zu machen. Einmal nahm Andrew seine Schwester Emily beiseite und sagte zu ihr: „Vergiss es einfach; wenn Kim dabei ist, kann man einfach nicht cool wirken."

Ganz allmählich wurden Kims Sätze immer klarer. Sie begann mit ihrer elektronischen Stimme zu „sprechen" – was manchmal wirklich lustig war, weil man bestimmte Stimmen auswählen konnte, wie zum Beispiel den „riesigen Harry" oder die „ungehobelte Rita".

Ein Jahr, nachdem ich meine Pläne, ein Buch zu schreiben, verschoben hatte, meldete sich ganz unerwartet eine gute Freundin, Linda, die von meinem Wunsch nichts wusste: „Paul, ich habe eine Bekannte, die eine sehr begabte Autorin ist. Sie möchte einen Kurs für künftige Autoren anbieten. Wärst du daran interessiert?"

Dann folgte ein vermeintlicher Zufall nach dem anderen. Ich besuchte einen Pastor, dessen Frau unter Depressionen litt, und entdeckte, dass er persönliche Kontakte zu einem großen evangelikalen Verlag hatte. Während ich als Referent auf einer Tagung sprach, lernte ich eine Autorin aus Indien kennen, die in Oxford studiert hatte. Ich vereinbarte mit ihr, dass ich sie im Glauben unterweisen und sie dafür das Buch lektorieren würde, das ich verfassen wollte. Dann öffnete sich für mich die Tür zu einer theologischen Ausbildung, während der ich das Buch über das Leben Jesu zu schreiben begann. Drei Jahre, nachdem Gott mich vom Schreiben abgehalten hatte, hielt ich einen Vertrag in Händen für das Buch, das später unter dem Titel *Love Walked Among Us* erschien. Weitere sechs Monate später ermöglichten gute Freunde durch eine großzügige Spende, dass ich mich vollzeitlich dem Schreiben widmen konnte.

Zuallererst nach dem Reich Gottes zu trachten bedeutete in meinem Fall, *nicht* öffentlich über Jesus zu schreiben, sondern ein verborgenes Werk der Liebe zu tun. Fast jede Tür, die sich öffnete, bevor ich das Buch schrieb, beinhaltete einen kleinen Aufrichtigkeitstest für mich. Der himmlische Vater zögerte absichtlich die Veröffentlichung eines Buches über seinen wunderbaren Sohn hinaus, damit Kim endlich lernen konnte, klarer zu sprechen. Kim war ihm wichtiger als die Ehre seines eigenen Sohnes. Ich verstehe diese Art von Liebe nicht. Aber ich ahne, dass es am Kreuz genau darum ging.

An diesem Beispiel wird der Unterschied deutlich zwischen einem isolierten Gebet und einem Gebet, das mit der Geschichte, die Gott schreibt, in Verbindung steht. Gott erhörte unser Gebet, dass Kim sprechen lernte, doch seine Antwort war untrennbar verbunden mit unserer Buße, unserem Dienen, Organisieren und Warten. Die meisten Gebete werden im Zusammenhang mit der größeren Geschichte beantwortet, die Gott schreibt.

IN DER GESCHICHTE UNSERES VATERS LEBEN

In der Geschichte unseres Vaters leben bedeutet, in Spannung zu leben. (Werde ich das Buch tatsächlich schreiben? Wie soll Kim sprechen lernen, wenn sie die Satzstrukturen nicht begreift?) Immerhin entstehen aus Spannung und unüberwindlichen Schwierigkeiten die besten Geschichten! Wie langweilig wäre ein Leben, in dem das Gebet wie ein Zauberspruch funktionierte. Es gäbe keine Beziehung zu Gott, keinen Sieg über die kleinen Nester des Bösen.

Wenn Sie in der Geschichte Ihres Vaters leben wollen, dann sollten Sie drei Dinge beachten:

1. Erwarten Sie nicht, dass die Geschichte sich so entwickelt, wie Sie sich das vorstellen. (Mit anderen Worten: Überlassen Sie sich ganz Gott.)
2. Halten Sie nach dem Autor Ihrer Geschichte Ausschau. Entdecken Sie seine Handschrift, und dann beten Sie im Licht dessen, was Sie beobachtet haben. (Mit anderen Worten: Entwickeln Sie einen Blick für Jesus.)
3. Bleiben Sie in der Geschichte. Verschließen Sie Ihr Herz nicht, wenn sie sich falsch entwickelt.

Dieser letzte Punkt – in der Geschichte zu bleiben – kann besonders schwierig sein. Wenn die Geschichte nicht so abläuft, wie wir es uns wünschen, dann sollten wir uns fragen: *Was tut Gott?* Halten wir Ausschau nach ungewöhnlichen Geschenken. Gott überrascht uns nur allzu gern mit Babys, die in Windeln gewickelt in einer Futterkrippe liegen.

Wenn die Geschichte nicht so abläuft, wie wir es uns wünschen, dann sollten wir uns fragen: „Was tut Gott?“ Halten wir Ausschau nach ungewöhnlichen Geschenken.

Manchmal, wenn wir meinen, dass Gott schweigt, dann erzählt er in Wirklichkeit die Geschichte nur nicht so, wie wir sie hören wollen. Er bleibt stumm, wenn wir von ihm erwarten, dass er die Lücken füllt in der Geschichte, die wir uns ausgedacht haben. Doch in seinen eigenen Geschichten, in denen wir leben, ist er selten schweigsam.

Hier noch ein kleines Beispiel, an dem deutlich wird, was ich meine. Als ich auf einer Freizeit für Kinder mit Behinderungen einen Vortrag hielt, kam eine ehrenamtliche Helferin auf mich zu und klagte, sie werde von einem Elternteil zu Unrecht kritisiert. Nachdem ich ihr zugehört hatte, lächelte ich und sagte: „Nun haben Sie die Gelegenheit, Jesus zu dienen und nicht den Eltern." Da ich selbst schon Ähnliches erlebt hatte, freute ich mich besonders für sie. Nichts befreit uns nachhaltiger von unserer Selbstgerechtigkeit, als jemandem zu dienen, der uns gegenüber kritisch ist.

Um den Autor unserer Geschichte wahrzunehmen, müssen wir das Tempo unseres Innenlebens drosseln und nach ihm Ausschau halten. Wir müssen im Wort Gottes verwurzelt sein, um sein Denken zu kennen und den Ton seiner Stimme auszumachen. Wir müssen aufmerksam sein, um die Geschichte zu entdecken und um zu hören, wie der Erzähler in die Details unseres Lebens hineinspricht. Die Geschichte, die Gott schreibt, ist weder verworren noch besonders eingängig. Sie bedeutet immer, dass wir uns vor seiner Majestät verneigen und ihm die Bruchstücke unseres Lebens bringen.

NACH DEM GÖTTLICHEN KÜNSTLER AUSSCHAU HALTEN

Noch ein weiteres Beispiel soll diese Gedanken verdeutlichen: die Geschichte, die Gott im Leben von Josef schrieb.

Wie bei Joanne ist Josefs Leben von Enttäuschungen geprägt. Seine eifersüchtigen Brüder verkaufen ihn für zwanzig Silberstücke, ziehen ihm sein buntes Gewand aus und benutzen es als „Beweis" dafür, dass er tot sei. Gerade als es so aussieht, als hätte es in seinem Leben eine Wendung zum Besseren gegeben, nimmt die Frau seines Herrn ihm ebenfalls das Gewand weg und benutzt es als „Beweis“ dafür, dass er sie vergewaltigen wollte. Er endet im Gefängnis, allein und vergessen (siehe 1. Mose 37; 39–40).

Doch schauen wir uns einmal an, welche Geschichte Gott hier schreibt. Zweimal verliert Josef sein Gewand und wird auf diese Weise gedemütigt; jedes Mal wird das Gewand als Beweis für einen Verrat missbraucht. Zweimal erhöht Gott Josef, und er erhält ein neues Gewand. Bestimmt hat Josef erkannt, dass Gott hier eine Geschichte mit Gewändern und Silber schreibt, denn als seine Brüder kommen, gibt Josef jedem von ihnen ein Gewand und Silber. Er rundet die Geschichte seines Lebens ab, indem er seinen Brüdern genau das schenkt, was sie ihm gestohlen haben (siehe 1. Mose 41–45). Josef ist nicht in Bitterkeit und Misstrauen verfallen; stattdessen hat er das gnädige Herz seines Gottes entdeckt und gibt die empfangene Gnade nun an die weiter, die ihm geschadet haben. Die Vergebung fließt wie ein Strom.

Indem er seinen Brüdern Gewänder schenkt, wird Josef zu einem Künstler. Er hat entdeckt, wie Gott bestimmte Themen in seinem Leben gebraucht, und das führt er nun fort. Er nimmt Gottes Pinsel und beendet das Gemälde. Er hat gelernt, nach dem Rhythmus seines himmlischen Vaters zu leben.

Schauen wir uns einmal an, wie künstlerisch die Geschichte von Kim gestaltet ist, die lernt, mit ihrem Sprachcomputer umzugehen. Der Gedanke *Wie kannst du über mich sprechen, wenn Kim nicht sprechen kann?* verwendete zweimal das Wort *sprechen* in unterschiedlichen Bedeutungen, die einen bestimmten Bereich meines Herzens offenlegten. (Das erste *sprechen* bezog sich auf das Schreiben, Erklären. Das zweite *sprechen* bezog sich auf die tatsächlich hörbare sprachliche Äußerung.) Das war ein regelrecht poetischer Ausdruck. Auch im folgenden Satz tritt Gottes künstlerische Gestaltung hervor: „Als ich meine Energie für das einsetzte, was Gott auf dem Herzen lag [Kim beim Sprechenlernen zu helfen], ließ Gott seine Energie in mein Herz fließen [damit ich das Buch schreiben konnte].“ Ich liebe es, Gott beim Schreiben von Geschichten zuzusehen.

Wir haben den Sinn für Gottes Poesie in unserem Leben verloren, weil das aufklärerische Denken Kunst, Poesie und Literatur in dieselbe Kategorie einordnet wie die Religion. Es definiert diese Dinge als „nicht real“. Also darf in Geschichts- oder Biologiebüchern keine Poesie vorkommen. Das ist natürlich eine falsche Trennung. Denn egal welches Biologiebuch wir aufschlagen, wir werden sofort mit dem Werk eines großartigen Künstlers und Designers konfrontiert.

Wenn wir es mit dem Leid zu tun bekommen, das nicht weichen will, oder auch mit einem kleineren Problem, richten wir unseren Blick instinktiv auf das, was uns fehlt, auf den verlorenen Mantel und den Verrat in Josefs Geschichte. Wir achten nicht auf die Hand des Meisters. Doch gerade wenn wir denken, dass etwas gründlich schiefgelaufen ist, befinden wir uns oftmals genau mitten in der Geschichte. Wenn wir so wie Josef auf die Geschichten achten, die Gott in unser Leben hineinwebt, dann beginnen wir Muster zu entdecken. Wir werden selbst zu Poeten, die für die Stimme ihres Vaters empfänglich sind.

26. HOFFNUNG: DAS ENDE DER GESCHICHTE

Die Hoffnung ist in der Geschichte der Menschheit eine neue Vorstellung, eine einzigartig christliche Sicht der Dinge. Für uns ist sie selbstverständlich, weil das christliche Denken unser modernes Gedankengut so intensiv geprägt hat, aber so ist es nicht immer gewesen. In der griechischen Antike gab es zwei Arten von Geschichten: Komödien und Tragödien. Die Komödie war lustig, aber nicht real. Die Tragödie war real, aber nicht lustig. Wenn man das Leben genau betrachtete, dann war es traurig. Und wenn man das Leben verdrängte, war es lustig. Die griechische Philosophie spiegelte sich in den Dramen wider. Die Stoiker versuchten, in einer sinnlosen Welt ein moralisch gutes Leben zu führen. Das Leben war eine Tragödie und die Stoiker waren bereit, es durchzustehen. Die Epikureer wollten einfach nur Spaß haben; für sie war das Leben eine Komödie. Sie waren es, die den Satz prägten: „Lasst uns essen, trinken und fröhlich sein, denn morgen sind wir tot."

Das Evangelium ist die Gute Nachricht. Weil Gott am Kreuz die Macht des Bösen gebrochen hat, können wir so wie Sara auf unsere skeptischen Gedanken zurückblicken und darüber lachen. So überrascht es auch nicht, dass das erste Wunder von Jesus darin bestand, 600 Liter Wasser in besten Wein zu verwandeln, damit aus einer guten Party eine richtig tolle Party werden konnte (siehe Johannes 2). Die Tragödie hat nicht das letzte Wort. Gott hebt das Beste bis zum Schluss auf.

Manche christlichen Autoren sind der Auffassung, Gott gehe es in erster Linie darum, dass wir ihn kennenlernen. Das ist jedoch nur eine andere Variante des verzweifelten Umgangs mit dem Leid (siehe Kapitel 21). Gott geht es auch um unsere Situation. Er macht sich Gedanken darüber, dass Kim nicht sprechen kann. Ashleys herzzerreißendes Gebet für Kim berührt ihn zutiefst. Er steht auf Kims Seite, auch in den kleinen Details ihres Lebens. Er möchte, dass es ihr gut geht. Er ist immerhin der Gott der Hoffnung.

Wir sollten die Hoffnung nicht aufgeben, indem wir sie vergeistlichen. Abraham und Sara bekamen einen Sohn. Josefs Brüder verneigten sich vor ihm. David wurde König und Jesus wurde von den Toten aufgeweckt. Und schlussendlich lernte Kim mit ihrem Sprachcomputer das Sprechen und ist gerade dabei, tatsächlich auch ihre eigene Stimme zu gebrauchen. Der unendliche Gott berührt uns persönlich. Paulus spielt genau darauf an, wenn er schreibt: „Gott aber kann viel mehr tun, als wir jemals von ihm erbitten oder uns auch nur vorstellen können. So groß ist seine Kraft, die in uns wirkt" (Epheser 3,20). Wir dürfen große Träume haben, weil unser Gott groß ist.

GROSSE TRÄUME FÜR KIM

Lassen Sie mich Ihnen eine Hoffnungsgeschichte erzählen, die Geschichte, wie Kim einen Job fand. Es ist eine Tragödie, die zur Komödie wurde.

Als Kim sechzehn war, gerieten Jill und ich ein wenig in Panik bei dem Gedanken, was Kim machen sollte, wenn sie mit zweiundzwanzig Jahren die Highschool abgeschlossen hatte. Wie konnte sie, die so viele Beeinträchtigungen hatte, jemals eine Arbeit finden? Wir fingen an, täglich dafür zu beten, dass Gott Kim einen Job schenkte.

Wir versuchten alles. Kim nahm eine ehrenamtliche Tätigkeit in einem Pflegeheim auf. Sie fütterte dort zwar gern das Kaninchen, aber sie hasste es, die Tische zu decken. Selbst wenn ihre Assistentin ihr half, war sie mit dem Anordnen des Geschirrs überfordert. Jill versuchte, Kim das Tischdecken beizubringen, indem sie auf einem Platzdeckchen mit einem Leuchtstift markierte, wo Teller, Tasse und Besteck hinkamen. Trotzdem sah der Tisch jedes Mal, wenn Kim ihn gedeckt hatte, so aus, als sei ein Orkan über den Tisch gefegt.

Da Kim Bücher mag, meldete sie sich bei der Bibliothek freiwillig als Aushilfe. Das war jedoch ungefähr so, als ob man einen Alkoholiker bittet, die Regale eines Weinhandels zu bestücken. Kim ordnete zwei Bücher ein und las dann eines. Die Bücher alphabetisch zu ordnen, bevor man sie ins Regal stellte, war ebenfalls eine große Herausforderung für sie. Dazu kam, dass Kim ziemlich stur sein kann. Eines Tages brachte sie ihre Assistentin völlig zur Verzweiflung, indem sie sich ganz dumm stellte. Daraufhin erhielt Jill von der in Tränen aufgelösten Assistentin einen Anruf. Jill kann es nicht ausstehen, wenn Kim ihre Behinderung benutzt, um anderen auf die Nerven zu fallen. Also fuhr sie zur Bibliothek und fragte, wie viele Bücher sie mit ihrer Mitgliedskarte ausleihen könnte. Fünfzig, lautete die Antwort. Sie borgte sich die Karten von drei weiteren Personen und konnte auf diese Weise zweihundert Bücher mitnehmen. Sie lieh sich zwei Bücherwagen, stopfte alles in das Auto und fuhr mit Kim nach Hause. Dann ließ sie Kim die zweihundert Bücher alphabetisch ordnen. Als das geschehen war, vermischte sie die Bücher wieder, und Kim musste sie ein weiteres Mal in die richtige Reihenfolge bringen. Das ging zwei Tage so weiter. Damit gaben wir Kim zu verstehen: „Wenn du nicht auf deine Assistentin hörst, wird dein Leben zu einer Bücherwagen-Hölle." Danach ärgerte Kim ihre Assistentin nicht mehr.

Ihren ersten bezahlten Job erhielt Kim in einem Videoverleih, wo sie die Filme einsortieren sollte. Auch das war so, als ob man einen Alkoholiker in einer Bar anstellt, denn Kim mag Filme über alles. Eines Tages stieg Kim bei dem Videoshop aus dem Bus, aber ihre Assistentin kam nicht. Ein autistischer Mensch braucht einen genau strukturierten Tagesablauf. Wenn irgendetwas anders ist als sonst, kann er in Panik geraten. Kim hatte solche Panikanfälle, wenn die Schule wegen Schnee oder Glatteis im Winter zwei Stunden später anfing. Als die Assistentin nicht auftauchte, flippte Kim völlig aus. Wir kannten das ja, der Chef des Videoverleihs aber nicht. Nach zwei Tagen war Kim wieder auf Jobsuche.

Weil Kim Hunde so gern mag, suchten wir bei Tierärzten und in Tierheimen nach einer Arbeit für sie. Es gab dort zwar Stellen für ehrenamtliche Helfer, aber nichts Dauerhaftes. Wir brachten Kim zu verschiedenen Behindertenwerkstätten, was unser Plan B war, aber Kim gefiel es dort nicht. Fünf Monate vor dem Highschool-Abschluss hatten wir immer noch keinen Job für Kim gefunden. Da die Aussichten auf dem Arbeitsmarkt so schlecht waren, sahen wir uns mit Kim zusammen wieder eine Werkstatt für Behinderte an. Jill und mir gefiel es dort, doch Kim hatte schon nach ein paar Minuten Tränen in den Augen. Sie wollte dort nicht hin. Jill und ich sahen uns an, verließen die Werkstatt und berieten uns. Wir kamen zu dem Schluss, dass wir die Kosten für einen Assistenten übernehmen würden, egal was das für uns bedeutete, damit Kim endlich eine reguläre Arbeitsstelle bekam. Aber immer noch fanden wir keinen Arbeitgeber, der bereit war, einen Erwachsenen mit Behinderung einzustellen.

Jill hatte kein Problem damit, auch Fremde zu bitten, für Kims berufliche Zukunft zu beten. Im Vergleich zu ihr war die hartnäckige Witwe aus der Bibel ein Waisenknabe.

Ende April, sechs Wochen vor Schulende, hatten wir immer noch nichts. Zufällig kam Jill bei unserer Druckerei vorbei, und der Drucker fragte sie: „Habt ihr schon einen Job für Kim gefunden?“ Als Jill verneinte, rief der Mann einen Freund an, der Hundezüchter war. Der Freund sagte, er könnte Kim anstellen, damit sie die Hunde ausführte. Aber sie müsste dazu einen Assistenten haben. Als wir die Zuchtstätte besuchten, amüsierte sich Kim darüber, dass ihr derzeitiger Assistent Skip, ein 1,80 Meter großer und gut hundert Kilo schwerer Hüne, der bei der Navy gewesen war, sich nur ungern in die Hundezwinger hineintraute. Kim hatte überhaupt keine Angst.

Nun hatte Kim zwar einen Job, aber Jill und ich mussten einen Weg finden, wie wir den Assistenten finanzieren konnten. Unsere Bezirksverwaltung hatte unsere Anfrage abgelehnt, doch zwei Wochen vor dem Schulabschluss rief Kims Sozialarbeiter an: „Paul, die Bundesbehörde war diesen Monat da, um unsere Arbeit zu überprüfen. Sie meinten, wir sollten unsere Mittel kreativer einsetzen. Daraufhin habe ich vorgeschlagen, einen Assistenten für Kim zu finanzieren, und das wurde genehmigt. Wir bezahlen also Kims Assistenten."

Die ersten zwei Wochen lief alles gut, bis ein neuer Assistent zu spät kam und Kim auf dem Parkplatz ausrastete. Ich erhielt den gefürchteten Anruf: „Wir glauben, dass das nicht funktionieren wird." Ich bettelte. Ich flehte. Ich versprach. Ich hätte fast meine Seele dafür verkauft, dass Kim bleiben konnte. Und der Züchter gab ihr tatsächlich noch eine zweite Chance.

Jetzt führt Kim schon seit dem Jahr 2003 Hunde aus, und sie liebt ihren Job. Sie erledigt etwa 75 Prozent der Arbeit, der Assistent die anderen 25 Prozent. Selbst an den kältesten Winter- oder den heißesten Sommertagen ist sie mit den Tieren unterwegs.

Wenn wir mal keinen Assistenten für Kim finden, dann gehen Jill oder ich mit und helfen ihr. Ich hatte um Demut gebetet, und so allmählich dämmerte es mir, dass Gott dabei war, mein Gebet zu erhören. Mir wäre es zwar lieber gewesen, wenn die Demut wie von Zauberhand über mich gekommen wäre. Aber Gott lehrt uns die Demut am liebsten auf seine Weise. Wenn ich nach einem Vortrag auf einer großen Konferenz anschließend Hundehaufen aufsammle, dann hilft er mir dadurch, auf dem Teppich zu bleiben. Was ich für einen Stein hielt, war in Wirklichkeit ein Laib Brot.

Gott hat ein Wunder getan, als Kim Arbeit fand. Ich glaube, die Arbeitslosenrate bei Menschen mit Kims Behinderungsgrad liegt bei 99 Prozent. Als wir um einen Job für Kim beteten, kamen wir uns manchmal vor, als würden wir darum bitten, dass der Himmel sich von Blau nach Rosa färbt. Aber wie schon der Engel zu Maria sagte: „Für Gott ist nichts unmöglich" (Lukas 1,37; NGÜ).

Unsere Gebete schwebten nicht über dem Erdboden. Unsere Familie hatte sowohl die Realitätslinie im Blick als auch die Hoffnungslinie. Das Gebet war untrennbar verbunden mit Arbeiten, Planen und dem ganz klassischen Betteln.

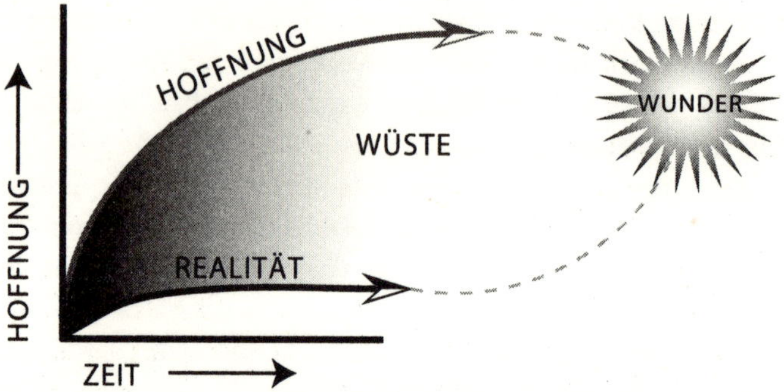

BEREIT SEIN, SICH VERZAUBERN ZU LASSEN

Während wir warten und beten, schreibt Gott seine Geschichte und schafft ein Wunder. Statt zwischen Komödie (Verdrängung) und Tragödie (Realität) hin und her zu schwanken, haben wir eine Beziehung zu dem lebendigen Gott, der sich intensiv mit den Kleinigkeiten in unserem Leben befasst. Wir lernen zu beobachten, wie die Geschichte sich entfaltet, und auf das Wunder zu warten.

Als unsere Kinder noch klein waren, konnten wir manchmal günstig Ferien machen, indem wir eine Woche lang auf einer christlichen Freizeit Vorträge hielten. Ich weiß noch, wie ich einmal auf einer Freizeit unsere vierjährige Tochter Courtney auf den Arm nahm und mit ihr nach draußen ging, wo es ganz dunkel war. Ich zeigte ihr den Himmel. Ich erklärte ihr, wo sich die Sternbilder Orion, Kassiopeia und der Große Wagen befanden. Ich sprach mit ihr über die verschiedenen Farben der Sterne und über die Milchstraße. Sie war sprachlos vor Staunen über Gottes Schöpfung.

Wenn wir geduldig warten, dann wird unser himmlischer Vater uns auf den Arm nehmen, uns in die Nacht hinaustragen und unser Leben zum Leuchten bringen. Er möchte uns mit dem Wunder seiner Liebe in Staunen versetzen.

Wenn wir geduldig warten,
dann wird unser himmlischer Vater uns auf den Arm nehmen,
uns in die Nacht hinaustragen und unser Leben
zum Leuchten bringen.
Er möchte uns mit dem Wunder seiner Liebe in Staunen versetzen.

> Um das Staunenswerte an den Geschichten zu sehen, die unser Vater erzählt, müssen wir wie kleine Kinder werden. Das war auch das Geheimnis von C. S. Lewis, dem Geschichtenerzähler. Ruth Pitter, eine gute Freundin von Lewis, sagte über ihn: „Sein ganzes Leben war geprägt und motiviert von einem einzigartig beständigen kindlichen Sinn für das Wunderbare und das Albtraumhafte."[54] Lewis' Denken war vor allen Dingen gekennzeichnet durch die Bereitschaft, sich verzaubern zu lassen, und es war diese Offenheit für die Verzauberung, die die verschiedenen Stränge seines Lebens zusammenhielt – seine Freude am Lachen, seine Bereitschaft, eine Welt zu akzeptieren, die von einem guten und liebevollen Gott geschaffen wurde, und (in mancher Hinsicht ganz besonders) die Bereitschaft, dem Charme einer wunderbaren Geschichte zu erliegen.[55]

Ich lasse mich gern verzaubern von den Geschichten, die Gott rund um das Leben von Kim webt.

---

54 Ruth Pitter, zitiert in Alan Jacobs: *The Narnian: The Life and Imagination of C. S. Lewis.* San Francisco, HarperSanFrancisco, 2005, S. xxv.

55 Jacobs, *The Narnian*, S. xxiii.

NICHT NUR EIN JOB, SONDERN EINE BERUFUNG

Mitten in der frustrierenden Jobsuche für Kim begannen Jill und ich, für immer größere Dinge zu beten. Irgendwann fingen wir an, nicht nur für einen Job zu beten, sondern für eine Berufung – Kim sollte spüren, dass Gott sich über ihre Arbeit freute, und sie sollte anderen mit ihrer Gabe dienen. Wir dachten uns: *Was soll's! Wir sind sowieso ganz unten am Boden, also können wir genauso gut um den Himmel bitten!*

Was wird Gott mit Kims Berufung anstellen? Ich weiß es nicht genau, aber es macht mir Freude, es zu beobachten und dafür zu beten. Im letzten Jahr hat Kim mehrmals bei Konferenzen oder Seminaren zu den Zuhörern gesprochen. Meistens interviewe ich sie über irgendein Ereignis in ihrem Leben. Eine dieser Geschichten erzähle ich im nächsten Kapitel. Sie handelt davon, wie Kim mich das erste Mal zu einem Seminar begleitete. Als wir bei einer *Joni and Friends* Konferenz davon berichteten, schlug sich Kim jedes Mal an den Kopf, wenn sie etwas lustig fand. Bald schon kugelten sich die Zuhörer vor Lachen. Aus der Tragödie war eine Komödie geworden.

27. IN DEN EVANGELIUMS-GESCHICHTEN LEBEN

Im Frühling 2001 nahmen Jill und ich an einem Gebetstag teil, der von einer Behindertengemeinschaft namens *L'Arche* veranstaltet wurde; Henri Nouwen war dort Pastor gewesen. Zufällig saß ich neben Bill, einem behinderten Erwachsenen, der häufig mit Nouwen auf Reisen gewesen war. Die Begegnung mit Bill brachte mich auf eine Idee: Warum nicht Kim zu meinem nächsten Seminar mitnehmen? Jill würde eine wohlverdiente Pause bekommen, und ich verbringe eigentlich sehr gerne Zeit mit Kim.

An einem Freitag im Mai machten Kim und ich uns auf den Weg nach Florida. Als wir am Langzeitparkplatz des Flughafens von Philadelphia auf das Shuttle warteten, merkte Kim, dass Jill ihr kein Buch für die Flugreise eingepackt hatte. Während ich dort stand, mit unseren zwei Koffern in der Hand und einem riesigen Karton, auf dem in großen roten Lettern *seeJesus* stand, fing Kim ein lautes Geheul an. Es klang, als ob jemand mit den Fingernägeln über eine Tafel kratzt. Die Reisenden um uns herum starrten uns an. Ich hätte Kim erwürgen können. Kurz dachte ich darüber nach, den Karton umzudrehen, damit man die Aufschrift nicht mehr lesen konnte.

Endlich hörte Kim auf zu heulen, aber nur, weil ich den Busfahrer anschrie, der die hintere Tür schloss, während ich Kim die Stufen hinaufhalf. Wir eilten ins Terminal und mussten feststellen, dass die Schlange am Gepäckschalter unendlich lang war. Unser Flug ging in dreißig Minuten, also schleppte ich meinen immer auffälliger werdenden Karton die Treppen hinauf zum Metalldetektor. Kaum hatten wir uns angestellt, wurde einer der beiden Detektoren geschlossen, und die zwei Warteschlangen wurden zu einer zusammengefasst. Kim fing wieder an zu heulen.

Als wir zum Scanner kamen, weigerte Kim sich, ihren Sprachcomputer auf das Laufband zu legen, und fing an, mit dem Mitarbeiter zu diskutieren, indem sie „Das ist meine Stimme" auf dem Computer tippte. Ich nahm ihr das Gerät aus der Hand und bugsierte sie durch den Scanner. Natürlich war mein Karton zu groß. Er musste separat von einem besonders gründlichen Mitarbeiter gescannt werden.

Nun blieben uns nur noch zwanzig Minuten, um zu unserem Gate zu gelangen, und zu allem Überfluss stellte ich fest, dass wir im falschen Terminal waren und ins nächste mussten. Ich überlegte schon, mit Kim und unserem Gepäck dorthin zu sprinten, doch dann entdeckte ich einen elektrischen Gepäckwagen und flehte den Fahrer an, uns mitzunehmen. Als wir zu unserem Gate rauschten, breitete sich ein Lächeln über Kims Gesicht. Es war wie eine ganz private Achterbahnfahrt. Gerade als ich anfing, mich etwas zu entspannen, wurden wir von einem Typen mit Smartphone ausgebremst, der vor uns herging und das Piepen des Gepäckwagens nicht bemerkte. Kim fand es lustig, ich nicht. Als wir am Gate ankamen, blieben uns nur noch wenige Minuten.

Kim hatte es sich gerade in ihrem Sitz im Flugzeug gemütlich gemacht und hörte eine CD, als die Stimme des Piloten über den Lautsprecher kam: „Bitte schalten Sie alle elektronischen Geräte aus." Nun musste Kim nicht nur ihren CD-Player ausmachen, sondern auch ihren Sprachcomputer. Als sie sich in der Diskussion mit der Stewardess nicht durchsetzen konnte, fing es wieder an, dieses laute Geheul. Zehn Minuten später informierte uns der Pilot darüber, dass unser Flugzeug in der Schlange zum Start an zwölfter Stelle stand. Da brannten bei Kim alle Sicherungen durch: eine Planänderung, kein Buch, und dann auch noch warten. Sie heulte nicht nur, sondern drehte völlig durch.

Ich dachte nur eines: Das war ein Fehler. Ich mache das nie wieder.

Als ich dort im Flugzeug saß, völlig fertig, und Kim neben mir ausrastete, dachte ich nur eines: *Das war ein Fehler. Ich mache das nie wieder.* Ich merkte nicht, dass gerade hier das Reich Gottes angebrochen war, in einer ganz typischen Weise. Das Reich Gottes ist so fremd und so niedrig, dass es selten erkannt wird. Es sieht nach einem Fehler aus.

Als ich später über dieses Wochenende nachdachte und über die Art, wie Gott die Dinge führt, erkannte ich, dass ich mitten in einer von Gottes Geschichten war. Am Samstag sprach ich vor einer großen Zuhörerschaft, die jedes meiner Worte in sich aufsog und Respekt vor mir hatte. Wenn man einen Vortrag hält, dann steht man unweigerlich im Mittelpunkt, ob man es will oder nicht. Selbst wenn man so wie ich über Jesus spricht und über seine Liebe zu den Menschen, gerät man in Versuchung, die Lorbeeren selbst einzuheimsen.

Am Freitag jedoch stand ich vor drei ganz anderen Menschenmengen (an der Bushaltestelle, in der Warteschlange vor dem Sicherheitscheck und im Flugzeug), hilflos und peinlich berührt. Ich schien fehl am Platz zu sein, ich fühlte mich fehl am Platz, und ich war es auch. Gott erinnerte mich daran, wer ich wirklich bin. Am Freitag bereitete er mein Herz vor, damit mir das Lob der Menschen am Samstag nicht zu Kopf stieg. Ich wünschte mir Erfolg, er wünschte sich Ehrlichkeit.

Der Vater nahm mich auf dieselbe Reise nach unten mit wie seinen Sohn. Paulus forderte die Gemeinde in Philippi dazu auf, es Jesus gleichzutun: „Obwohl er in jeder Hinsicht Gott gleich war, hielt er nicht selbstsüchtig daran fest, wie Gott zu sein. Nein, er verzichtete darauf und wurde einem Sklaven gleich: Er wurde wie jeder andere Mensch geboren und war in allem ein Mensch wie wir" (Philipper 2,6-7). Der Weg nach unten ist eine Evangeliumsgeschichte.

EVANGELIUMSGESCHICHTEN

Das Evangelium, das Geschenk des Vaters, der seinen Sohn an unserer Stelle opfert, ist so atemberaubend, dass seit dem Tod von Jesus niemand eine bessere Geschichte erzählen konnte. Wenn wir eine richtig gute Geschichte erzählen wollen, muss es eine Evangeliumsgeschichte sein.

In Yann Martels Bestseller *The Life of Pi* („Schiffbruch mit Tiger") trifft ein Hindujunge namens Pi einen katholischen Priester, Vater Martin, der Pi die Geschichte des Evangeliums erzählt. Pi bittet ihn um mehr:

> Ich bat ihn um eine andere Geschichte, eine, die ich befriedigender finden würde. Sicherlich hatte diese Religion doch mehr als eine Geschichte auf Lager – Religionen sind voller Geschichten. Aber Vater Martin gab mir zu verstehen, dass [...] seine Religion nur eine einzige Geschichte hätte, auf die die Menschen immer und immer wieder zurückkämen. Diese eine Geschichte genügte ihnen.[56]

Meine Reise mit Kim war eine Evangeliumsgeschichte. Ich gab für Jill ein Stück meines Lebens auf. Als Kim und ich am Sonntag im Freizeitpark *Busch Gardens* in Florida am „Nairobi-Bahnsteig" auf den Zug warteten, rief ich von dort zu Hause an (Kim heulte gerade wieder, weil wir den Zug verpasst hatten!). Ashley nahm ab. Sie und Jill genossen gerade ein schönes Essen zum Muttertag und Ashley erzählte: „So ungefähr alle Viertelstunde sagt Mama: ‚Ach,

56 Yann Martel: *The Life of Pi*. New York, Harcourt, 2001, S. 53.

ist das schön. Ich kann gar nicht glauben, wie ruhig es ist.'" Im Evangelium hat Jesus meine Sünden auf sich genommen, und ich erhielt seine Gerechtigkeit. So lauten alle Evangeliumsgeschichten. Jill hatte ein erholsames Wochenende und ich ein stressiges. Immer, wenn wir lieben, vollziehen wir den Tod von Jesus nach.

Folglich steckt in allen Evangeliumsgeschichten ein Stück Leiden. Die amerikanische Christenheit reagiert geradezu allergisch auf diesen Teil des Evangeliums. Wir hören gern, dass Gott uns liebt, aber vom Leid hören wir nicht so gern, das widerspricht unserem Recht auf das „Streben nach Glück"! Also beten wir darum, dass wir der Evangeliumsgeschichte entkommen, dabei ist sie gerade das beste Geschenk, das der Vater uns geben kann. Als ich im Flugzeug saß und dachte, es sei alles schiefgegangen, war dies genau der Punkt, an dem alles richtig lief. So funktioniert Liebe.

Der Vater möchte uns in die Geschichte seines Sohnes hineinnehmen. Er hat keine bessere Geschichte zu erzählen, darum erzählt er diese eine immer wieder in unserem Leben. Wenn wir das Evangelium in unserem Leben nachvollziehen, werden wir in eine seltsame Gemeinschaft hineingenommen. Der Apostel Paulus, der erfahren hatte, wie gut Christus ist, schrieb den Philippern, er wolle „auch seine Leiden mit ihm teilen" (Philipper 3,10). Das war das Gebet von Paulus.

In einer Evangeliumsgeschichte zu leben heißt, dass unsere Götzen, unsere falschen Quellen der Liebe, offenbar werden. An jenem Freitag mit Kim traten verschiedene Dinge in meinem Leben zutage. Meine Götzen – nämlich die Anerkennung der Menschen, ein effektives und geordnetes Leben – wurden alle aufgedeckt, als ich versuchte, meine Frau und meine Tochter zu lieben. Wenn unsere Götzen entlarvt werden, geben wir oftmals verzweifelt auf – weil die Sünde eines anderen und unsere eigene Sünde uns überwältigen. Doch wenn wir einfach in der Geschichte ausharren, weiter unser Leben bewältigen, auch wenn es sinnlos erscheint, dann bricht das Reich Gottes an. Die geistliche Armut ist dann kein theoretischer Glaube mehr, sondern wir sind dann geistlich warm. Geistlich arm zu sein gehört dann zu unserem Charakter.

Die Buße kann auf seltsame Weise erfrischend wirken. In C. S. Lewis' *Reise auf der Morgenröte* verwandelt sich Eustachius, nachdem er von der Habgier überwältigt wurde, in einen Drachen. Als Aslan die Drachenhaut mit einem Schlag seiner riesigen Pranke aufschlitzt, vergleicht Eustachius dies mit einem positiven Erlebnis aus seiner Kindheit, dem Abkratzen des Wundschorfes: „Es tut weh wie verrückt, aber es ist so schön, wenn man sieht, wie er abgeht."[57] Wenn wir unser falsches Ich entfernen, bringt unsere Buße Aufrichtigkeit hervor. Wir kehren zur wahren Quelle der Liebe zurück – zu unserem himmlischen Vater. Wir werden authentisch.

GOTTES GESCHICHTE GENIESSEN

Wenn wir aufhören, uns gegen die Evangeliumsgeschichte, die Gott in unserem Leben schreibt, zu wehren, und sie stattdessen annehmen, entdecken wir die Freude. Paulus fließt vor Freude über, als er den Brief an die Philipper schreibt, angekettet zwischen zwei römischen Soldaten. Er betet sogar voller Freude: „Das tue ich in jedem meiner Gebete mit großer Freude" (Philipper 1,4). Wenn wir der Freude direkt nachjagen, entzieht sie sich unserem Zugriff. Aber wenn wir mit Jesus beginnen, die Liebe zu lernen, dann stellt sich am Ende auch die Freude ein.

Ich wünschte, Sie hätten das Lächeln auf Kims Gesicht sehen können, als wir in dem Freizeitpark in Florida auf einem Boot die Stromschnellen hinabfuhren oder als sie im Zoo die Giraffen füttern durfte. Wenn wir uns an jemanden binden, der manchmal schwierig sein kann, sind wir an dem Ort, wo wir Gott entdecken können und am Ende auch die Freude.

Wie verändert das meine Sichtweise auf die Floridareise mit Kim? Ich *muss* Kim nicht nach Florida mitnehmen. Ich *darf* es. Das ist mein Vorrecht. Es ist meine Freude.

---

57 C. S. Lewis: *Die Reise auf der Morgenröte*. Wien, Verlag Carl Ueberreuter, 2003, S. 93.

EVANGELIUMSGESCHICHTEN GEBEN DEM LEID EINEN SINN

Es gibt kaum Menschen, die mehr mit dem Leid gerungen haben als Präsident Abraham Lincoln. In seiner zweiten Antrittsrede, nur sechs Wochen vor seiner Ermordung, sprach Lincoln darüber, wie zwei gegnerische Parteien beide um den Sieg beten. Über den Krieg sagte er: „Beide Seiten lesen dieselbe Bibel und beten zu demselben Gott; und jeder ruft ihn um Hilfe im Kampf gegen den anderen an." Lincoln hatte dazu eine klare Meinung: „Die Gebete beider Seiten konnten nicht erhört werden; keines der beiden Gebete konnte voll und ganz erhört werden." Seiner Ansicht nach ging hier etwas viel Tieferes vonstatten. Gott schrieb eine viel größere Geschichte – eigentlich eine Evangeliumsgeschichte –, bei der die Erlösung durch Blut herbeigeführt wurde: „Jeder Tropfen Blut, der mit der Peitsche hervorgerufen wird, wird durch einen anderen bezahlt werden, der durch das Schwert hervorgerufen wird."[58]

Auch Josef besaß diesen Sinn für die Heilsgeschichte, dass Gott durch Leiden Gnade schenkt. Der Verrat, den er durch seine älteren Brüder erfuhr, war eine Umkehrung des Evangeliums. Josefs Brüder opferten sein Leben für ihre Freiheit, denn sie wollten frei sein von der Bevorzugung Josefs durch ihren Vater. Zwanzig Jahre später bot Juda seinem Bruder Josef sein eigenes Leben anstelle des Lebens seines Bruders Benjamin an, denn Josef hatte gedroht, Benjamin als Gefangenen dazubehalten (siehe 1. Mose 44,33). Judas Bereitschaft, seine Freiheit für das Leben seines Bruders aufzugeben, war eine Evangeliums-Geschichte, die den anfänglichen Verrat wieder umkehrte.

Sowohl Josefs als auch Abraham Lincolns Sinn für die Evangeliumsgeschichte gründen sich auf ein tiefes Bewusstsein der Souveränität Gottes, auf das Wissen darum, dass er der Autor der Geschichte ist. In seiner zweiten Antrittsrede sagte Lincoln: „Der Allmächtige hat seine eigenen Ziele." Als Lincoln über seine Rede

---

58 Carl Sandburg: *Abraham Lincoln: The Prairie Years and the War Years.* New York, Harcourt, 1954, S. 664.

nachdachte, schrieb er an einen Freund: „Die Menschen fühlen sich nicht geschmeichelt, wenn man ihnen zeigt, dass es einen Unterschied gibt zwischen den Zielen des Allmächtigen und ihren eigenen."[59] Josef hat etwas Ähnliches gesagt. Als seine Brüder vor ihn traten, voller Angst vor seiner Rache, beruhigte er sie: „Habt keine Angst! Ich maße mir doch nicht an, euch an Gottes Stelle zu richten! Ihr wolltet mir Böses tun, aber Gott hat Gutes daraus entstehen lassen. Durch meine hohe Stellung konnte ich vielen Menschen das Leben retten. Ihr braucht also nichts zu befürchten" (1. Mose 50,19-21). Wenn wir die grundlegende Struktur eines Planes in unserem Leben entdecken, bringt das große Freude und Freiheit.

NACH UNSICHTBAREN VERBINDUNGEN AUSSCHAU HALTEN

Wenn wir eine Evangeliumsgeschichte erkennen wollen, müssen wir darüber nachdenken, wie völlig unabhängige Puzzleteile unseres Lebens scheinbar zusammenpassen. Die besten Orte, an denen wir die unsichtbaren Verbindungen, die Gott sich ausgedacht hat, wahrnehmen können, sind Orte der Enttäuschung und der Spannungen – wie zum Beispiel meine Flugreise mit Kim. Wie wir gesehen haben, gab es einen verborgenen Zusammenhang zwischen der demütigenden Reise im Flugzeug und der Gefahr, durch das Auftreten vor einem großen Publikum hochmütig zu werden. Und es bestand auch eine Verbindung zwischen meinem Stress und Jills Ruhepause. In den Erlebnissen, die ich in Kapitel 25 berichtet habe, als Kim lernte, mit ihrem Sprachcomputer umzugehen, ist eine unsichtbare Verbindung zu erkennen zwischen der Buße („Paul, wie kannst du über mich sprechen, wenn Kim nicht sprechen kann?") und der Gnade („Paul, würdest du gern an einem Kurs über kreatives Schreiben teilnehmen?"). Mit *unsichtbar* meine ich, dass es keinen sichtbaren, kausalen Zusammenhang gibt.

---

59 Sandburg, *Abraham Lincoln*, S. 665.

Wenn wir uns aber klarmachen, wie Gott sich unsere Geschichte gedacht hat, sehen wir, wie er hinter den Kulissen am Wirken ist und den Zusammenhang herstellt.

Das moderne Denken ermutigt uns jedoch in keiner Weise dazu, die unsichtbaren Verbindungen zu sehen, die unser ganzes Leben zusammenhalten. Wir haben keinen Sinn dafür, dass wir in der Gegenwart eines liebenden Vaters leben und für alles verantwortlich sind, was wir tun. Der Marketingslogan von Las Vegas – „Was in Las Vegas passiert, bleibt in Las Vegas" – beschreibt, wie unsere säkulare Welt das Leben betrachtet. Wir können nach Las Vegas kommen, anonymen Sex haben und zu unserem Ehepartner nach Hause zurückkehren, als ob nichts geschehen wäre. Es gibt keine Verbindung zwischen Las Vegas und dem Rest unseres Lebens. Wir besitzen die unbegrenzte Freiheit, nach dem zu streben, was uns zu einem guten Selbstgefühl verhilft.

Was für ein Unsinn! Dies ist die Welt meines Vaters. Alles, was ich in Las Vegas tue, steht mit meinem übrigen Leben in Zusammenhang. Alles, was ich tue, ist mit mir als Person verbunden und macht mich zu dem Menschen, der ich bin. Alles, was ich tue, betrifft auch diejenigen, die ich liebe. Das Leben ist ein großes Ganzes, alles ist miteinander verwoben.

Nicht immer sind uns die Zusammenhänge bewusst, aber wir leben in der Welt unseres Vaters, die für von Gott geprägte Beziehungen zwischen Menschen geschaffen wurde und in der durch das Evangelium aus Tragödien Komödien werden. So entsteht Hoffnung.

TEIL 5

BETEN IM ECHTEN LEBEN

28. BETEND LEBEN: WIE SIEHT DAS PRAKTISCH AUS

Wenn ich ein Gebetsseminar halte, frage ich meine Zuhörer immer, wie viele von ihnen einen elektronischen Kalender nutzen. Meistens hebt etwa ein Drittel die Hand. Dann frage ich, wer einen kleinen Taschenkalender besitzt, einen Wandkalender oder einen anderen Kalender, der auf Papier gedruckt ist. An diesem Punkt melden sich fast alle, ungefähr 95 Prozent – nur ganz wenige haben gar keinen Kalender. Manche Ehemänner verlassen sich bei Terminen übrigens ganz auf ihre Frau! Als Nächstes frage ich dann, wer seine Gebetsanliegen schriftlich festhält. Hier heben nur wenige die Hand, vielleicht fünf Prozent der Anwesenden.

Wenn ich wissen will, warum 95 Prozent ihre Termine aufschreiben, aber nur fünf Prozent ihre Gebetsanliegen, dann erhalte ich meistens zur Antwort: „Wenn man einen Termin vergisst, muss man die Folgen tragen." Das setzt stillschweigend voraus, dass wir keine „Folgen tragen" müssen, wenn wir das Gebet vergessen. Wenn uns das passiert, merkt es niemand! Eine Antwort liebe ich ganz besonders: „Unsere Termine betreffen auch andere Menschen. Deshalb schreiben wir sie auf." Und unser Gebet? Betrifft das nicht auch andere Menschen? Hier sind wir wieder beim

Einfluss der Aufklärung auf unsere moderne Welt. Das Gebet gehört in die Kategorie der Werte und Meinungen. Es wirkt sich nicht auf unser Leben aus.

Unterm Strich muss man sagen: Wir schreiben unsere Gebetsanliegen nicht auf, weil wir das Gebet nicht ernst genug nehmen. Wir glauben nicht, dass es etwas bewirkt.

Aus dem, was Paulus in seinen Briefen über sein Gebetsleben schreibt, wird deutlich, dass er regelmäßig für enorm viele Menschen betete. Er muss eine umfangreiche Gebetsliste geführt haben und hat wahrscheinlich jeden Tag viel Zeit damit verbracht, alle seine Gemeinden, Mitarbeiter und Helfer namentlich vor Gott zu bringen. Dies hat sicher maßgeblich dazu beigetragen, seinen Sinn für den Glauben, den er „mit allen Heiligen" teilte, zu stärken und aufrechtzuerhalten.

Aus der Liebe, die aus solchen Texten wie dem 1. Thessalonicherbrief spricht, wird deutlich, dass Paulus für die Menschen in diesen Gemeinden gebetet hat. Bei den Thessalonichern hatte er die Befürchtung, sie würden von Satan angegriffen und ihr Glaube würde langsam abbröckeln. Als er dann aber Berichte von ihrem Glauben hört, fließt sein Herz von Dankbarkeit über. Die Gemeinde bedeutete ihm sehr viel.

Ich bin eigentlich jemand, der nicht gern so viel mit Menschen zu tun hat. Aber wenn ich regelmäßig für bestimmte Personen bete und die Anliegen dabei schriftlich festhalte, stimmt mein Herz sich auf diese Menschen ein. Ich traue mich dann auch eher, sie zu fragen, wie es ihnen geht, denn ihr Wohlergehen liegt mir ja bereits am Herzen.

VOM SÜNDENFALL BEHINDERT

Denken wir daran, dass wir keine normalen Kinder sind, die das Beten lernen. Wie Kim haben wir eine Behinderung, und zwar seit dem Sündenfall. Wir haben eine Störung, die unsere Fähigkeit, mit Gott zu reden, einschränkt. So wie Kim einen Sprachcomputer braucht, um zu kommunizieren, so brauchen wir schriftliche Hilfsmittel, damit wir mit Gott sprechen können.

Wir meinen, wenn wir die geistlichen Dinge nur richtig anpacken, dann läuft es schon. Aber wenn man eine Behinderung hat, dann läuft gar nichts wie von selbst, vor allem am Anfang nicht.

Als Kim sechs Monate alt war, rief Jill mich eines Morgens ins Wohnzimmer, wo Kim auf dem Bauch lag und versuchte, sich auf den Rücken zu drehen. Sie hob eine Schulter so hoch, wie es ging, dann versuchte sie, mit ihren kleinen Hüften Schwung zu geben. Fast erreichte sie den Punkt, an dem sie kippte, fiel dann aber wieder zurück auf den Bauch. Während Jill und ich uns über sie beugten, probierte sie es immer wieder.

Wir konnten Kim nicht helfen. Wenn wir es getan hätten, hätte sie es nie gelernt. Sie wusste ja, wie es geht, sie musste es nur hinbekommen. Schließlich, nach einer halben Stunde und ungefähr hundert Versuchen, konnte sie ihre Schulter hoch genug anheben und plumpste auf den Rücken.

So wie Kim sich anstrengen musste, um sich umzudrehen, so müssen auch wir am Ball bleiben, wenn es mit dem Gebet nicht von allein läuft, vor allem in der Anfangsphase, wenn wir noch nicht genug Schwung bekommen.

Es gibt viele verschiedene Hilfsmittel für unser Gebet, doch in diesem letzten Teil des Buches wollen wir uns nur mit zwei davon beschäftigen: dem Gebetstagebuch und den Gebetskärtchen. Doch zunächst folgt eine Warnung über den Umgang mit solchen Hilfsmitteln.

VORSICHT BEI SYSTEMEN!

Viele Christen finden es hilfreich, beim Beten eine bestimmte Reihenfolge einzuhalten: Anbetung, Sündenbekenntnis, Dank und Fürbitte. Eine solche Systematisierung kann jedoch dazu führen, das Gebet mechanisch zu verrichten und zu vergessen, dass wir es bei Gott mit einer Person zu tun haben. Unser Gebet wird hölzern und gedankenlos. Wenn ich abends nach Hause komme, himmle ich meine Frau nicht erst ein paar Minuten an, bekenne ihr dann, dass ich vergessen habe, die Mülltonne rauszustellen, danke ihr für das Abendessen und überreiche ihr am Ende eine Liste mit meinen Wünschen. Jill stammt aus Philadelphia. Und die Menschen dort sind bekannt dafür, dass sie sogar ihre *eigenen* Sportmannschaften ausbuhen, wenn sie unzufrieden mit ihnen sind. Wahrscheinlich würde ich nur ein einziges Mal versuchen, in der genannten Reihenfolge mit Jill zu kommunizieren, und dann würde sie nur die Augen verdrehen und mich fragen, ob ich vielleicht autistisch sei. Und diese Frage ist nicht unberechtigt. Ein autistischer Mensch ist nicht in der Lage, die sozialen Signale, die andere ihm geben, richtig zu deuten. Er ist so in seiner eigenen Welt gefangen, dass er die anderen nicht wahrnimmt. Keiner von uns möchte jedoch wie ein Roboter behandelt werden ... auch Gott nicht. Immerhin ist er eine Person.

Wir sollten nicht vergessen,
dass das Leben aus Händchenhalten und
aus Bodenschrubben besteht.
Leben heißt Sein und Tun.

Viele Christen sind sich dieser Gefahr so bewusst, dass sie allen Systemen gegenüber misstrauisch sind. Sie meinen, diese würden den Geist abtöten. Ein systematischer Zugang zum Gebet scheint dem zu widersprechen, was wir über das kindliche Gebet gelernt haben. Doch wir alle denken uns Systeme aus bei den Dingen, die uns wichtig sind. Wir sollten nicht vergessen, dass das Leben aus Händchenhalten und aus Bodenschrubben besteht. Leben heißt Sein und Tun. Gebetstagebücher und Gebetskärtchen sind mit dem Bodenschrubben vergleichbar. Wie ein Kind zu beten, ist das Händchenhalten unseres Lebens. Wir brauchen beides.

29. DIE GESCHICHTE WEITERVERFOLGEN: GEBETSKÄRTCHEN VERWENDEN

Die Idee, Gebetskärtchen anstelle einer Liste zu verwenden, kam mir, als ich eines Tages auf dem Wohnzimmersofa saß und zu beten versuchte. In den letzten Monaten war das Leben fast unerträglich geworden. Ich war innerlich erfroren.

Während ich so dasaß, geistlich wie betäubt, kam mir plötzlich ein Gedanke: *Lass das Wort wirken.* Ich hatte ein paar Kärtchen, die ungefähr 13 x 8 Zentimeter groß waren. Auf jedes schrieb ich den Namen von einem Familienmitglied, zusammen mit einem Bibelvers, den ich verwenden konnte, um den Gebeten für diese Person Gestalt zu verleihen. So entstand nach und nach ein ganzer Stapel von Gebetskärtchen über Personen und Anliegen, die alle Bereiche meines Lebens abdeckten – Angehörige und Freunde, Nichtchristen, die ich kennengelernt hatte, meine Gemeinde und deren Leiter, Missionare, meine Arbeit, meine Kollegen, notwendige charakterliche Veränderungen bei mir selbst und meine Träume.

Nach folgenden Kriterien gestalte ich meine Gebetskärtchen:

1. Die Karte ist wie ein Schnappschuss aus dem Leben einer bestimmten Person, darum verwende ich kurze Formulierungen, um zu beschreiben, was ich möchte.
2. Beim Beten beschäftige ich mich nicht allzu intensiv mit einer Karte, nicht länger als ein paar Sekunden. Ich wähle nur ein oder zwei wichtige Bereiche aus und bete dafür.
3. Ich lasse das Wort Gottes wirken, indem ich einen Bibelvers auf die Karte schreibe, der meinen Wunsch für diese bestimmte Person oder Situation zum Ausdruck bringt.
4. Die Karte verändert sich nicht sehr. Vielleicht einmal im Jahr ergänze ich eine Zeile. Ich bete für die Bereiche im Leben der Person, die gerade besonders aktuell sind.
5. Ich schreibe in der Regel keine Gebetserhörungen auf. Sie stehen mir sowieso vor Augen, weil ich die Karte ja fast jeden Tag zur Hand nehme.
6. Manchmal datiere ich ein Anliegen, indem ich den Monat und das Jahr aufschreibe.

Das Gebetskärtchen hat gegenüber einer Liste mehrere Vorteile. Die Liste ist oft ein Mischmasch aus verschiedenen Gebetsanliegen, während die Karte sich auf eine Person oder einen Bereich meines Lebens konzentriert. Sie erlaubt mir, diese Person oder Situation aus verschiedenen Perspektiven zu betrachten. Und sie hilft mir, über das nachzudenken, was Gott als Antwort auf meine Gebete getan hat. Ich beginne, Muster zu erkennen, und allmählich entfaltet sich vor meinen Augen eine Geschichte, in die ich vielleicht hineingezogen werde. Eine Liste ist viel technischer. Die Menge der Anliegen, die darauf stehen, können mich überfordern. Und da die verschiedenen Punkte auf der Liste in keinem Zusammenhang zueinander stehen, fällt es mir schwerer, meine Selbstdisziplin beim Beten aufrechtzuerhalten. Wenn ich bete, habe ich immer nur *eine* Karte vor mir; das hilft mir, mich auf diese Person oder dieses Problem zu konzentrieren.

GEBETSKARTEN FÜR FAMILIENMITGLIEDER

Meine Karte für Emily kennen Sie schon. Hier ist die Karte für meinen Sohn Andrew:

Andrew — 6/02: Einfluss ausüben für das Reich Gottes

Mit Emily – „Nehmt einander an, so wie Christus euch angenommen hat. Auf diese Weise wird Gott geehrt." Römer 15,7

Wie kann ich ihm im Glauben weiterhelfen?

Mathe + Lesen+ Naturwissenschaften + Gesellschaftswissenschaften + Bibel!

Ehrlichkeit „legt alle Heuchelei ab" – gerne lesen

Basketball, Leichtathletik, Tischtennis

Freunde – gute Freunde, die Jesus lieben

Psalm 51,8: „Du liebst Wahrheit, die im Verborgenen liegt."

Jesus kennen und mit ihm leben

1/03 Epheser 4,2: „Überhebt euch nicht über andere."

Jeder dieser Sätze steht für einen Bereich im Leben meines Sohnes, für den ich bete. Die Reihenfolge ist dabei nicht wichtig. Ich bete für seine Freundschaften, seinen Charakter, seine Beziehungen, sein Herz und seinen Verstand – wobei nichts zu weltlich ist. Als Andrew in die 8. Klasse ging und sich fragte, welche Sportart er wählen sollte, schrieb ich ein paar davon auf – Basketball, Leichtathletik und Tischtennis –, um dafür beten zu können. Er entschied sich für Leichtathletik.

Ich ließ das Wort Gottes wirken, indem ich Bibelstellen notierte. Jill und ich haben es immer wieder erlebt, dass Gott mein Gebet für Andrew beantwortete: „Die Wahrheit lieben, die im Verborgenen liegt" (Psalm 51,8; Luther 2017). Als ich sah, wie dieses Gebet sich in seinem Leben entfaltete, führte eins zum anderen, und am Ende besuchten mein Sohn und ich gemeinsam einen Seelsorger. Dies ließ zwischen uns eine dauerhafte Freundschaft entstehen. Gott holte mich in mein eigenes Gebet hinein.

Mit der Zeit wurde aus fast jedem Satz auf dieser Karte eine Minigeschichte mit so mancher Richtungsänderung auf dem Weg zu einer Antwort. Ich zeigte Jill die Karte, mehrere Jahre nachdem ich sie begonnen hatte, und ihre einzige Reaktion war: „Wow."

Hier ist Kims Karte:

Galater 5,22-23: „Der Geist Gottes bringt in unserem Leben hervor: ... Selbstbeherrschung."

Kimberly

Epheser 6,1: „Ihr Kinder, gehorcht euren Eltern! So erwartet es der Herr von euch, mit dem ihr verbunden seid."

„Gott aber, von dem ihr so viel unverdiente Güte erfahrt, hat euch durch Christus dazu berufen, nach dieser kurzen Leidenszeit in seine ewige Herrlichkeit aufgenommen zu werden. Er wird euch ans Ziel bringen, euch Kraft und Stärke geben und dafür sorgen, dass ihr fest und sicher steht." 1. Petrus 5,10

„Seid geduldig." Epheser 4,2

„Ich hoffe, dass es dir gut geht und du an Leib und Seele so gesund bist wie in deinem Glauben." 3. Johannes 2

Computer-Maus – Liberator besser – Aufräumen – gute Assistenten – Software – Frühstück – Benehmen in der Öffentlichkeit – Pferd

Beruf: Ansager, Bücherei, Datenerfassung – eine Berufung, eine Möglichkeit zu helfen

Kims Karte folgt demselben Muster wie Andrews, und sie sieht ähnlich zusammengewürfelt aus. Hinter den Einträgen auf Kims Karte steht eine Gebetsweise, die ich von J. O. Fraser gelernt habe, einem Missionar der China Inland Mission, der vor etwa hundert Jahren unter den Lisu in Südwestchina tätig war. Er stand vor der unmöglichen Aufgabe, die Menschen dieses Volksstammes zu Christus zu führen, obwohl sie ihm viel Widerstand entgegenbrachten, und so lernte er zwei Arten des Gebets: groß und klein.[60] Wenn wir an die Grafik mit der Hoffnungs- und der Realitätslinie zurückdenken (siehe Kapitel 21), dann blicken die großen Gebete auf die Hoffnungslinie und die kleinen Gebete auf die Realitätslinie. Wir brauchen beide.

Meine großen Gebete für Kim spiegeln sich in den Texten aus 1. Petrus, Epheser und 3. Johannes wider. Kims Leben ist schwer, also bitte ich um Gottes Segen. Oft bete ich mit 1. Petrus 5,10: „Gott, von dem ihr so viel unverdiente Güte erfahrt ... wird euch nach dieser kurzen Leidenszeit ... ans Ziel bringen, euch Kraft und Stärke geben."

Unten auf Kims Karte habe ich Gebetsanliegen für die täglichen kleinen Probleme in ihrem Leben aufgeschrieben. Eine geeignete Computer-Maus zu finden hielt uns zwei Jahre lang in Atem. Endlich fanden wir einen großen Trackball, mit dem Kim gut umgehen kann. „Liberator besser" ist ein Gebet für Kims Sprachcomputer. Ich notierte diese Bitte in dem Sommer, als sie an dem Sprachcomputer-Kurs teilnahm. „Pferd" schrieb ich auf, weil Kim sich immer ein Pferd gewünscht hat. Später wollte sie dann eine Kuh. Jetzt, wo ihr Bruder Andrew dabei ist, die Tochter eines Milchbauern zu heiraten, könnte sogar etwas daraus werden.

Die großen Gebete waren riesig und unmöglich, wie zum Beispiel, dass Kim „fest und sicher" werden möge (1. Petrus 5,10). Ich weiß noch, wie seltsam mir das vorkam, als ich es aufschrieb, so als wollte ich eine Tür öffnen, von der ich gar nicht wusste, ob es sie gab. Wir waren so sehr mit dem täglichen Überleben beschäftigt, dass wir uns nur schwer vorstellen konnten, wie Kim sich positiv weiterentwickeln könnte. Große Gebete helfen uns dabei, das Unmögliche zu erträumen. Sie helfen uns, groß zu denken.

Heute, elf Jahre nachdem ich diese großen Gebetsanliegen aufgeschrieben habe, sehe ich allmählich, wie Gott sie erhört. Nehmen wir eine simple Sache wie „fest und sicher". Als ich die

---

60 Geraldine Taylor: *Behind the Ranges.* Chicago, Moody, 1964, S. 140–158. Frasers Geschichte wurde von seiner Tochter Eileen Fraser Crossmann erzählt in dem Buch: *Mountain Rain.* Littleton, Colorado, OMF International, 1982.

Gebetskarte schrieb, war Kim alles andere als sicher, vor allem körperlich nicht. Doch nun, wo sie mit Hunden spazieren geht, muss sie über Gartenschläuche steigen, sich in Käfige hinunterbeugen und es schaffen, einen Hund bei sich zu halten. Sie ist im wahrsten Sinne des Wortes standfester geworden.

EINE GEBETSKARTE FÜR LEIDENDE MENSCHEN

Die Gemeinde kann ganz gut für Menschen beten, wenn diese eine klare Diagnose haben und ein Ende in Sicht ist. Wenn die Diagnose aber unklar ist und das Ganze sich endlos hinzieht, ist die Gemeinde oft überfordert. Mit anderen Worten: Wenn etwas zu echtem Leid wird, beten wir nicht!

„Ich denke an dich im Gebet" ist der einfachste Weg, sich höflich aus der Affäre zu ziehen. Es bedeutet so ungefähr: „Ich habe zwar die gute Absicht, für dich zu beten, aber weil ich es mir nicht aufschreibe, werde ich wahrscheinlich nie dafür beten. Doch ich sage das jetzt, weil es mir in diesem Moment wichtig ist und es seltsam wäre, wenn ich nichts sagen würde." So drücken wir im 21. Jahrhundert das aus, was Jakobus auch schon beschrieben hat: „Hoffentlich bekommt ihr warme Kleider und könnt euch satt essen" (Jakobus 2,16).

Eine Gebetskarte für leidende Menschen hilft uns dabei, das Leiden ernst zu nehmen, denn dadurch ist es uns möglich, über einen längeren Zeitraum zu beobachten, was Gott tut. Rund um einen Text aus dem Buch Jesaja habe ich auf der folgenden Gebetskarte die Namen von Menschen notiert, die in einer schwierigen Situation stecken oder krank sind. Indem ich regelmäßig für sie bete, stellt mein Herz sich auf ihre Probleme ein. Dann zögere ich auch nicht, sie zu fragen, wie es ihnen geht, denn sie liegen mir ja bereits am Herzen. So komme ich mir nicht wie ein Heuchler vor.

David Gray jun., beide mit Problemen, Rodney & Sarah Lee

Bob & Annette Winter

Mutter/Sue/Charlene

John

Krebs

Jenns

Roberta

Jesaja 61,1a.2b.3a

„Der Geist des Herrn ruht auf mir, weil er mich berufen und bevollmächtigt hat ... alle Trauernden zu trösten. Vorbei ist die Leidenszeit der Einwohner Zions! Sie streuen sich nicht mehr voller Verzweiflung Asche auf den Kopf, sondern schmücken sich mit einem Turban. Statt der Trauergewänder gebe ich ihnen duftendes Öl, das sie erfreut. Ihre Mutlosigkeit will ich in Jubel verwandeln, der sie schmückt wie ein Festkleid."

Singles, die sich einen Ehepartner wünschen

Carol

Jane

Ehekrisen

Roberta & George Carter

EINE GEBETSKARTE FÜR NICHTCHRISTEN

Ich habe immer mehrere Karten für Nichtchristen. Meine erste Karte schrieb ich für die Teilnehmer eines evangelistischen Hauskreises, den ich leitete. Bevor ich mit der Karte anfing, lief es in dem Kreis einigermaßen gut, doch meine Botschaft schien die Herzen der Leute nicht zu erreichen. Nach sechs Monaten beschloss ich, eine Gebetskarte zu schreiben und für jeden einzelnen täglich zu beten. Fast sofort geschahen im Leben dieser Menschen alle möglichen Ereignisse. Alle drei Kinder von Jane hatten plötzlich mit Problemen zu kämpfen. Ihr Mann Brad kam nicht mehr in den Hauskreis und sagte ihr, der christliche Glaube sei nur etwas für Schwächlinge. Später kam er für ein paar Monate zurück, blieb dann aber wieder weg, mit derselben Begründung. Gott kam ihm entgegen, indem er ihn schwach machte und zuließ, dass er Krebs bekam. Obwohl Brad immer noch jung im Glauben ist, bekennt er sich jetzt offen zu Christus.

> **Hauskreis**
>
> Brad: „Ich bin auf dem Weg, Christ zu werden!"
>
> Jane: „Wo sollen wir zum Gottesdienst gehen?"
>
> 1. Jane – ihr Leben Jesus unterstellen und glauben, dass er der einzige Weg ist.
>
>   Weisheit für mich zu wissen, wann ich dieses Thema anspreche.
>
> 2. Brad & Jane – im Glauben bleiben – den Glauben vertiefen.
>
> 3. In eine gute Gemeinde gehen. Weisheit zu wissen, was ich sagen soll.
>
> 4. Tom & Sandra – Gottes Wort möge sie leiten.

EINE GEBETSKARTE FÜR FREUNDE

Ich hätte wohl kaum regelmäßig für andere Männer in meiner Umgebung gebetet, wenn ich keine Gebetskarte für sie gehabt hätte. Wir Männer beten normalerweise nicht für Dinge, die funktionieren, wie zum Beispiel die Tapete an der Wand. Erst wenn die Tapete sich ablöst, fangen wir an zu beten.

> **Männer**
>
> Sam – nicht passiv sein, wünscht Nähe / vertrauensvolle Beziehung mit XXX, keine Zurückgezogenheit und Privatsphäre.
>
> „Rede ich den Menschen nach dem Munde, oder geht es mir darum, Gott zu gefallen? Erwarte ich, dass die Menschen mir Beifall klatschen? Dann würde ich nicht länger Christus dienen." Galater 1,10
>
> Robert – Herz, Augen
>
> Ralph – Vergebung für XXX, XXX
>
> James – XXX, Einigkeit zwischen XXX + XXX, Schreiben, Gesundheit
>
> Doug – von Jesus erfüllt, geschäftlich sehr erfolgreich

EINE UMFASSENDE SAMMLUNG VON GEBETSKARTEN AUFBAUEN

Eine umfassende Sammlung von Gebetskarten kann uns dabei helfen, unser gesamtes Leben im Gebet vor Gott zu bringen. Manche Karten nutze ich jeden Tag zum Gebet; andere verwende ich ab und zu, wobei ich jeweils eine oder zwei pro Tag in mein Gebet einbeziehe. Wie viele Karten man für einen bestimmten Bereich seines Lebens braucht, hängt von der eigenen Lebensgestaltung ab. Hierin ist jeder ganz frei. Folgende Karten habe ich für mich als sinnvoll empfunden:

- ❑ 4–10 Familienkarten (eine für jedes Familienmitglied)
- ❑ 1–3 Karten für Menschen in leidvollen Situationen
- ❑ 1 Freundeskarte
- ❑ 1 Karte für Nichtchristen
- ❑ 1 Karte für die Gemeindeleitung
- ❑ 1 Karte für meine Kleingruppe
- ❑ 1 Karte für Missionare und Werke
- ❑ 1–3 Karten für weltweite oder kulturelle Anliegen
- ❑ 3 Karten für das Berufsleben
- ❑ 1 Karte für Kollegen
- ❑ 3–5 Karten für das, wofür ich Buße tun sollte
- ❑ 3–5 Karten für Wünsche oder große Träume

Wenn Sie nicht so viel Zeit haben, um alle diese Karten auszufüllen, dann nutzen Sie Ihre Gebetszeit dafür. Anstatt zu beten, schreiben Sie an einem Morgen in der Woche jeweils eine Karte für einen dieser Bereiche. Sie brauchen die Karte noch nicht gleich vollständig auszufüllen. So habe ich mit allen meinen Karten angefangen. Schreiben Sie zum Beispiel auf eine Karte nur einen Bibelvers und die Namen von Menschen, die leiden. Belassen Sie es zunächst dabei.

*Wenn wir versuchen, den Tag in den Griff zu bekommen,
wird der Tag uns am Ende zermürben.
Wenn wir stattdessen den Zipfel des Gewandes
von Jesus ergreifen und nicht loslassen, bis er uns segnet,
dann wird er unseren Tag neu gestalten.*

Das Schwierige an den Gebetskarten ist nicht unser Zeitmangel, sondern unser mangelnder Glaube. Meistens spüren wir unseren Unglauben nicht so direkt – er lauert unter der Oberfläche unserer Gefühle und taucht erst auf, wenn wir eine Gebetskarte schreiben. Es sind Gefühle wie: „Das hört sich ja kitschig an" oder „Ich komme mir vor wie in einer Zwangsjacke" oder „Was nützt das schon?". Die alte Ausrede der Gesetzlichkeit kommt uns in den Sinn. Wir fürchten, die Spontaneität des kindlichen Gebets könnte unter der Verwendung der Karten leiden.

SICH SCHMUTZIG MACHEN

Beten heißt, Gott bitten, in unser Leben hineinzukommen und sich dort schmutzig zu machen. Ja, der ewige Gott schrubbt tatsächlich den Fußboden. Auf jeden Fall wäscht er uns die Füße. Also nehmen wir Jesus beim Wort. Bitten wir ihn. Sagen wir ihm, was wir wollen. Werden wir schmutzig. Schreiben wir unsere Anliegen auf. Lassen wir uns nicht gedankenlos durchs Leben treiben, betäubt von der Geschäftigkeit, die unsere Kultur uns vorgibt. Wenn wir versuchen, den Tag in den Griff zu bekommen, wird der Tag uns am Ende zermürben. Wenn wir stattdessen den Zipfel des Gewandes von Jesus ergreifen und nicht loslassen, bis er uns segnet, dann wird er unseren Tag neu gestalten.

30. DAS GEBET IN DIE TAT UMSETZEN

Bob mochte mich nicht besonders, und zwar schon seit Jahren nicht. Ihm gefiel nicht, wie ich aussah, wie ich mich anzog oder wie ich redete. Und das war nur der Anfang. So ungefähr alle zwei Jahre führte sein Ärger über mich zu einem Wutausbruch; die übrige Zeit behandelte er mich einfach nur wie einen Knecht. Anders als es sonst manchmal in Beziehungen geschieht, wurde seine Haltung mir gegenüber nicht im Lauf der Zeit milder und toleranter. Im Gegenteil: Bob ärgerte sich immer mehr über mich.

Irgendwann merkte ich, dass ich Bob zwar ertragen und sogar geliebt, aber nie regelmäßig für ihn gebetet hatte. Ich war davon ausgegangen, dass seine Einstellung mir gegenüber etwas so Unabänderliches war wie der blaue Himmel und einfach zum Leben dazugehörte. Immer wieder entdecke ich Bereiche in meinem Leben, wo das so ist. Also schrieb ich eine Gebetskarte für Bob und notierte 1. Petrus 3,4 darauf. Ich begann täglich dafür zu beten, dass Gott seine kritische Haltung mildern würde. Dann wartete ich ab.

Innerhalb eines Jahres musste Bob eine Leidenszeit durchmachen, und ich war in der Lage, ihm dabei zu helfen. Mehrere Jahre später erlebte er noch größeres Leid, und wieder durfte ich ihn unterstützen. Dieses Mal ging es ihm so schlecht, dass er meine Liebe und Fürsorge deutlich spürte. Zum ersten Mal in unserer

Beziehung milderte sich seine kritische Einstellung mir gegenüber merklich.

> Bob
>
> "ein freundliches und ausgeglichenes Wesen" 1. Petrus 3,4
>
> - dass er Gott durch Jesus Christus sieht
> - vollständige Heilung

Wenn ich bete, dass Christus in das Leben eines Menschen hineintritt, lässt Gott im Leben dieser Person oft Leiden zu. Satans Strategie ist es, uns hochmütig zu machen, uns in sein Leben der Arroganz hineinzuziehen. Gottes Strategie dagegen ist die Demut; mit ihr nimmt er uns in das Leben seines Sohnes hinein. Der Vater kann sich nichts Besseres vorstellen, als uns seinen Sohn zu schenken. Das Leid lädt uns dazu ein, uns dem Sohn in seinem Leben, Sterben und Auferstehen anzuschließen. Wenn wir das erkannt haben, ist das Leid nichts Fremdes mehr für uns. Petrus schreibt: „Meine lieben Freunde! Wundert euch nicht über die heftigen Anfeindungen, die ihr jetzt erfahrt. Sie sollen euren Glauben prüfen und festigen und sind nichts Außergewöhnliches. Freut euch vielmehr darüber, dass ihr mit Christus leidet; dann werdet ihr auch jubeln und euch mit ihm freuen, wenn er in all seiner Herrlichkeit erscheint“ (1. Petrus 4,12-13).

DAS GEBET IN DIE TAT UMSETZEN

Mein Gebet für Bob hatte ein dreifaches Muster, das mir bereits vertraut war. Zuerst schrieb ich mein Gebet auf. Dann beobachtete ich, wie Gott handelte, während ich weiterbetete. Und schließlich gab Gott mir die Gelegenheit, mein Gebetsanliegen in die Tat umzusetzen. Damit meine ich, dass Gott mich in mein eigenes Gebet hineinnahm, oftmals auf ganz praktische und demütige Weise.

Dieses Muster lässt sich auch in dem erkennen, wie Jesus das Wirken des Reiches Gottes beschreibt:

> Gottes Reich kann man vergleichen mit einem Bauern und der Saat, die er auf sein Feld gesät hat. Nach getaner Arbeit legt er sich schlafen, steht wieder auf, und das tagaus, tagein. Währenddessen wächst die Saat ohne sein Zutun heran. Ganz von selbst lässt die Erde die Frucht aufgehen: Zuerst kommt der Halm, dann die Ähre und schließlich als Frucht die Körner. Sobald aus der Saat das reife Getreide geworden ist, lässt der Bauer es abmähen, denn die Erntezeit ist da (Markus 4,26-29).

Drei Schritte werden hier aufgezählt: das Pflanzen, das Warten und dann wieder die Arbeit des Erntens. Die Beschreibung, die Jesus hier von der Ausbreitung des Reiches Gottes gibt, ist vielen von uns für ihr Gebetsleben fremd. Erstens kommen wir oft gar nicht erst auf den Gedanken, die Saat eines bewussten Gebets auszustreuen, weil wir meinen, dass Menschen wie Bob sich sowieso nicht ändern. Oder wir denken, ein solches Gebet sei zu einfach, so als würde man den Problemen ausweichen.

Zweitens: Wenn wir dann tatsächlich angefangen haben zu beten, warten und beobachten wir nicht, sondern wollen sofort eine Antwort. Wir fangen an zu maulen, wenn Gott gerade sein größtes Werk tut. Wird Bob vom Leid getroffen, dann denken wir, dass das Karma endlich Wirkung zeigt. Bob bekommt, was er verdient hat. Wir geben es wahrscheinlich nicht zu, aber wir sind versucht, uns über sein Leid zu freuen. Und Menschen wie Bob leiden nicht im Stillen.

Satans Strategie ist es, uns hochmütig zu machen,
uns in sein Leben der Arroganz hineinzuziehen.
Gottes Strategie dagegen ist die Demut;
mit ihr nimmt er uns in das Leben seines Sohnes hinein.

Und drittens erkennen wir die Erntezeit nicht, wenn sie da ist. Wir sind von einer landwirtschaftlich geprägten Gesellschaft weit entfernt und haben deshalb ganz vergessen, dass das Bild der Ernte, das Jesus verwendet, harte Arbeit bedeutet. Die Reihenfolge für die Ausbreitung des Reiches Gottes – Bitten (Saat), Beobachten (Wachstum) und Arbeit (Ernte) – wird von uns ins Gegenteil verkehrt: Statt gemeinsam mit Gott zu arbeiten, gehen wir das Problem allein an. Wir sagen Bob, was für eine Nervensäge er ist. Dann beobachten wir, wie die Beziehung sich verschlechtert. Und am Ende, wenn nichts mehr hilft, beten wir vielleicht. Doch dann sind wir schon zu dem Schluss gekommen, dass Bob ein hoffnungsloser Fall ist und Gott nichts dagegen tun kann. Das Gebet, so meinen wir, zeigt keine Wirkung.

Dass sich keine Wirkung zeigt, liegt allerdings nicht am Gebet, sondern an uns. Denn wir beten meist ja erst, wenn der Karren im Dreck ist. Dadurch lassen wir Gott keine Zeit, seine Geschichte zu schreiben. Insgeheim wünschen wir uns, dass er unser Gebet erhört, indem er an der Seele des anderen einen Zaubertrick vollführt. Unser „Das Gebet zeigt keine Wirkung“ bedeutet nichts anderes als „Du hast nicht getan, *was* ich wollte, *wie* ich es wollte und *wann* ich es wollte“.

NOCH MAL BOB

Nur wenn wir genau beobachten, erkennen wir die ungewöhnlichen Verbindungen, die Gott in seinem Reich schafft. Gott beantwortete mein Gebet um Sanftmut in Bobs Leben, indem er mir die Chance gab, Bob zu dienen, während dieser eine lange Leidenszeit durchmachte. Bobs Leid beeinflusste auch mein Leben. Paulus sagt, dass genau das das Wesen des Dienens ist: „Weil wir Christus gehören und ihm dienen, müssen wir viel leiden, aber in ebenso reichem Maße erfahren wir auch seine Hilfe" (2. Korinther 1,5). Das Leid öffnet die Tür zur Liebe. Es lässt die Ernte einer echten Veranderung heranreifen.

Bob ist immer noch Bob, aber er geht inzwischen etwas sanfter mit mir um. Außerdem empfinde ich eine ganz neue Liebe für ihn. Wenn wir uns um jemanden sorgen, der leidet, verbindet uns das mit dieser Person. Hier ein Ausschnitt aus einem Gespräch, das ich neulich mit Bob hatte:

„Paul, hast du schon mal einen Rhetorikkurs besucht?"

„Ja, während meiner theologischen Ausbildung."

„Sprichst du viel in der Öffentlichkeit?"

„Ja."

„Du sagst dauernd ‚äh', wenn du mit mir redest. Hast du schon gemerkt, dass du dauernd ‚äh' sagst?"

„Ja, das ist eine meiner schlechten Angewohnheiten."

„Es hört sich nicht gut an."

„Ja, du hast recht. Es klingt schlecht. Ich muss wohl daran arbeiten."

„Du musst einfach nur schweigen, anstatt ‚äh' zu sagen."

„Stimmt. Würdest du mir dabei helfen, indem du mich darauf hinweist, wenn ich wieder ‚äh' gesagt habe?"

„Ja, klar."

Bob ist aufrichtig darum bemüht, mir zu helfen, indem er mich auf ein Problem hinweist. Und mir hilft es zu wissen, dass er durch seine Kritik die Beziehung zu mir sucht. Für Menschen wie ihn ist es befriedigend, die moralische Ordnung des Universums wiederherzustellen.

Während ich über Bob und sein Leben nachdachte, wurde mir bewusst, dass er und ich ganz ähnliche Sündenstrukturen haben. Wir beide brauchen Jesus. Zu merken, dass ich mich manchmal auch wie Bob verhalte, ist vielleicht die beste Reich-Gottes-Ernte überhaupt.

31. GOTT ZUHÖREN

Vor ein paar Jahren zog ich mich im Dezember für einen Tag zurück, um über meinen Zielen für das darauffolgende Jahr zu beten. Wenn ich so wie an jenem Tag eine längere Gebetszeit habe, denke ich über Texte aus der Bibel nach und beziehe sie in mein Gebet ein. Manchmal bin ich einfach nur still vor Gott und halte inne, damit ich mir bewusst machen kann, in welche Richtung mein Leben geht und wohin mein Herz sich neigt. Dann stelle ich mir die Frage: *Wie spricht Gott in mein Leben hinein? Was tut er?*

Was möchtest du? Wo soll ich Schwerpunkte setzen? Wie soll ich das tun?

1. Warten und beten.
2. Zuhören. Geduld mit Menschen.
3. Entspannter mit anderen umgehen.
4. Mich in Demut üben.
5. Ein stilles Herz vor dir.
6. Umsichtigkeit, Würde.
7. Zeuge sein, mich nicht für Jesus schämen.

Während ich über das kommende Jahr nachdachte, schrieb ich in mein Gebetstagebuch: *Was möchtest du? Wo soll ich Schwerpunkte setzen? Wie soll ich das tun?* Dann kam mir ein Gedanke in den Sinn; er stand mir so klar vor Augen wie die Worte auf dieser Buchseite: *Ich möchte nicht, dass du dir nächstes Jahr irgendwelche Ziele setzt. Ich möchte an deinem Charakter arbeiten.* Überrascht fragte ich: *Welche Charakterprobleme?* Wieder kam ein klarer Gedanke: *Du weißt schon.* Ja, ich wusste es. Fast sofort fielen mir sieben Problembereiche ein und ich schrieb sie alle in mein Gebetstagebuch.

War es Gott, der an jenem Gebetstag zu mir sprach, oder schrieb ich nur meine eigenen Gedanken in mein Tagebuch? Um diese Frage zu beantworten, würde ich Ihnen gern den weiteren Verlauf der Geschichte erzählen. Danach werden wir gemeinsam darüber nachdenken, welche Vorteile es hat, auf Gottes Stimme zu hören, und welche Gefahren das in sich birgt.

Wenn ich jenen Tag dazu benutzt hätte, meine Ziele aufzuschreiben, anstatt zu beten, wäre alles vergebliche Mühe gewesen. Gott tat in dem darauffolgenden Jahr tatsächlich nichts weiter, als an meinem Charakter zu arbeiten. Alle sieben Bereiche, die ich notiert hatte, wurden jeweils zu einer kleinen Geschichte, die Gott durch Leiden prägte. Das möchte ich gern anhand des siebten Eintrags meiner Liste aufzeigen: Zeuge sein, mich nicht für Jesus schämen.

Kurz bevor ich mich für jenen Tag des Gebets zurückzog, fragte ich meinen Chef (der zugleich mein Vater war), wie ich mich in meiner Arbeit noch verbessern könnte. Vater antwortete: „Ich wünsche mir, dass dir die Verlorenen noch mehr auf dem Herzen liegen." Innerlich sträubte sich bei mir etwas dagegen. Dreizehn Jahre lang hatten er und ich Seite an Seite gearbeitet und unsere Missionsgesellschaft erweitert, sodass sie jetzt neunzig Missionare beschäftigte. Es gab wohl nicht viele Menschen, die mehr dafür getan hatten, die Verlorenen zu erreichen, als ich. Aber ich wusste, das hatte mein Vater nicht gemeint. Er wollte, dass es für mich *persönlich* zu einem größeren Anliegen wurde, mich um Menschen zu kümmern, die Jesus noch nicht kannten. Doch mir jagte das

Angst ein. Ich war in einem christlichen Elternhaus aufgewachsen und hatte christliche Schulen besucht. Ich war den Umgang mit Nichtchristen nicht gewohnt. *Paul,* dachte ich, *du bist einfach nur zu stolz, um zuzugeben, dass dein Vater recht hat.* Also begann ich dafür zu beten, dass Gott mir dabei half, Nichtchristen zu lieben und gern mit ihnen zusammen zu sein.

Vier Monate später, im April, betete ich wieder, während ich am Ufer des Mittelmeers in Spanien spazieren ging. Mein Herz war schwer. Mein Vater hatte gerade eine Operation am offenen Herzen hinter sich und erholte sich nicht mehr davon. Er lag im Sterben. Als ich am Pier entlangging, wie betäubt vor Schmerz, dachte ich wieder an die Liebe, die mein Vater für Nichtchristen hatte, und ich betete, dass Gott mir das Herz meines Vaters geben und die Liebe vermehren würde.

Nach Vaters Beerdigung rief mich ein Freund an und fragte, ob wir den Start des evangelistischen Hauskreises, den wir geplant hatten, verschieben sollten. Ich antwortete: „Nein. Vater hätte gewollt, dass ich das tue." Anfang Juni begann ich etwas nervös mit dem ersten Hauskreis, bei dem wir das Material zum Bibelstudium über Jesus verwendeten, das ich entworfen hatte. Zu der Gruppe gehörten Menschen mit sehr unterschiedlicher Herkunft. Die kleine Saat, die dort ausgesät wurde, vermehrte sich, und heute, Jahre später, bekomme ich regelmäßig E-Mails aus der ganzen Welt von Menschen, die andere mithilfe dieses Studienmaterials zu Jesus führen wollen.

HAT GOTT GEREDET?

War es Gott gewesen, der damals zu mir gesprochen hatte? War es der Heilige Geist, der mich angerührt hatte, oder folgte ich nur meiner eigenen Intuition? Ich glaube, dass Gott hier seine Hand im Spiel hatte, dass er an mir arbeitete und an jenem Gebetstag zu mir sprach. Und das sind meine Gründe:

Erstens waren meine Frage und die darauf folgende Antwort in ein Nachdenken über Gottes Wort eingebettet. Sie waren nur ein Abschnitt in einer Geschichte der Buße, die sich nach und nach entfaltete und auf die Bibel gegründet war. In Psalm 25,14 heißt es: „Menschen, die den Herrn ernst nehmen, zieht er ins Vertrauen. Er lässt sie verstehen und erfahren, was sein Bund mit seinem Volk bedeutet." Das war genau das Gegenteil von menschlicher Intuition, die in die falsche Richtung läuft. Tatsächlich wurde meine Intuition von Gott gelenkt.

Zweitens überraschte mich die Antwort. Ich bin ein Mensch, der schon fast davon besessen ist, sich Ziele zu setzen, doch ein solcher Gedanke war mir noch nie in den Sinn gekommen. Auch in der Bibel lesen wir, dass Gottes Eingreifen oft überraschend ist. Wer hätte die Menschwerdung Gottes, das Kreuz und die Auferstehung vorhersehen können? Der Gedanke, dass ich zu stolz war, klang ganz nach Gott. Es war definitiv seine Stimme. Das Ganze stimmte mit der Heiligen Schrift überein. Gott schreibt sein Wort in unsere Herzen hinein.

Und schließlich traf alles genau so ein. Gott tat in jenem Jahr nichts anderes, als an meinem Charakter zu arbeiten. Es machte keinen Sinn, sich Ziele zu setzen. Das Reich Gottes kam. Gottes Wille geschah. In der Bibel heißt es, wir können einen falschen Propheten daran erkennen, dass seine Prophetie nicht wahr wird (siehe 5. Mose 18,21-22).

WIE CHRISTEN SICH IRREN KÖNNEN

Es gibt zwei Möglichkeiten, wie wir als Christen auf den falschen Weg geraten können, wenn es darum geht, Gottes Stimme in unserem Leben zu hören. Dies wollen wir uns nun näher anschauen. Danach wollen wir uns mit der Frage beschäftigen, wie wir Gottes Stimme korrekt wahrnehmen können.

1. „Allein das Wort" – auf dem falschen Weg, weil wir gar nicht zuhören

Wenn wir uns allein auf Gottes geschriebenes Wort fixieren, um Gottes Handeln in unserem Leben zu erkennen, aber nicht beten und danach Ausschau halten, bekommen wir nicht mit, wie seine Geschichte sich entwickelt. Dann erleben wir nicht, wie der große göttliche Künstler den Charakter seines Sohnes in unsere Herzen hineinmalt. Unserem Leben fehlen der Glanz und die Unmittelbarkeit der Gegenwart Gottes.

Als der Heilige Geist mir meinen Stolz vor Augen führte, ließ er das Wort Gottes in meinem Herzen ganz persönlich wirken: „Beugt euch unter Gottes mächtige Hand. Dann wird Gott euch aufrichten, wenn seine Zeit da ist" (1. Petrus 5,6). Wenn ich mir an jenem Dezembermorgen nicht die Zeit genommen hätte zu beten und meine Fragen vor Gott zu bringen, wäre das darauffolgende Jahr nicht mit einem so reichen Sinn erfüllt gewesen, wie Gott es beabsichtigt hatte. Ich hätte seine Geschichte ganz und gar verpasst.

Der Gedanke *Paul, ich werde an deinem Charakter arbeiten* hatte auf mich eine ähnliche Auswirkung wie die Worte – „Du wirst dreimal leugnen, mich zu kennen" (Matthäus 26,34) –, die Jesus an Petrus richtete. Als Petrus nach seiner Verleugnung an die Warnung von Jesus zurückdachte, führte ihn das wahrscheinlich noch tiefer in die Buße. Es gab ihm aber auch Hoffnung und bewahrte ihn möglicherweise vor dem Selbstmord. Er konnte sagen: „Jesus wusste schon vorher, was ich tun würde, und trotzdem hat er mich geliebt und für mich gebetet, damit ich nicht verzweifle." Als im folgenden Jahr Leid in mein Leben kam, gab der unerwartete Gedanke, den Gott mir geschenkt hatte, diesem Leid einen Sinn und ein Ziel. Er schenkte mir Hoffnung.

Wenn wir denken, dass die Bibel sich nur ganz allgemein auf die Menschen bezieht, dann verpassen wir möglicherweise, dass Gott jedem Einzelnen von uns einen ganz persönlichen Rat geben möchte. Wir sind dann zwar religiös angehaucht und glauben auch an die Existenz Gottes, halten ihn aber aus unserem Leben heraus. Doch überall in der Bibel sehen wir, wie Gott zu uns mit einer persönlichen Note spricht und uns auffordert, ihm zu gehorchen und ihn zu lieben.

Sehen wir uns einmal an, wie der Heilige Geist das Wort Gottes in meinem Leben konkret werden ließ:

1. als ich meinen Vater fragte, wie ich mich in meiner Arbeit verbessern kann
2. als mein Vater mich ermutigte, die verlorenen Menschen zu meinem persönlichen Anliegen zu machen
3. als ich erkannte, dass ich einfach nur stolz war
4. als ich in Spanien betete
5. als ich mit dem Hauskreis begann

Wenn wir in unseren Lebensumständen, in der Schöpfung, im Leben anderer Christen und in der Heiligen Schrift die Handschrift Gottes erkennen, bewahrt uns das davor, unsere eigenen Gedanken für einzigartig zu halten. Gott spricht beständig zu jedem von uns, aber nicht einfach nur durch unsere Intuition. Wenn wir Gottes Handeln in den kleinen Dingen unseres Lebens sehen, trägt dies dazu bei, dass wir das Wort Gottes in unserem Leben praktisch anwenden. Wenn wir jedoch Gottes Reden einer zu engen Definition unterwerfen, begrenzen wir damit zugleich dessen Einfluss.

Es geht darum, dass wir einen Blick für den Hirten entwickeln. Ich muss mich auf die Stimme meines Vaters einstellen, um sie trotz des Lärms meines eigenen Herzens und meiner Umgebung hören zu können – was C. S. Lewis das „Königreich des Lärmes" nannte. Ich muss eine poetische Perspektive einnehmen, damit ich das Muster in der Kreation meines Vaters entdecken kann. Wie ein guter Geschichtenerzähler muss ich auf die Tonlage und den Herzschlag des göttlichen Geschichtenerzählers lauschen.

Jill und ich wurden zu Poeten, als wir ganz allmählich erkannten, welches Geschenk Kim für uns, zwei so selbstbewusste Menschen, war. Fast jede Geschichte, die ich Ihnen erzählt habe, hat etwas Poetisches an sich. „Bleibt wach und betet", wiederholt

Jesus wie einen Refrain gegenüber seinen Jüngern in Getsemane (Markus 14,38). Betet nicht wie im Ungewissen. Betet mit offenen Augen. Haltet Ausschau nach dem Muster, das Gott in euer Leben hineinwebt.

2. „Allein der Geist" – auf dem falschen Weg durch die Überbewertung der menschlichen Intuition

Eines Morgens, als ich in Emilys Zimmer betete, hörte ich eine Stimme, die von oben kam – so klar und deutlich, als ob ich ein menschliches Gegenüber hätte: „Paul, hier spricht Gott. Deine Frau braucht eine neue Küche." Etwa eine Minute später tauchte Jills grinsendes Gesicht in der Tür auf: „Paul, hat Gott heute Morgen auf besondere Weise mit dir gesprochen? Hat er irgendwas von einer Küche gesagt?"

Jills Scherz wirft ein Licht auf das Problem von Menschen, die häufig Gottes Stimme hören. Wenn wir unsere eigenen Gedanken oder Gefühle die „Stimme Gottes" nennen, dann erheben wir uns damit über Gott und höhlen die Autorität seines Wortes aus, indem wir der menschlichen Intuition den Status einer göttlichen Offenbarung verleihen. Wenn wir unsere Intuition nicht von der Bibel schützen und leiten lassen, dann werden wir zu geistlichen Amokläufern, die ihre eigensüchtigen Wünsche mit einer religiösen Sprache tarnen („Gott hat mir gesagt, dass ich sie heiraten soll …").

An der ersten christlichen Schule, an der ich unterrichtete, stellte die Schulleitung die Gehaltsschecks für ihre Mitarbeiter „im Glauben" aus, in der Hoffnung, dass Gott schon für alles sorgen würde. Auch wir Lehrer lösten unsere Schecks im Glauben ein, aber unsere Bank teilte diesen Glauben leider nicht und wies die Schecks zurück. Es überraschte uns nicht, dass die Schule eines Tages pleite war. Hinter den frommen Worten verbarg sich ein finanziell verantwortungsloses Verhalten.

Wenn ich nach meinem Gebetstag im Dezember unseren Mitarbeitern mitgeteilt hätte: „Gott hat mir gesagt, dass ich mir dieses

Jahr keine Ziele stecken soll", hätte ich meine eigenen Gedanken mit der Autorität der Bibel gleichgestellt. Tatsächlich aber vergaß ich das Gebet wieder, bis die ersten Schwierigkeiten in diesem Jahr auftauchten. Es war ein persönliches Wort von Gott für mich gewesen, das mir in schweren Zeiten Sinn und Hoffnung schenken sollte. Es war kein Wort, auf das ich mein Leben gründen sollte, sondern nur ein freundlicher Zuspruch von meinem himmlischen Vater.

Das Problem ist, dass der Heilige Geist auf demselben Kanal sendet wie die Welt, das Fleisch und der Teufel. Der Herr führt uns durchaus – wir müssen nur aufpassen, dass wir den Herrn nicht als Deckmäntelchen für unsere eigenen Wünsche und Vorstellungen missbrauchen. Wenn wir immer wieder zufällige Gedanken als „Wort des Herrn" interpretieren, werden wir irgendwann zu merkwürdigen Menschen. So geschah es auch mit einem Ehepaar:

Der Mann war im vollzeitlichen Dienst und hatte mit chronischer Erschöpfung und anderen Krankheiten zu kämpfen. Seine Frau hatte gerade herausgefunden, dass er von Schmerzmitteln abhängig war, und sie haderte deswegen mit Gott. Ich war bei ihnen zu Besuch, als sie mir erzählte: „Mein Mann und ich hatten beide den Eindruck, dass der Herr uns klar gezeigt hatte, wir sollten die Hefe aus unserem Haus verbannen. Das haben wir getan, aber mein Mann ist immer noch krank." Ich war so verdattert darüber, dass ich herausplatzte: „Das ist eine Irrlehre. Damit stellen Sie menschliche Eingebungen auf dieselbe Stufe wie das Wort Gottes." Ich erklärte ihnen auch, dass der Sauerteig in der Bibel ein Bild ist für eine kleine Menge des Bösen, die das Ganze durchdringt. Der eigentliche Sauerteig war meiner Meinung nach die Schmerzmittel-Abhängigkeit des Mannes. Die beiden hatten die Stimme Gottes viel zu hölzern interpretiert. Was ihnen fehlte, war der poetische Blickwinkel.

Manchmal habe ich Vorahnungen, dass jemandem, den ich liebe, irgendetwas Schlimmes zustoßen wird. Wenn das passiert, bete ich *gegen* meine Intuition an. Ich bitte um Segen, Bewahrung und ein langes Leben. Die Schlichtheit und Klarheit des Wortes

Gottes – „Ich hoffe, dass es dir gut geht und du an Leib und Seele so gesund bist wie in deinem Glauben“ (3. Johannes 2) – bewahrt mich davor, mich in meine Gefühlen zu verrennen. Ich frage mich, ob die „dunkle Nacht der Seele“, die manche Mystiker empfinden, nicht eher eine Beschreibung dessen ist, wie sehr sie sich in der Dunkelheit ihres Herzens verloren haben.

Paulus warnt die Kolosser vor Menschen, die „sich stolz auf ihre Visionen berufen“. Er schreibt, sie hätten „nicht den geringsten Grund, sich derart aufzuspielen. Sie drehen sich ja doch nur um sich selbst und halten sich nicht mehr an Christus, der doch das Haupt der Gemeinde ist“ (Kolosser 2,18-19). Paulus sieht eine Verbindung zwischen der Kommunikation mit Gott und einer falschen, überheblichen Spiritualität. Er möchte, dass wir unseren Blick auf das Haupt richten, den Guten Hirten, und nicht auf das Kommunikationsmittel. Tatsächlich erwähnt Paulus nie, dass Gott direkt zu ihm gesprochen hat, abgesehen von 2. Korinther 10–12, als die sogenannten Superapostel sich ihrer Visionen rühmten und Paulus angriffen. Doch selbst dann bringt er es nicht über sich zu sagen, dass er diese Visionen selbst gesehen hat. Er sagt: „Ich kenne einen Menschen“ (12,2). Dasselbe Muster ist in der Apostelgeschichte zu beobachten, wo Lukas gelegentlich andeutet, dass Paulus eine direkte Weisung von Gott erhielt, vor allem in Krisenzeiten. Meistens jedoch spricht Paulus einfach nur über seine eigenen Wünsche und Pläne.

Um korrekt unterscheiden zu können, ob es Gott ist, der zu uns spricht, oder nicht, dürfen wir den Geist und das Wort nicht voneinander trennen.

DAS WORT UND DEN GEIST ZUSAMMENHALTEN

Menschen, die sich vor allem auf den Heiligen Geist berufen (siehe die rechte Seite der folgenden Grafik), neigen dazu, das Hören auf Gott vom Gehorsam gegenüber Gottes Wort zu trennen. Unter dem Vorwand, „vom Geist geführt“ zu sein, können sie mehr oder weniger tun, was sie wollen. Was sie von Gott „hören", kann zum Vorwand für die Verwirklichung ihres eigenen Willens werden. Diese Gefühlsbetontheit verabsolutiert die eigenen Emotionen.

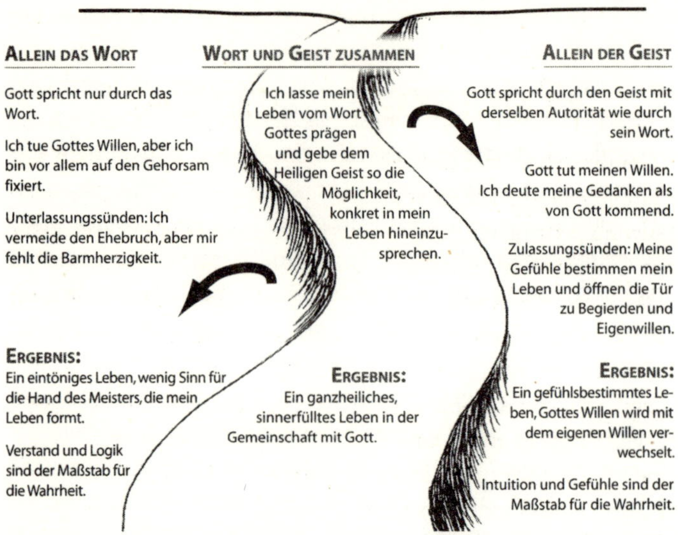

Menschen, für die nur das geschriebene Wort Gottes zählt, neigen ebenfalls dazu, Hören und Gehorsam voneinander zu trennen. Sie fixieren sich ganz auf den Gehorsam und ignorieren ein Leben des Hörens und der Buße. Auf Gott zu hören und ihm zu gehorchen sind im biblischen Denken so eng miteinander verbunden, dass es dafür ein einziges Wort gibt: *schama*. Unter dem Vorwand, dem Wort Gottes gehorsam zu sein, können solche Menschen sehr hart und streng sein. Wir müssen uns also sowohl vor dem Rationalismus hüten als auch vor einer allzu großen Gefühlsbetontheit.

Wir brauchen das Wort Gottes mit seinem absoluten Charakter und den Grenzen, die es vorgibt. Wir brauchen aber auch die intuitive, persönliche Leitung durch den Heiligen Geist. Das Wort Gottes gibt dafür die Struktur, das Vokabular vor. Der Heilige Geist verleiht dem Wort Gottes in unserem Leben eine konkrete

Bedeutung. Wenn wir Wort und Geist zusammenhalten, bewahrt uns das vor der Gefahr, das Reden Gottes als Vorwand für unsere eigenen Wünsche zu missbrauchen, sowie vor der Gefahr, ein von Gott isoliertes Leben zu führen.

WIE WIR EIN HÖRENDES HERZ BEKOMMEN

Die Gemeinschaft mit Gott ist eigentlich nichts Geheimes. Wenn wir ein geheiligtes Leben vor Gott führen, wenn unser Stolz und Eigenwille zerbrochen sind und wir um Gnade flehen, dann sind wir in Gemeinschaft mit Gott. So einfach ist das.

Das Zuhören ist nur ein Ereignis unter vielen, die geschehen, wenn unsere Seele mit Gott Kontakt aufnimmt. Wir können nicht auf Gott hören, wenn wir uns von einem Leben der Hingabe abgrenzen, das uns in seine Geschichte für unser Leben hineinnehmen will. Und es muss eine Evangeliumsgeschichte sein. Damit meine ich, dass wir unser Sterben, unsere Schwachheit mitbringen und Gott seine Gnade und seine Auferstehung.

Unter Christen gibt es manchmal die Tendenz, sich ausschließlich darauf zu konzentrieren, Gottes Stimme zu hören, so als ob man einen verborgenen Kommunikationsweg entdecken könnte, der das Gebetsleben umkrempelt. Dabei wird oft das Hören auf Gott besonders hervorgehoben und in den Mittelpunkt gestellt, anstatt Gott selbst ins Zentrum zu rücken. Ohne es zu merken, starrt man bei dieser Art des Betens eher *auf* die Windschutzscheibe, anstatt *hindurch*zuschauen.

Wenn die Bibel über die Kommunikation mit Gott spricht, setzt sie voraus, dass ich weiß, was Gott sagt. Das Problem ist nicht die Aktivität des Zuhörens, sondern die Fähigkeit unseres Herzens, auf Gott zu hören. Bin ich aufmerksam gegenüber Gott? Ist mein Herz vorbereitet und aufnahmebereit? Erinnere ich mich an Gottes Wege, an seine Gebote? In Psalm 25,15 heißt es: „Unermüdlich blicke ich auf den Herrn." Das Kommunikationsmittel selbst ist zweitrangig, denn es geht darum, ob unser Herz zur Hingabe bereit ist. Unsere Verantwortung besteht darin, ein hörbereites Herz zu entwickeln, mitten in dem Lärm, den unser Herz selbst bereitet, dem Lärm der Welt und nicht zuletzt auch dem Lärm, den der Teufel veranstaltet.

Das Zusammenspiel zwischen dem Geist Gottes und meinem Geist ist ein Geheimnis. David beschreibt das in Psalm 16,7 mit den Worten: „Ich preise den Herrn, denn er gibt mir guten Rat. Selbst nachts erinnert mich mein Gewissen an das, was er sagt." Die parallele Struktur des Verses legt nahe, dass „der Herr gibt mir guten Rat" gleichbedeutend ist mit „mein Gewissen [wörtlich: ‚meine Eingeweide'] erinnert mich an das, was er sagt". Was geschieht denn nun hier? Spricht Davids Gewissen zu ihm, oder gibt Gott ihm einen Rat? Beides lässt sich nicht voneinander trennen.

Wenn wir uns auf die Stimme unseres Vaters einstellen, ist das schwer zu erklären, aber es ist dennoch real. Wir können es nur erfahren und einige Kennzeichen davon beschreiben. Wir sind jedoch nicht in der Lage, dieses Zusammenspiel zu analysieren. Der Rat, den Gott David gab, ist untrennbar verbunden mit Davids aktiver Suche nach Gott: „Ich sehe immer auf den Herrn" (Psalm 16,8). Der Rat, den Gott gibt, ist nicht vergleichbar mit dem eines Wahrsagers; er setzt voraus, dass wir mit einem demütigen Herzen nach Gott fragen.

32. DAS GEBETSTAGEBUCH – DIE INNERE REISE FESTHALTEN

Die Praxis des Tagebuchschreibens und der Gedanke, dass mein Leben eine Geschichte mit einem tieferen Sinn ist, sind beide im christlichen Glauben verwurzelt. Die Autobiografie *Bekenntnisse* des Kirchenvaters Augustinus, die um 400 n. Chr. verfasst wurde, beschreibt die innere Reise der Seele. Es war das erste echte Tagebuch. Augustinus war der Erste, der die inneren Vorgänge seines Herzens erkannte und über den Sinn schrieb, der sich wie ein roter Faden durch sein Leben zog.

Er beschreibt, wie er dem lebendigen, sprechenden Gott begegnete, als er zufällig die Stimme eines Kindes aus der Nachbarschaft hörte, das ein kleines Lied sang. Er hatte die Predigten des Bischofs Ambrosius gehört und hatte seine eigene Sünde, vor allem die sexuelle, zutiefst erkannt. Er schreibt:

> So sprach ich und weinte in der größten Bitterkeit meines Herzens. Und siehe, ich höre da aus dem benachbarten Hause die Stimme eines Knaben oder eines Mädchens in singendem Tone sagen und öfters wiederholen: „Nimm und lies, nimm und lies." Sogleich veränderte sich mein Gesichtsausdruck. […] Da hemmte ich den Strom meiner

> Tränen und stand auf; konnte ich mir doch keine andere Erklärung geben, als dass eine göttliche Stimme mir befehle, die Schrift zu öffnen und das erste Kapitel, auf das ich gestoßen, zu lesen. [...] Ich [...] öffnete sie und las für mich das Kapitel, auf das zuerst meine Augen fielen: „Nicht in Schmausereien und Trinkgelagen, nicht in Schlafkammern und Unzucht, nicht in Zank und Neid; sondern ziehet den Herrn Jesum Christum an und pfleget nicht des Fleisches in seinen Lüsten." Ich wollte nicht weiterlesen, es war auch nicht nötig; denn bei dem Schlusse dieses Satzes strömte das Licht der Sicherheit in mein Herz ein, und alle Zweifel der Finsternis verschwanden.[61]

Der Heilige Geist, der durch ein Kind gesprochen hatte, ließ das Wort Gottes im Herzen von Augustinus lebendig werden. Als Gott die Seele des Kirchenvaters anrührte, wurde dieser mit Leben erfüllt und erkannte den tiefen Sinn seines Daseins.

Wenn das Leben einen Sinn bekommt, wird es zu einer Reise, zu einem spirituellen Abenteuer. Dieses Abenteuer schriftlich festzuhalten, so wie es sich ereignet, vermittelt uns ein Gefühl für unseren Platz in der Geschichte, die Gott in unserem Leben schreibt. Das Tagebuch macht uns die Reise, auf der wir uns befinden, bewusst.

Der Gedanke, dass wir auf einer spirituellen Reise unterwegs sind, ist tief in der Psyche des Christentums verwurzelt. Schon in Psalm 23 finden sich viele Hinweise auf solch eine Reise: „Er *führet mich* zum frischen Wasser. [...] Er *führet mich* auf rechter *Straße* [...] Und ob ich schon *wanderte im finstern Tal*, [...] du bist bei mir [...] . Gutes und Barmherzigkeit *werden mir folgen mein Leben lang*" (Luther 2017; Hervorhebungen hinzugefügt).

Auf dieser Reise lauern Gefahren. Von außen drohen „das fins-

---

61 *Des heiligen Kirchenvaters Aurelius Augustinus Bekenntnisse.* Aus dem Lateinischen übersetzt von Dr. Alfred Hofmann. Bibliothek der Kirchenväter, 1. Reihe, Band 18; Augustinus Band VII, 8. Buch, 12. Kapitel, München 1914. (Siehe: http://www.unifr.ch/bkv/kapitel70-11.htm).

tere Tal" und die „Feinde". Und innerlich kämpfe ich gegen eine ruhelose Seele an. So wie eine Figur in einem guten Roman muss ich Entscheidungen treffen. Soll ich vor meinen Feinden fliehen oder warten, bis der Herr mir vor deren Angesicht den Tisch deckt? Fülle ich meinen Teller mit allem Möglichen, oder lasse ich mich vom Hirten „auf einer grünen Aue weiden"? Das Leben wird zu einem Abenteuer.

Dieses Bewusstsein, dass unsere Seele sich auf einer inneren Reise befindet, war in der Geschichte des Christentums unablässig vorhanden. Die Tagebücher jedoch, die im 16. und 17. Jahrhundert von den englischen Puritanern geschrieben wurden, hoben dieses Bewusstsein auf eine ganz neue Ebene. Die Puritaner wollten schriftlich festhalten, was Gott in ihrem Leben tat. Von dort war es nur noch ein kleiner Schritt bis zu John Bunyans *Pilgerreise* und Daniel Defoes *Robinson Crusoe*.

Beides sind Geschichten, die sich um die innere Abenteuerreise drehen, und sie ebneten den Weg für die Entstehung des Entwicklungsromans. Edward Said, ein führender palästinensischer Geisteswissenschaftler, weist darauf hin, dass der Roman „eine spezifisch christliche Literaturgattung ist. Er setzt eine Welt voraus, die unvollendet ist, die sich nach Erlösung sehnt, und er bewegt sich darauf zu. Im Gegensatz dazu [...] ist die Welt des Islam eine abgeschlossene und vollendete."[62]

Die Geschichten, die ich in diesem Buch erzählt habe, sind Miniabenteuer. Wird Ashley ihre Kontaktlinse finden? Wird Kim sprechen lernen? Wird sie einen Job bekommen? Mit Gott unterwegs zu sein ist alles andere als langweilig.

Viele von uns hasten durch ihr Leben und sind sich nur wenig darüber bewusst, dass es eine Pilgerreise ist, die Gott für uns vorbereitet hat. Wenn uns eine Tragödie ereilt, haben wir es nicht gelernt, Gottes Wege zu erkennen, also haben wir keinen Deutungsrahmen und wissen nicht, wie wir reagieren sollen. So schleppen

---

62 Peter J. Leithart, der Edward Saids Ausführungen zusammenfasst in: *„Bunyan, Defoe, and the Novel."* First Things, 5. November 2005, https://www.firstthings.com/blogs/leithart/2005/11/bunyan-defoe-and-the-novel.

wir uns durchs Leben und versäumen es, uns von Gott berühren zu lassen.

Wenn wir unser Leben als eine Pilgerreise betrachten, wird es zu einem runden Ganzen. Es bekommt einen Sinn.

Wenn wir ein Gebetstagebuch führen, hilft uns das, unterwegs innezuhalten und uns klarzumachen, wo wir stehen. Wir werden zu Poeten, die einen künstlerischen Umgang mit ihrer Seele pflegen. Mithilfe des Gebetstagebuchs können wir darüber nachdenken, was Gott tut, und erkennen die Handschrift unseres Vaters, der für uns sorgt, anstatt dass wir nur auf unser Leben reagieren. Wenn wir unser Leben als eine Pilgerreise betrachten, wird es zu einem runden Ganzen. Es bekommt einen Sinn. Die Geschichte zu verstehen bringt unsere Seele zur Ruhe. Ein unruhiges Leben zu führen, ist in Ordnung, aber eine unruhige Seele zu haben ist unvernünftig.

UNSER EIGENES ICH AUF DER REISE KENNENLERNEN

Wenn wir mit dem Hirten unterwegs sind, erkennen wir unser wahres Ich immer klarer. In seiner Autobiografie erinnert sich Augustinus daran, wie er als Junge unreife Birnen aus dem Garten des Nachbarn stahl, obwohl er in seinem eigenen Garten reife Birnen hatte.[63] Weil Augustinus dem lebendigen Gott begegnet war, konnte er die irrationale Neigung seines Herzens zum Bösen erkennen.

Wir haben bereits gesehen, wie persönlich Psalm 23 ist; *mir,*

63 *Des heiligen Kirchenvaters Aurelius Augustinus Bekenntnisse.* Aus dem Lateinischen übersetzt von Dr. Alfred Hofmann. Bibliothek der Kirchenväter, 1. Reihe, Band 18; Augustinus Band VII, 2. Buch, 4. Kapitel, München 1914. (Siehe: http://www.unifr.ch/bkv/kapitel64-3.htm).

mein und *ich* tauchen 17-mal in diesem Text auf. Wenn wir den Hirten entdecken, wird unser Ich befreit. David ist sich seiner selbst bewusst, weil er sich der Liebe Gottes bewusst ist. Das Licht Gottes lässt uns unsere innere Reise erkennen.

Das moderne Streben nach Selbstverwirklichung ist die säkulare Version der christlichen Entdeckung des Ich. Wenn der Hirte uns nicht darin leitet, unser wahres Ich in der Beziehung zu ihm zu sehen, kommen wir vom Weg ab und drehen uns nur noch um uns selbst. Anstatt unsere Neigung zum Bösen zu erkennen, werden wir, was uns selbst betrifft, immer empfindlicher und sensibler, aber zugleich unsensibel anderen gegenüber. Wir sehen uns selbst nicht mehr klar.

Die spirituelle Pilgerreise ist genau das Gegenteil. Die Entdeckung des Ichs in der Beziehung zu Gott führt zu einem bußfertigen Lebensstil. Zum Beispiel erkennen wir unsere eigene Ungeduld nur selten. Wir haben vor allem den Eindruck, dass die anderen viel zu langsam sind. Weil wir uns selbst automatisch als den Mittelpunkt unseres eigenen Universums betrachten, bemerken wir unsere Reizbarkeit nicht. Wir merken nur, dass die anderen uns ständig nerven. Hier kann ein Gebetstagebuch hilfreich sein.

Die Gemeinschaft oder das Gespräch mit Gott lässt sich in zwei Fragen zusammenfassen:

1. Wie geht es mir? Was kommt auf mich zu? Bin ich glücklich, traurig, dankbar, entmutigt, wütend, frustriert?
2. Was sagt Gott zu mir? Was steht in seinem Wort?

Wenn ich in meinem Gebetstagebuch über diese beiden Fragen nachdenke, dann löst der lebendige Gott den Nebel auf und ich erkenne mein wahres Ich. Das führt mich in die Buße. So überrascht es gar nicht, dass die Buße im Vaterunser einen so hohen Stellenwert hat: „Dein Reich komme, dein Wille geschehe" (Matthäus 6,10) trifft unser eigenes Königreich und unseren Eigenwillen ins Herz; „führe uns nicht in Versuchung" (6,13) soll uns von der Sünde abhalten; und „vergib uns unsere Schuld" (6,12) kittet die Scherben.

Es ist ausgeschlossen, dass wir mit dem Hirten unterwegs sind und uns dabei nicht verändern. Seine Gegenwart ermöglicht es uns, einen ehrlichen Blick auf unser Inneres zu werfen. Was das bedeutet, möchte ich Ihnen anhand von zwei Beispielen aus meinem Leben verdeutlichen. Das erste Beispiel zeigt, wie ich mein Gebetstagebuch im Verlauf eines ganzen Jahres verwende; das zweite Beispiel zeigt den Gebrauch des Gebetstagebuches während eines Gebetstages.

DAS GEBETSTAGEBUCH IM VERLAUF EINES JAHRES VERWENDEN

In dem Jahr, das auf jenen Gebetstag im Dezember folgte, begab ich mich auf eine innere Reise. Im Februar, als die Probleme in meinem Leben wuchsen, schrieb ich in mein Gebetstagebuch: *Hilf mir, dass ich nicht vor dem Kelch des Leidens zurückschrecke, den du für mich vorbereitet hast.* Ich erinnerte mich an die Liste mit sieben Charaktereigenschaften, die ich zwei Monate zuvor in mein Tagebuch geschrieben hatte, und beschloss, aus jedem dieser Einträge ein Gebet zu machen. Dabei war ich mir sehr wohl bewusst, dass Gott meinen Charakter durch Leiden verändern wollte.

Ende März notierte ich folgende Gedanken über mich selbst:

> Wenn ich meine, dass ich recht habe, bin ich schnell dabei, mich zu verteidigen, aber ich bin langsam im Verstehen. Ich kann sehr leidenschaftlich, verurteilend und stolz sein. Jesus, mach mich ruhig, vorsichtig und demütig, und bis das geschehen ist, hilf mir, den Mund zu halten!

Im Dezember hatte Gott mir Bereiche meines Charakters gezeigt, die ich seiner Herrschaft unterstellen sollte. Nun konnte ich mithilfe meines Gebetstagebuches nachvollziehen, was er auf der höheren Ebene der Geschichte unternahm, um mich seinem Sohn ähnlicher zu machen. Monat für Monat arbeitete er an mir.

Im Juni stellte ich fest, dass Gott nicht sonderlich daran interessiert war, mich aus meiner schwierigen Situation zu befreien. Er wollte mich einfach nur verändern. Ich schrieb: „Zum ersten Mal seit vier Monaten kommt mir der Gedanke attraktiv vor, mich in allererster Linie auf die Buße zu konzentrieren." Es war eine Erleichterung zu erkennen, dass Gott mir rundum Grenzen gesetzt hatte. Das nahm einigen Druck von mir. Es hielt mich davon ab, nach Wegen zu suchen, wie ich meine Situation verbessern könnte, und half mir, mich auf meine Buße zu konzentrieren.

Ende des Monats erkannte ich, dass Gott mich lehren wollte, auf Menschen zu hören, die ein Problem mit mir hatten. Folgendes schrieb ich daraufhin über diesen Lernprozess in mein Tagebuch:

- ❑ Sei empfindsam dafür, wie schwer es dem anderen fällt, dir das mitzuteilen. Frag ihn: „Willst du, dass ich darauf reagiere, oder soll ich nur darüber nachdenken?"
- ❑ Auch wenn der Vorwurf ungerechtfertigt erscheint, versuch darin etwas zu finden, was du tatsächlich falsch gemacht hast.
- ❑ Sei nicht auf die Wahrheit fixiert. Die Wahrheit ist, dass ich die andere Person lieben soll.
- ❑ Wiederhole, was die andere Person gesagt hat.
- ❑ Stell Fragen über die andere Person.
- ❑ Sei zurückhaltend mit Erklärungen.
- ❑ Sag der anderen Person nicht gleich, was sie falsch gemacht hat, sondern warte damit.

Im darauffolgenden Monat hatte ich noch nicht den Eindruck, dass ich große Fortschritte gemacht hatte. Ich schrieb in mein Tagebuch: *Ich bin zu schnell zornig geworden. Ich habe nicht gleich zugehört. Stattdessen habe ich selbst gleich geredet.* Am Ende des Jahres jedoch schrieb ich Einträge wie diesen: *Ich bin ein anderer Mensch als damals, bevor dies alles anfing. Ich bete darum, dass es so bleibt. Gib mir ein gehorsames Herz.*

Wenn wir unseren Blick auf den Hirten richten, werden wir uns unserer selbst bewusst. Das finstere Tal wird zu einem Tal mit Ausblick. Wie wir gesehen haben, ermöglicht das Tagebuch es uns, die Geschichte zu erkennen, die Gott in unserem Leben schreibt. Statt durchs Leben zu hetzen, halten wir inne und denken nach.

DAS TAGEBUCH IN DER MORGENDLICHEN GEBETSZEIT VERWENDEN

Wenn wir ein Gebetstagebuch führen, so hilft uns das dabei, den Zustand unseres Herzens in Worte zu fassen. Begleiten Sie mich, wenn ich Sie einmal mitnehme in eine meiner morgendlichen Gebetszeiten, während ich in meinem Leben mit ein paar schwierigen Problemen zu kämpfen hatte:

Sobald ich zur Ruhe kam, um zu beten, und darüber nachdachte, wie es mir ging, merkte ich, dass ich ärgerlich war. Das erste Wort, das ich niederschrieb, war *Wut*. Ich notierte, warum ich so zornig war, und bat Gott um seine Gnade. Dann überlegte ich, was Gott mir vielleicht sagen wollte. Ich blätterte durch die Psalmen, bis ich dort einen Text fand, der meinen inneren Zustand treffend beschrieb: Psalm 102.

- ❑ Ich fühle mich wie ein einsamer Vogel auf dem Dach (Vers 8).
- ❑ Du hast mich hochgeworfen und zu Boden geschmettert (Vers 11).
- ❑ Mein Leben gleicht einem Schatten, der am Abend in der Dunkelheit verschwindet. Ich bin wie Gras, das bald verdorrt (Vers 12).
- ❑ Mein Gott, lass mich nicht jetzt schon sterben! (Vers 25).

Es war auf seltsame Weise tröstlich, über einen Bibeltext nachzudenken, der mein derzeitiges Leben widerspiegelte. Ich sagte zu Gott: *Ich bin nicht zuversichtlich, dass du mich befreien wirst. Ich habe das Gefühl unterzugehen.* Ich betete, dass er mich retten sollte, und schrieb als Nachgedanken auf: *Bis das geschieht, gib mir den Glauben zu warten.*

Dann dachte ich über meinen Seelenzustand nach: *Meine Unfähigkeit, auf deine Hilfe zu warten, rührt daher, dass ich denke, die Rettung komme von mir.* Das führte dazu, dass ich anfing, über das im Buch der Offenbarung beschriebene Leiden nachzudenken. Also wandte ich mich dorthin und schlug alle Stellen über das geduldige Ausharren nach (Hervorhebungen von mir):

- ❑ Ich, Johannes, bin euer Bruder und teile mit euch Bedrängnis und Verfolgung. Wie ihr *halte ich* darin *geduldig und standhaft aus* (1,9).
- ❑ *Wartet* noch kurze Zeit [...] (6,11).
- ❑ Hier muss sich die *Standhaftigkeit* und die *Treue* aller bewähren, die zu Christus gehören (13,10).
- ❑ Hier muss sich die *Standhaftigkeit* aller bewähren, die zu Christus gehören (14,12).

Dann fielen mir drei Situationen aus der letzten Zeit ein, in denen ich nicht gewartet hatte. Ich schrieb sie auf. Gegen Ende meiner Gebetszeit las ich Jesaja 30,15, wo Gott den Israeliten sagt, dass sie durch Ruhe, Vertrauen und Geduld gerettet würden, statt umherzulaufen und sich selbst retten zu wollen.

Meine Gebetszeit hatte mit einem Gefühl der Wut und Niedergeschlagenheit begonnen und sie endete damit, dass der Heilige Geist mir ein Wort der Heiligen Schrift zurief, das genau zu dem Zustand meines Herzens passte. Unwillkürlich hatte sich der Schwerpunkt meiner Stillen Zeit verlagert von „Paul, das Opfer" zu „Paul, der Sünder". Am Ende hatte ich einen klaren Plan: Tu nichts. Warte auf Gott.

Der Schlüssel zu all dem war, die eigenen Gefühle ehrlich einzugestehen und dann die Bibel zu meinem Herzen sprechen zu lassen. Indem ich aufrichtig war, sprach mein wahres Ich. Ich versuchte gar nicht erst, gut zu erscheinen. Betrachten wir unser Leben durch die Brille der Bibel, dann gehen wir selten in die Irre. Wir können authentisch sein, ohne uns in unseren Gefühlen zu verlieren.

Wenn ich meine Überlegungen nicht niedergeschrieben hätte, hätte ich nicht erkannt, was Gott mich lehren wollte. Als ich damit fertig war, wusste ich, welche Rolle ich in Gottes Geschichte spielen sollte. Ich sollte hinter den Kulissen bleiben und dort in einer Ecke warten. Das ist nicht besonders ruhmvoll, aber ein klarer und deutlicher Weg. Wenn ich mein Herz für Gott öffne, damit er durch sein Wort zu mir sprechen kann, öffnet das die Tür zur Buße. Meine Gebetszeit selbst war eine kleine innere Reise, sozusagen eine Minigeschichte.

Wir müssen keine guten Autoren sein, um ein Gebetstagebuch zu schreiben, und auch nicht besonders konsequent. Es ist einfach nur die schriftliche Version eines kindlichen Gebets, nur ein bisschen geordneter. Beginnen Sie mit dem, was Ihnen auf dem Herzen liegt, was Sie quält oder wofür Sie dankbar sind. Wenn Sie vor Gott authentisch bleiben, dann fließt alles von ganz allein.

Unsere Sorgen, Freuden und Gebete schriftlich festzuhalten, hilft uns bei der Konzentration und bewahrt vor Ablenkung. Das Beste daran aber ist, dass wir mit der Zeit ein Muster des Handelns Gottes erkennen und den roten Faden seiner Geschichte nachverfolgen können.

33. BETEN IM ECHTEN LEBEN

Betend leben ist das Beste, was ich als Ehemann, Vater, Mitarbeiter und Freund tun kann. Ich kenne das Unkraut des Unglaubens, das in meinem eigenen Leben wächst, und weiß um die Schwierigkeiten anderer. Der Heilige Geist legt seinen Finger auf die Probleme, die nur er lösen kann.

Tatsächlich bewältige ich mein Leben vor allem durch meine tägliche Gebetszeit. Ich präge mein Inneres, meine Arbeit, meine Familie – ja, eigentlich alles, was mir lieb und teuer ist – durch das Gebet in der Gemeinschaft mit meinem himmlischen Vater. Das tue ich, weil ich selbst keinen Einfluss auf mein eigenes Herz und mein Leben habe. Und auch nicht auf das Herz und das Leben der Menschen in meiner Umgebung. Aber Gott hat diesen Einfluss.

Die folgende Schilderung einer morgendlichen Gebetszeit ist wie ein kleines Fenster, durch das wir beobachten können, wie das alles geht.

EINE GEBETSZEIT AM MORGEN

An dem Tag, an dem ich diese Zusammenfassung einer morgendlichen Gebetszeit schrieb, klingelte mein Wecker um 5:40 Uhr. Ich blieb noch fünf Minuten liegen, dann kroch ich aus dem Bett, zog mich an und setzte mich ins Wohnzimmer, um zu beten. Jill war schon zum Beten nach unten gegangen. Kaum hatte ich mich hingesetzt, fing Kim an umherzugehen. Ich sagte ihr, sie solle sich wieder ins Bett legen. (Das war noch in der Zeit, bevor ich auf den Gedanken kam, dafür zu beten, dass sie mit dem Herumwandern aufhört.)

Doch zurück zu meiner Stillen Zeit: Ich begann mit einem kindlichen Gebet, indem ich über den Vortag nachdachte und Gott dafür dankte, dass er auf vielerlei Weise wie ein Hirte für unsere Familie gesorgt hatte. Am Tag davor hatten wir nämlich einen schönen Anruf von unserer 19-jährigen Tochter Emily aus Guatemala erhalten. Sie teilte uns mit, dass sie auf das College gehen würde, das wir uns für sie gewünscht hatten. Nur zwei Tage zuvor hatten wir über diese Frage mit ihr diskutiert, und jenes Telefonat war etwas spannungsreich gewesen. Als wir aufgelegt hatten, beteten Jill und ich darüber. Wir kamen zu dem Schluss, dass wir Emilys Entscheidung unterstützen sollten. Dann rief Emily wieder an und sagte, sie habe gebetet und das Buch Esther gelesen, und Gott habe ihr aufs Herz gelegt, sie solle unserem Rat so folgen, wie Esther Mordecais Rat gefolgt war. Mein Herz quoll vor Dankbarkeit über. Zehn Jahre davor hatte ich diesen Vers auf die Gebetskarte für Emily geschrieben: „Ihr Kinder, gehorcht euren Eltern! So erwartet es der Herr von euch, mit dem ihr verbunden seid“ (Epheser 6,1). Ich hatte viele Male dafür gebetet, dass Gott diesen Vers in Emilys Leben verwirklichte. Es ging mir eigentlich nicht so sehr darum, dass Emily das College besuchte, das wir uns wünschten; viel wichtiger war mir die Veränderung ihres Herzens, die sich bei dem Telefonat in ihrer neuen Haltung uns gegenüber zeigte. Ich notierte das Datum in meinem Gebetstagebuch und schrieb ein kurzes Dankgebet auf.

Noch während ich schrieb, fing ich an, über einen Nachrichten-Blog nachzudenken, den ich häufig besuchte. Am Tag davor kam mir der Gedanke, dass es zwar eine nette Pause für mich war, wenn ich den Blog mehrmals täglich aufrief, aber andererseits förderte er auch den Unglauben in meinem Leben. Erst vor einer Woche hatte ich dafür gebetet, dass mein himmlischer Vater mir zeigen sollte, was den mangelnden Glauben in mir nährte. Allmählich erkannte ich, dass ein zu hoher Medienkonsum meine Sicht der Welt auf subtile Weise prägte. Ich hielt auch das schriftlich fest, weniger als Gebet, mehr als einen Gedanken.

Wieder fing Kim an herumzulaufen. Als ich ihr sagte, sie solle sich wieder hinlegen, beruhigte sie sich. Langsam betete ich alle meine Karten durch. Eine der ersten war neu. Auf ihr hatte ich vor zwei Monaten „Jills Stressbereiche" aufgeschrieben. Hier standen mehrere Bereiche ihres Lebens, in denen sie unter Druck stand. Anfangs waren es nur vier gewesen, doch jetzt waren wir bei acht.

Ich betete den Bibelvers, der auf der Karte stand, dass Jills Leben „hell und makellos" sei. „Dann werdet ihr als Gottes vorbildliche Kinder mitten in dieser verdorbenen und dunklen Welt leuchten wie Sterne in der Nacht" (Philipper 2,15).

Philipper 2,14-16

Jills Stressbereiche

„Bei allem, was ihr tut, hütet euch vor Nörgeleien und Rechthaberei. Denn euer Leben soll hell und makellos sein. Dann werdet ihr als Gottes vorbildliche Kinder mitten in dieser verdorbenen und dunklen Welt leuchten wie Sterne in der Nacht. Dazu müsst ihr unerschütterlich an der Botschaft Gottes festhalten, die euch das Leben bringt. Wenn Jesus Christus dann kommt, kann ich stolz auf euch sein, dass ich nicht umsonst bei euch gewesen bin und mich nicht vergeblich um euch gemüht habe."

—XXXXXXXX	—XXXXXXXX
—XXXXXXXX	—XXXXXXXX
—XXXXXXXX	—XXXXXXXX
—XXXXXXXX	—XXXXXXXX

Kurz nach sechs hörte ich oben wieder Schritte. Rufen nützte nichts, also unterbrach ich mein Gebet und ging die Treppe hoch. Ich sagte Kim, dass sie wieder ins Bett gehen solle. Das machte sie so wütend, dass sie sich in den Arm biss. Als ich ihr daraufhin den Film für heute verbot, biss sie sich noch einmal in den Arm. Ich seufzte. Ihr das Privileg des Filmeanschauens zu nehmen würde meinen Tag noch komplizierter machen. Kim war krank und hatte eine doppelseitige Lungenentzündung. Ich hatte Jill versprochen, zu Hause zu arbeiten, da Jill selbst auch schon zwei Tage freigenommen hatte. Kim beruhigte sich, und ich ging wieder nach unten, um meine Gebetszeit fortzusetzen.

Ich betete weiter für die anderen Familienmitglieder, indem ich die Gebetskärtchen verwendete, Gott manchmal dankte und ihn manchmal um etwas bat. Mein Schwiegersohn Ian brauchte einen Job; mein Sohn John war geistlich reifer geworden; mein Sohn Andrew fing ein Schulpraktikum an. Als ich zu der Gebetskarte mit der Aufschrift „Kims Wohnung" gelangte, hielt ich einen Augenblick inne, um Gott zu danken. Vor Kurzem hatte er uns Klarheit darüber gegeben, dass wir ein Doppelhaus kaufen sollten, damit Kim selbstständig, aber nahe bei uns leben konnte. Ich blätterte weiter durch meine Gebetskarten, betete für Freunde, meine Gemeinde, meine Arbeit – für jeden Bereich meines Lebens. Mittendrin kam Jill nach oben und fing an, mit mir zu plaudern, während sie die Betten machte. Ich schaltete hin und her zwischen Gott und Jill und betete, wenn Jill gerade nichts sagte. Um 6:15 Uhr beendete ich meine Stille Zeit.

GEDANKEN ZU EINER MORGENDLICHEN GEBETSZEIT

Die Unterbrechungen meiner Gebetszeit durch Kim gaben dem Ganzen das Gefühl, im echten Leben verankert zu sein. Wenn ich bete, dann gebe ich mich nicht mit oberflächlichen Dingen ab, sondern mit dem Zustand meines Herzens und mit dem der Menschen, für die ich bete. Meine Gebetszeit ist alles andere als langweilig. Ich danke, tue Buße, ich sorge mich um die anderen und schütze sie. Meine Gebetszeit mit Gott ist lebendig.

Wenn man einmal davon absieht, dass ich Kim zurechtgewiesen habe, ist die Gebetszeit ein Fenster, durch das man sehen kann, wie betend leben aussieht. Sie ist sowohl Sein als auch Handeln. Ich bin mit Gott zusammen. Ich spüre seine Gegenwart. Er spricht in mein Leben hinein. Doch unsere Beziehung schwebt nicht in den Wolken. Ich muss nicht einer Erfahrung mit Gott hinterherjagen. Ich lade Gott in meine Lebenserfahrung ein. Er ist in mir und ich in ihm. Wenn ich mein wahres Leben mit meinen echten Bedürfnissen vor ihn bringe, handelt er auf erstaunliche Weise. Er ist am Wirken, berührt mein Leben und tut das, was ich nicht tun kann. Und das Ergebnis? Dankbarkeit. Wir müssen uns nicht um Anbetung bemühen, wenn Gott so lebendig ist.

Eine erlernte Hilflosigkeit ist die Grundlage dieser Gebetszeit. Ich kann das Leben einfach nicht allein bewältigen. Wenn Gott nicht eingreift, bin ich vollkommen hilflos. Ich brauche Jesus.

Neulich bin ich nachts aufgewacht und hatte einen ganz seltsamen Gedanken: *Wie kann man jemanden lieben, ohne für ihn zu beten?* Wie wäre das, wenn wir jemanden lieben würden und nicht für diese Person beten könnten? Das war mir ein Rätsel. Ich konnte mir nicht vorstellen, wie das sein würde. Liebe ohne Gebet fühlt sich für mich deprimierend und frustrierend an. Es ist, als wollte man mit dicken Handschuhen einen Knoten binden. Ich wäre hilflos und könnte der anderen Person nichts wirklich Gutes tun. Menschen sind viel zu kompliziert; die Welt ist viel zu böse; und mein eigenes Herz ist zu weit von seiner Mitte entfernt, um den anderen ohne Gebet angemessen lieben zu können. Ich brauche Jesus.

Ich kann gar nicht genug betonen, dass *Dinge passieren, weil ich gebetet habe*. Emilys Haltung hat sich komplett verändert. Sie geht mit großer Freude auf das College, das wir uns gewünscht haben. Wir haben neue Klarheit bekommen bei unserer Suche nach einer Wohnung für Kim. Nicht lange nachdem ich gebetet hatte, dass Jill „leuchtet wie ein Stern in der Nacht", kam jemand an ihrer Arbeitsstelle auf sie zu und sagte: „Durch dich wird dieser Ort hier ganz hell." Gott berührt das Leben der Menschen, die ich liebe, mit seiner ganz eigenen Poesie.

Gottes Handeln nimmt immer wieder die vertraute Form einer Geschichte an. Meine Freude über Emilys Entwicklung war der

Höhepunkt einer zehn Jahre dauernden Geschichte. Ich konnte mich freuen, weil mir klar war, dass Gott diese Geschichte schrieb.

Neulich bin ich nachts aufgewacht und hatte einen ganz seltsamen Gedanken: Wie kann man jemanden lieben, ohne für ihn zu beten?

Meine Dankbarkeit dafür, dass Gott uns Klarheit bei der Suche nach einem Doppelhaus gegeben hatte, war die Mitte einer Geschichte. Die Klarheit war durch Jill gekommen. Sie hatte gesagt: „Paul, wenn es auf dem Immobilienmarkt so schlecht aussieht, sollten wir unser Haus zuerst verkaufen. Wir wissen nicht, was es wert ist, und als Interessenten für ein Haus würden wir mit dem Geld, das wir bekommen würden, besser dastehen." Ich dachte, wir würden ohne Haus stranden, aber Jill hatte recht. Drei Monate nach diesem Gebet verkauften wir unser Haus. Wir waren bereit, ein Grundstück zu kaufen und zu bauen (was sich im Nachhinein als schlechte Idee herausstellte), und entschlossen uns, noch einen weiteren Tag zu warten. Am nächsten Morgen kam ein Haus auf den Markt, das man perfekt in ein Doppelhaus verwandeln konnte.

Manche Geschichten, so wie die von Kims Umherwandern im Haus, hatten noch gar nicht begonnen. Es war mir noch nicht in den Sinn gekommen, dass meine Worte bei ihr keine Wirkung zeigten. Ich musste meine Worte direkt an Gott richten.

Wir brauchen das Gebet nicht, weil es unsere Pflicht ist zu beten. Das würde sich rasch totlaufen. Wir brauchen jeden Tag die Zeit mit unserem Vater, weil unser Herz und die Herzen der Menschen in unserer Umgebung immer wieder von Neuem mit Unkraut überwuchert werden. Es ist nötig, dass wir über unser Leben nachdenken und Gott in die Situation unserer Seele hineinnehmen und in die Situation derer, die er unserer Fürsorge anvertraut oder die er uns in den Weg gestellt hat. In einer gefallenen Welt passiert dies alles nicht einfach automatisch.

34. UNVOLLENDETE GESCHICHTEN

In den Geschichten, die ich in diesem Buch erzählt habe, können wir Gott am Werk sehen wie einen Künstler, der einen kostbaren Teppich webt. Wenn wir mit ihm verbunden bleiben, dann zeigt er uns meiner Erfahrung nach oftmals, was er gerade tut. Manchmal aber auch nicht. Das berühmteste Beispiel dafür ist Hiob: Er hat nie erfahren, warum er leiden musste. In diesem Kapitel möchte ich mich mit besonders schwierigen Geschichten befassen: den unvollendeten, denen mit einem traurigen Ende, den scheinbaren Tragödien. Wir leben in vielen Geschichten, die sich überschneiden können, wobei die meisten größer sind als wir selbst. Jeder von uns wird mit unvollendeten Geschichten sterben. Wir dürfen nie vergessen, dass Gott Gott ist. Letztendlich ist es seine Geschichte, nicht unsere.

Manchmal erleben die Menschen, die an einer Geschichte teilhaben, nicht deren Ende. So war es beim Volk Israel nach der babylonischen Eroberung im Jahr 586 v. Chr.

ISRAELS LEIDEN

Das Volk Israel musste Schweres erdulden. „Wir saßen an den Flüssen Babylons und weinten, immer wenn wir an Zion dachten"

(Psalm 137,1). Die Babylonier hatten die Stadt Jerusalem zerstört, die Mauern niedergerissen und den Tempel Salomos dem Erdboden gleichgemacht. Sie töteten die Söhne des Königs vor dessen Augen, dann blendeten sie ihn und führten ihn in Ketten ab. Die jungen Männer – so wie Daniel und seine Freunde, die Zukunft des Königreichs – wurden zu Eunuchen im Dienst des babylonischen Königs. Sogar ihre Namen wurden geändert. Das Reich Israel war untergegangen, der König war weg, und das Königtum gab es nicht mehr. Israel hatte praktisch aufgehört zu existieren. Darum saßen die Israeliten an den Flüssen Babylons und weinten.

Auch die Rückkehr aus Babylonien verbesserte die Situation nicht grundlegend. Im Jahr 520 v. Chr., als der notdürftig wieder aufgebaute Tempel eingeweiht wurde, weinten die älteren Leute, denn sie konnten sich noch an den prachtvollen Bau erinnern, den Salomo errichtet hatte. Der Prophet Haggai sagte zu Serubbabel: „Wer von euch kann sich noch daran erinnern, wie prächtig der Tempel vor seiner Zerstörung war? Und was seht ihr jetzt an seiner Stelle entstehen? Ihr meint, es wäre im Vergleich dazu nichts“ (Haggai 2,3).

Die einzige Hoffnung der Israeliten waren die wenigen Worte der Propheten. Während der Einweihungszeremonie verkündete Haggai ihnen:

> Ich, der Herr, der allmächtige Gott, sage euch: Schon bald werde ich noch einmal die ganze Welt erschüttern, Himmel und Erde, Land und Meer; alle Völker werden davon betroffen sein. Sie bringen ihre Reichtümer hierher zum Tempel. Ja, ich sorge dafür, dass mein Haus wieder mit kostbaren Schätzen ausgestattet wird. [...] Der neue Tempel wird den früheren weit in den Schatten stellen, so prachtvoll wird er sein! An dieser Stätte werde ich Frieden und Heil schenken. Das verspreche ich, der Herr, der allmächtige Gott!
> Haggai 2,6-7.9

Alle, die diese Worte hörten, starben, ohne dass sich die Prophetie erfüllt hatte. Auch ihre Kinder und Enkel erlebten es nicht mehr. Fünfhundertfünfzig Jahre lang passierte nichts. Gott war gegenwärtig, aber er schwieg.

Trotzdem gab das Volk Israel die Hoffnung und das Gebet nicht auf. Die erste Szene im Lukasevangelium ist eine Gebetsversammlung. Zacharias ging in den Tempel, um Weihrauch zu verbrennen, „während die Volksmenge draußen betete“ (Lukas 1,10). Was tat Gott? Wie hatte er ihre Gebete beantwortet?

GOTT WEBT SEIN KUNSTWERK

Gehen wir noch einmal zurück zu den Poeten, die an den Flüssen Babylons Gott darum baten, die Herrlichkeit Israels wiederherzustellen. Gottes Antwort auf ihr Gebet um den Wiederaufbau des Tempels und des Landes Israel ist ziemlich verblüffend. Was geschah mit der Nation Israel? Gott schuf ein neues Israel, bei dem auch die Nichtjuden zum Volk Gottes gehören durften. Und was geschah mit dem Tempel? Gott sandte seinen einzigen Sohn; er sollte der Tempel sein. Sehen wir uns einmal an, wie Gott die Gefangenschaft, diese scheinbar unvollendete Geschichte, gebrauchte, um das Kommen seines Sohnes und die Entstehung der christlichen Gemeinde vorzubereiten:

1. Gott gebrauchte die Zerstörung des Tempels und die Verschleppung der Israeliten nach Babylonien, um die Synagogen-Struktur zu schaffen, die ein Vorläufer der christlichen Ortsgemeinde war. Hätte der Tempelgottesdienst unverändert weiterbestanden, hätte die frühe Kirche kein Vorbild für ihre lokalen Gemeinden gehabt. So aber lernten sie, Gott ohne einen Tempel zu verehren.
2. In jener Zeit entstand der alttestamentliche Kanon. Getrennt von ihrer Heimat und praktisch in einer

geistlichen Wüste lebend, hielten die Israeliten an der Überlieferung ihrer Schriftrollen fest. So fand die frühe christliche Kirche das Alte Testament als eine Einheit vor und daraus wiederum entstand das Neue Testament.

3. Gott reinigte Israel von der Vermischung mit anderen Religionen.
4. Die Zerstreuung des jüdischen Volkes bildete die Grundlage dafür, dass Paulus und andere das Evangelium leicht verbreiten konnten.
5. Israel wurde für alle Zeiten vom Götzendienst gereinigt. Nie wieder beteten die Israeliten fremde Götter an. Der Monotheismus wurde zum dauerhaften Kern des jüdischen Glaubens. Und dies wiederum bildete die Grundlage für das christliche Gedankengut und die westliche Zivilisation.
6. Weil die Juden nun so konsequente Monotheisten waren, reagierten sie empört darüber, dass Jesus behauptete, Gott zu sein. Als er sagte, er sei der eingeborene Sohn Gottes, zerriss der Hohepriester sein Gewand und überlieferte Jesus zur Kreuzigung.

Gott webte ein großartiges Kunstwerk durch das Leiden Israels hindurch. Ohne die Babylonische Gefangenschaft hätte es weder Israel gegeben noch das Christentum noch die westliche Zivilisation. Haggai hatte recht. Die Pracht des neuen Tempels übertraf die des salomonischen bei Weitem.

Doch der jüdische Poet, der an den Flüssen Babylons weinte, erlebte das Ende der Geschichte nicht. Wie all die Glaubenshelden, die in Hebräer 11 aufgezählt werden, vollendete sich die Geschichte nicht zu seinen Lebzeiten. Er lebte aus dem Glauben.

NICHT MEINE GESCHICHTE

Joanne, die wir im 4. Teil dieses Buches kennengelernt haben, erwähnt noch eine andere unvollendete Geschichte: „Tausende Christen beten für einen geistlichen Leiter, der Krebs hat, und er stirbt trotzdem." Ich habe gemerkt: Je weiter ich von einer Geschichte entfernt bin, umso weniger weiß ich, was Gott tut. Gott hilft mir mit meiner eigenen Geschichte, aber nicht mit der eines anderen Menschen.

Als Jesus nach seiner Auferstehung mit Petrus am See Genezareth entlanggeht, sagt er ihm, dass er eines Tages für Jesus sterben wird. Daraufhin dreht Petrus sich zu Johannes um, der hinter ihm geht, und fragt Jesus, was mit Johannes sein wird. Jesus antwortet: „Wenn ich will, dass er so lange lebt, bis ich wiederkomme, was geht es dich an? Folge du mir nach!" (Johannes 21,22). Jesus will ihm damit sagen: „Petrus, ich werde dir mit deiner eigenen Geschichte helfen, aber nicht mit der von Johannes. Offen gesagt geht dich die Geschichte von Johannes gar nichts an." In dieser Antwort schwingt eine leise Kritik mit, denn Petrus nimmt hier eine Art göttlichen Standpunkt ein.

Manchmal kann ich sehen, wie Gott im Leben eines anderen Menschen handelt, aber wenn man das dieser Person mitteilt, könnte es sie geistlich zerstören. Ich glaube, dass Gott bei manchen Geschichten schweigt, weil wir es sonst einfach nicht verarbeiten können.

„GOTT WEISS SCHON, WAS ER TUT"

Ein Freund von mir hörte zufällig, wie eine ältere Frau im Supermarkt mit ihrer Tochter sprach. Sie sagte zu ihrer Tochter, deren Sohn vor drei Tagen ermordet worden war: „Ja, das ist hart. Aber weißt du: Gott weiß schon, was er tut." Mein Freund mischte sich in das Gespräch ein und bekräftigte, dass auch er wisse, wie schwer das Leben sei, aber Gott wisse schon, was er tue.

Tony Snow, ein Nachrichtenmoderator und Pressesekretär des

Weißen Hauses, beschrieb, wie er nach einer Operation aus der Narkose erwachte und, noch ganz benommen, erfuhr, dass er eine wahrscheinlich tödlich verlaufende Krebserkrankung hatte. Nachdem der erste Schock abgeklungen war, bestand Tonys erste Reaktion darin, sich an Gott zu wenden wie an eine Art kosmischen Weihnachtsmann, in der Hoffnung, dass dieser ihn heilen würde.

Aber Tony wusste, dass Gott die Krebserkrankung auf geheimnisvolle Weise zugelassen hatte, um ihm näherzukommen und zu zeigen, was im Leben wirklich wichtig ist.

„Ja, das ist hart. Aber weißt du: Gott weiß schon, was er tut."

Eine der ersten Entdeckungen, die Tony im finsteren Tal machte, war, dass der christliche Glaube alles andere als schnulzig ist. Stattdessen führt das Leid uns „in eine Welt, die aller ängstlichen Vorsicht beraubt ist". Wir stellen fest, dass das Leben kein ruhig dahinfließender Kanal mit vorhersagbarem Ziel ist, sondern dass es aus gefährlichen Stromschnellen besteht, völlig unkontrollierbar, aber voller Abenteuer. Tony kam zu der Erkenntnis, „dass Gott uns durch solche Prüfungen vor die Entscheidung stellt: Glauben wir oder glauben wir nicht? Werden wir kühn genug sein zu lieben, mutig genug zu dienen, demütig genug, uns zu beugen, und stark genug, unsere eigenen Grenzen anzuerkennen? Können wir ihm unsere Sorgen überlassen in den Dingen, die nicht wichtig sind, damit wir unsere verbleibende Zeit den Dingen widmen können, die wirklich zählen?"

Ein Freund von Tony, der ebenfalls an Krebs starb, sagte zu ihm: „Ich versuche, die Krankheit zu besiegen, aber wenn ich es nicht schaffe, dann sehen wir uns auf der anderen Seite wieder." Ein Jahr später traf Tony seinen Freund auf der anderen Seite. Wie die Israeliten und die junge Mutter im Supermarkt wusste er nicht, warum das alles geschah. „Ja, das ist hart. Aber weißt du: Gott weiß schon, was er tut."

KOMM BALD, HERR JESUS

Als ich das erste Mal mit Kim auf einer Vortragsreise war, kam nach dem Abendessen ein kleines Mädchen auf Kim zu und fragte: „Warum kannst du nicht sprechen?“ Kim beugte sich über ihren Sprachcomputer, der auf dem Tisch aufgebaut war, und tippte: „Im Himmel werde ich eine schöne Stimme haben.“ Wir gingen mit Tränen in den Augen weg.

Einige Geschichten finden erst im Himmel ihren Abschluss. Weil es Kim gibt, sehnt Jill sich nach dem Himmel. Dieser Wunsch prägt auch ihre Gespräche. Sie sagt zum Beispiel nicht: „Heute ist es schön draußen“, sondern: „Das wäre ein guter Tag für Jesus, um wiederzukommen. Jeder kann ihn sehen.“ Jill möchte nach Hause.

In unvollendeten Geschichten zu leben zieht uns näher hin zu Gott und zu seinem letzten großen Akt, der Wiederkunft Jesu. Während wir darauf warten, können wir leicht vorhersagen, wie es in der Endzeit aussehen wird. Das Buch der Offenbarung malt uns nämlich eine leidende Kirche vor Augen, die im Sterben liegt, während die Schöpfung selbst in Auflösung begriffen ist. Durch das Leiden hindurch wird Gott seine Gemeinde am Ende schön machen und seine Herrlichkeit offenbaren. In der Wüste sehen wir seine Herrlichkeit. In der Endzeit wird seine Braut schön und rein sein und so auf ihren geliebten Bräutigam warten. Komm bald, Herr Jesus.

ANHANG
ERSTE SCHRITTE MIT DEN GEBETSKARTEN

Sind Sie bereit für die Praxis? Sind Sie bereit, das Wort Gottes wirken zu lassen?

Wenn ja, dann beginnen wir mit Ihnen selbst, Ihrem Leben und Ihren Lebensumständen. Aber erst eine allgemeine Faustregel:

Halten Sie das Ganze einfach. Grübeln Sie nicht zu viel darüber nach.

Gebetskärtchen sind individuelle Schnappschüsse, die uns auf praktische Weise daran erinnern, was wir von Gott erbitten und welche Bibelverse wir für bestimmte Menschen, Situationen oder Anliegen verwenden wollen. Unser Gebet existiert nicht im luftleeren Raum; es ist mit den kleinen Dingen unseres Alltags verwoben. Aus den Gebetskarten entstehen allmählich Geschichten. Jede Gebetsgeschichte prägt unsere Sicht des Lebens und sie prägt die Art und Weise, wie der Heilige Geist uns in Richtung Liebe, Buße, Glaube, Gehorsam und Leben führt. Es wäre auch gar keine schlechte Idee, den Heiligen Geist ganz einfach zu bitten, dass er unseren geistlichen Blick schärft und uns hilft, seine Handschrift in unseren Geschichten zu erkennen.

Hier die wichtigsten Tipps für den Start, wenn Sie Ihr Gebetsleben mithilfe von Karten gestalten und auf ein Ziel ausrichten wollen (mehr dazu auf www.seeJesus.net):

MIT DREI ODER VIER KARTEN BEGINNEN

Beginnen Sie, indem Sie zunächst nur drei bis vier Kärtchen gestalten, für deren Anliegen Sie jeden Tag beten. So werden Sie nicht gleich durch eine zu große Anzahl an Karten überfordert. Indem Sie ganz schlicht beginnen, entwickeln Sie nach und nach Ihre eigenen Gebetsgewohnheiten.

Je nach Ihrer Lebenssituation könnten Sie sich auf diesen Karten zum Beispiel dem Ehepartner, einem Kind oder einem gesundheitlichen Problem widmen. Eine Karte könnten Sie für ein berufliches Problem, das Ihnen Sorge bereitet, vorsehen oder etwas anderem aus Ihrem Alltag, das Sie ständig beschäftigt. Diese Karten nehme ich mir jeden Tag zum Gebet vor. Ich würde empfehlen, für jede Karte etwa eine Minute des Gebets einzusetzen.

Wie schon erwähnt, gehe ich deshalb so diszipliniert mit den Gebetskarten um, weil es mir ganz und gar nicht gefällt, wie mein Leben sich entwickelt, wenn ich nicht bete. Es wird ganz seltsam. Ich bin nämlich nicht dafür geschaffen, mit Menschen umzugehen, wenn ich sie nicht vorher im Gebet vor meinen himmlischen Vater gebracht habe.

IMMER GRÖSSERE KREISE ZIEHEN – DIE WÖCHENTLICHEN KARTEN

Sobald das Gebet mit einigen wenigen Karten zur festen Gewohnheit geworden ist (wohl so ungefähr nach einem Monat), schauen Sie sich die unten aufgezählten Kategorien durch und fügen allmählich zwei oder drei *wöchentliche* Karten hinzu. Zum Beispiel könnten Sie montags für Familienmitglieder beten. Am Dienstag beten Sie für Menschen, die Leid durchmachen. Mittwochs beten Sie für Ihre Freunde und so weiter. Gehen Sie es langsam an. Nehmen Sie pro Woche höchstens ein oder zwei Karten hinzu. Überfordern Sie sich nicht, indem Sie ein riesiges System anlegen, das Sie dann doch nicht verwenden.

Hier nun ein paar Kategorien als Vorschlag:

- ❑ *Familienkarten*. Legen Sie eine Karte für jedes Familienmitglied an, für das Sie noch keine Karte haben.
- ❑ *Menschen in Leidsituationen*. Halten Sie die Informationen auf der Karte möglichst allgemein. Es genügt, wenn der Name daraufsteht und der Hinweis „Menschen in Leid". Man verzettelt sich nur allzu leicht in medizinischen Details, wenn es davon viele gibt, für die man beten kann. Je näher wir der betreffenden Person stehen, umso konkreter möchten wir beten.
- ❑ *Freunde*. Listen Sie Ihre Freunde entweder alle auf einer Karte auf oder schreiben Sie eine Karte für jeden engen Freund.
- ❑ *Nichtchristen*. Auch hier kann man eine Liste machen, es sei denn, die Dinge entwickeln sich so, dass man für jede Person eine Karte anlegen möchte.
- ❑ *Gemeindeleiter*. Auf dieser Karte stehen die Namen Ihrer Pastoren, Ältesten, Diakone, der haupt- und ehrenamtlichen Mitarbeiter usw.
- ❑ *Kleingruppe*. Freunde aus dem Hauskreis der Gemeinde, falls Sie einem solchen angehören.
- ❑ *Missionare*. Hier stehen die Namen von Missionaren, wo sie arbeiten und welche besonderen Herausforderungen sie zu bewältigen haben.
- ❑ *Weltweite Themen*. Terrorismus, Abtreibung, militärische Konflikte, Ihr eigenes Land und dessen Regierung – alles, was Ihnen dabei auf dem Herzen liegt.
- ❑ *Kollegen*. Auf dieser Karte finden sich die Namen von Menschen, mit denen Sie beruflich zusammenarbei-

ten, die aber sonst nicht zu Ihren engsten Freunden gehören.

- ❑ *Berufliche Themen*. Projekte, schwierige Abläufe, wichtige Entscheidungen oder besondere Probleme, mit denen Sie beruflich zu tun haben.
- ❑ *Buße*. Sünde, die sich in Ihren Gedanken oder in Ihrem Leben immer wieder einschleicht und bei der Sie Hilfe brauchen.
- ❑ *Anvertraute Güter*. Der Einsatz Ihrer Zeit, Begabungen und Mittel.
- ❑ *Dank an Gott*. Schreiben Sie auf diese Karte alles, wofür Sie Gott dankbar sind und was Sie nicht vergessen wollen.
- ❑ *Anbetung*. Bibelstellen oder Zitate, die Ihnen helfen, Ihren Vater zu ehren.

EIN WÖCHENTLICHER PLAN

Sobald sich eine gewisse Anzahl an Karten angesammelt hat, ist es hilfreich, sie nach Tagen zu sortieren, damit man sich nicht zu viel zumutet. Eine Woche könnte zum Beispiel so aussehen:

- ❑ Montag: Gebetskarten für Gemeindeleitung, Kleingruppe und Missionare
- ❑ Dienstag: Freunde und anvertraute Güter
- ❑ Mittwoch: Menschen in Not
- ❑ Donnerstag: Nichtchristen und weltweite Themen
- ❑ Freitag: Arbeit und Kollegen
- ❑ Samstag: Familie und Buße
- ❑ Sonntag: Dank an Gott und Anbetung

Ich beginne meine Gebetszeit immer mit den täglichen Karten und nehme dann ein paar wöchentliche mit dazu – also Anliegen, für die ich nur einmal in der Woche bete. Auf diese Weise hat man immer nur ein paar Karten an einem Tag, die einen beim Beten leiten. (Wenn Ihnen ein Plan zu schematisch erscheint, dann beten Sie einfach jeden Tag für zwei oder drei wöchentliche Anliegen.)

So verlockend es auch ist, sich einen großen Stapel vorzunehmen – viel wichtiger wäre es, mit ein paar wenigen Karten konsequent zu beten. Wenn man ein oder zwei Minuten für jede Karte einsetzt, hält einen das auch schon ganz schön auf Trab. Sie werden überrascht sein, wie schnell die Zeit vergeht, wenn Sie Ihr Gebet auf diese Weise gestalten.

WIE MAN EINE GEBETSKARTE GESTALTET

Hier ein kurzer Überblick und ein paar Hinweise, wie man eine Gebetskarte gestalten könnte:
Schritt 1: Kennzeichnen Sie die Karte mit dem Namen der Person, für die Sie beten möchten. Nehmen Sie sich einen Moment Zeit, sich diesen Menschen vorzustellen und über die unterschiedlichen Bereiche in seinem Leben nachzudenken. Manchmal steht auf meiner Karte ein oder zwei Monate lang nur der Name, während ich mir überlege, wie ich für diese Person beten soll.

Schritt 2: Notieren Sie Stichworte oder Sätze, die das erfassen, worüber Sie sich im Leben dieses Menschen Sorgen machen oder wofür Sie sonst noch beten möchten. Denken Sie dabei nicht nur an ganz aktuelle Anliegen (wie zum Beispiel, dass eine Operation gut verlaufen möge), sondern auch an das Gesamtbild dieser Person, ihren Einfluss, ihren Charakter, ihre Berufung, ihr Herz, ihren Glauben usw. Vergessen Sie nicht, dass Sie das Vorrecht haben, große Gebete der Hoffnung und auch kleine, situationsgebundene Gebete für diesen Menschen an Gott zu richten.

Die Reihenfolge ist dabei nicht wichtig. Schreiben Sie konkret auf, was Sie sich für das Leben dieses Menschen wünschen. Ich notiere mir gern auch den Monat und das Jahr, damit ich weiß, wann ich begonnen habe, ein bestimmtes Anliegen vor Gott zu bringen.

Gebetserhörungen schreibe ich selten auf, weil ich die Gebete so gut kenne, dass ich weiß, was Gott tut. Bei der Gestaltung der Gebetskarte kann es hilfreich sein, sich die folgenden Fragen zu stellen:

- ❑ Welche Schwierigkeiten hat dieser Mensch zu bewältigen?
- ❑ Wie ginge es mir, wenn ich an seiner Stelle wäre?
- ❑ Wie denke ich ganz allgemein und in dieser besonderen Situation über diesen Menschen?
- ❑ Wie sollte der Heilige Geist an dem Herzen und dem Charakter dieses Menschen meiner Meinung nach arbeiten?

Indem wir uns diese Fragen stellen, halten wir inne und führen uns die Person, für die wir beten, regelrecht vor Augen. So wie Jesus für uns Mensch wurde, begeben wir uns in die Welt dieser Person hinein.

Schritt 3: Nun lassen Sie das Wort Gottes wirken, indem Sie sich fragen, welches Bibelwort Sie im Leben dieses Menschen verwirklicht sehen möchten. (Auf der englischsprachigen Internetseite www.seeJesus.net/prayercards finden Sie eine Sammlung von Bibelversen zu bestimmten Themen.)

Schritt 4: Fangen Sie schon an zu beten, während Sie sich Stichworte machen, die Ihnen die Gebetsanliegen in Erinnerung rufen sollen. Seien Sie präzise: Beschränken Sie sich auf ein oder zwei Zeilen.

Das war's schon! Es muss gar nicht kompliziert sein. Nun beobachten Sie, was der himmlische Vater im Laufe der Zeit im Leben dieses Menschen tut. Sie können auf der Karte auch Dinge notieren, die Ihnen aufgefallen sind, aber Sie müssen das nicht.

(Zum Beispiel könnte Ihnen eine Idee kommen, wie Sie diesen Menschen auf einfache, praktische Weise lieben können, oder Sie erkennen ein Problem, das Sie dazu bewegt, für sich selbst eine Gebetskarte anzufertigen.) Die Karte hilft Ihnen dabei, sich auf das Wesentliche zu konzentrieren.

FÜR MICH SELBST BETEN

Viele der Gebetskarten für mich selbst sind aus einem Fehler oder einer Schwäche von mir entstanden. Das geschieht, wenn ich verzweifelt bin und Gott um Hilfe bitte! Ich nenne diese Karten meine *Bußkarten*. Im Lauf der Zeit kommen neue hinzu, und wenn Gott mir geholfen hat, entferne ich sie wieder.

Manchmal lesen wir einen Bibeltext und verspüren plötzlich den Wunsch nach einer Veränderung. Wir denken: *Diesen Charakterzug wünsche ich mir für mein Leben.* Zum Beispiel lesen wir in Matthäus 17 den Bericht über einen Jungen, der von einem Dämon besessen ist. Sein Vater bittet Jesus um Hilfe. Jesus zeigt dem Mann seine Liebe, indem er das Kind befreit. Die Jünger staunen darüber und fragen Jesus, als sie mit ihm allein sind, warum sie selbst den Dämon nicht austreiben und dem Jungen nicht helfen konnten. „Weil ihr nicht wirklich glaubt“, antwortet Jesus ihnen (Vers 20). Dann spricht er darüber, dass sie mit einem größeren Glauben scheinbar Unmögliches vollbringen können, wie zum Beispiel Berge versetzen.

Auf einer Gebetskarte könnte hierzu die Überschrift stehen: „Ich selbst – ein Glaube, der Berge versetzt“. Der entsprechende Bibelvers stammt aus dem Text, von dem wir gerade gehört haben. Dann schreiben wir das Datum auf und bitten Gott um diese Art von Glauben. Nun warten wir und beobachten, was geschieht. Fast immer lässt sich erkennen, dass Gott daraus eine Gebetsgeschichte macht.

FÜHLEN SIE SICH GANZ FREI

Denken Sie daran, dass die Gebetskarten Ihnen helfen sollen, sich an das zu erinnern, was Gott in jeder Ihrer Gebetsgeschichten tut, danach Ausschau zu halten und es weiterzuverfolgen. Zerbrechen Sie sich nicht den Kopf darüber, ob Sie etwas „falsch" machen. Fühlen Sie sich frei, das System so abzuändern, wie es für Sie passt.

Während Sie die Gebetskarten schreiben, kann es sein, dass Ihnen Zweifel kommen. Das braucht Sie nicht zu überraschen; greifen Sie nach dem Gewand von Jesus und lassen Sie es nicht mehr los.

Ihr wahres Ich begegnet dem wahren Gott mit aufrichtigen Bedürfnissen, Ängsten, Träumen und Geschichten in Ihrem Leben. Sie müssen das nicht perfekt machen. Sie sind sein Kind. Er heißt Sie willkommen und freut sich, von Ihnen zu hören.

Während Sie sich in die Geschichte Ihres Vaters einleben, suchen Sie nach seiner Handschrift in jeder Ihrer Gebetsgeschichten – die dann wiederum zu einem Faden in dem Teppich werden, den Ihr Vater webt.

Für weitere Informationen siehe www.Jesus.net/prayercards.

DANK

Ohne unsere Familiengeschichten wäre dieses Buch nur wie eine leere Muschel. Die Bereitschaft meiner Familie, ihre Geschichten mit anderen zu teilen, lässt das Gebet alltagsbezogen und leichter zugänglich werden. Besonders dankbar bin ich Jill, Kim und Emily, dass sie einige Bereiche Ihres Lebens für andere Menschen geöffnet haben.

Weitere Titel bei Francke

Jörg Berger
Stachliger Glaube
Wie wir Gott auf Abstand halten, ohne es zu merken
ISBN 978-3-86827-686-2
176 Seiten, Paperback

Wie nah sind Sie Gott?

Jesus hat Glaubenden einen Gott gezeigt, der nahbar ist: einen Vater im Himmel, der nie von der Seite eines Glaubenden weicht. Doch jeder Mensch hat seine Stacheln. Die fahren wir aus, wenn wir uns in einer Beziehung unwohl fühlen. Unsere Schutzmechanismen richten sich aber auch auf Gott. Sie sind Glaubenshindernisse und schränken unsere Nähe zu Gott ein.

Der Psychotherapeut Jörg Berger öffnet Ihnen einen ungewöhnlichen Blick auf Ihr Glaubensleben und Ihre Gottesbeziehung. Legen Sie Ihre Stacheln ab und lassen Sie sich tiefer auf die Gegenwart Gottes ein!

Mit Gebeten zum Nachsprechen.

Brunhilde Ludewig
Gebete für schwere Stunden
ISBN 978-3-86827-199-7
80 Seiten, gebunden

Ein wertvoller Begleiter in schweren Zeiten

Wenn die Not überhandnimmt, wenn die Sorgen quälen und die Tränen nicht versiegen, dann schlägt Gottes Stunde. Er schenkt uns sein Ohr, gerade dann, wenn unser Herz schwer ist. Aber was, wenn uns einfach kein Gebet über die Lippen kommen will?

Die Gebete in diesem Buch laden zum Nachsprechen in schweren Zeiten ein. Wer sich mit seinen Anliegen an Gott wendet, der wird getröstet und empfängt Kraft. Kraft von oben – ob in Zeiten der Trauer oder vor einer Operation oder in Zeiten der Zweifel und der Anfechtung.

Max Lucado

Limonadenrezepte für Zitronentage

Jeder Tag verdient seine Chance

ISBN 978-3-86827-032-7
143 Seiten, gebunden

Stellen Sie sich vor, Sie stecken knietief im Schlamassel des Alltags und alles läuft schief. Dann stehen Sie vor einer wichtigen Entscheidung. Entweder ist der Tag für Sie gelaufen oder Sie schütteln alles ab und starten neu. Entscheiden Sie sich dazu, diesem Zitronentag noch eine Chance zu geben! Halten Sie nicht einfach nur durch, sondern gestalten Sie. Und wissen Sie was? Aus 24 guten Stunden wird ein gelungener Tag, aus 7 gelungenen Tagen eine mehr als erträgliche Woche und aus mehr als erträglichen Wochen werden angenehme Monate. Uns den Herausforderungen eines neuen Tages zu stellen und unser Leben aktiv zu gestalten – dazu fordert uns Lucado mit diesem Buch heraus. Mit praktischen Tipps zeigt er, wie wir aus den Zitronen, die das Leben uns gibt, Limonade machen können.

Francis Chan
Der unterschätzte Gott
Den Heiligen Geist neu entdecken
ISBN 978-3-86827-280-2
128 Seiten, Paperback

Wollen wir als Christen wie eine Raupe auf dem Boden kriechen oder wie ein Schmetterling durch die Luft segeln?

Ausgehend von den Texten des Neuen Testaments entfaltet der Autor, was der Heilige Geist im Leben der ersten Christen getan hat, und ermutigt auch uns, Gottes Geist und seine Kraft neu zu entdecken und in Anspruch zu nehmen. Francis Chan hat es erlebt: Die Kraft des Heiligen Geistes verleiht uns Flügel und macht uns zu dem Menschen, den Gott in uns sieht.

Kurze Porträts von Persönlichkeiten wie Joni Eareckson Tada, Francis Schaeffer u. a. geben Einblicke, wie der Heilige Geist im Leben von Menschen seine Kraft entfaltet und wirkt.

Danae Yankoski, Francis Chan

Eine vollkommen verrückte Liebe

Überwältigt von einem Gott, der nie aufgibt

ISBN 978-3-86827-551-3

174 Seiten, Paperback

Hast du dich je gefragt, ob wir nicht an dem eigentlichen Leben vorbeileben?

Hast du je darüber nachgedacht, dass der Gott des Universums – der Schöpfer von Galaxien und kleinen Raupen, der Erfinder der Photosynthese, perfekter Schneeflocken und wunderschöner Musik – dich mit einer radikalen, bedingungslosen und aufopfernden Liebe liebt?

Wer dieser Liebe begegnet, wie sie Francis Chan in diesem Buch beschreibt, wird nie mehr derselbe sein.

Denn wenn man in jemanden richtig verliebt ist, verändert sich alles.

Gary Smalley, John Trent
Bitte segne mich
Gottes Segen empfangen und weitergeben
ISBN 978-3-86827-613-8
288 Seiten, Paperback

Bei dem Wort Segen denken wir zuerst an den Zuspruch am Ende eines jeden Gottesdienstes. Doch Segen ist so viel mehr.

Die Familienberater Gary Smalley und John Trent zeigen fünf biblisch fundierte Schlüsselelemente des Segens auf und wie unabdingbar diese für heilsame Beziehungen zu anderen und zu Gott sind. Sie geben praktische Impulse, wie man den Segen Gottes im eigenen Leben erfahren und auch für andere ein Segen sein kann.

H. Norman Wright

Ein Freund fürs Leben

Was Hunde uns über Gott, das Leben und die Liebe zeigen

ISBN 978-3-86827-471-4
288 Seiten, gebunden

Der Bestsellerautor und Seelsorger Norman Wright, selbst begeisterter Hundefreund, zeigt in diesem humorvollen, warmherzigen Andachtsbuch, was wir von unseren vierbeinigen Begleitern über unsere Beziehung zu unseren Mitmenschen und unser Leben mit Gott lernen können.

Dabei berichtet er von gewöhnlichen und außergewöhnlichen Erlebnissen mit dem besten Freund des Menschen, die dazu inspirieren, neu über Themen wie Hingabe, Treue und bedingungslose Liebe nachzudenken und unsere Freundschaft mit Gott zu vertiefen.

Jerry Bridges
Gott vertrauen
ISBN 978-3-86827-254-3
192 Seiten, Paperback

Leid ist ein schwieriges Thema. Wir alle sehen uns im Lauf unseres Lebens damit konfrontiert. Und auch wenn wir wissen, dass Gott unser Leben in seiner Hand hält, fällt es uns in Krisensituationen oft schwer, ihm vollumfänglich zu vertrauen. Leidvolle Erfahrungen wie eine Fehlgeburt, Arbeitslosigkeit, ein Autounfall, Probleme mit den Kindern, einem ungerechten Vorgesetzten u.a. vergraben wir oft tief in unserem Herzen.

Dieses Buch – voller Zuversicht, Trost und Rat! – will Gottvertrauen wecken. Es will uns ins Herz schreiben, dass Gott in allen Situationen der Herr unseres Lebens ist und alle Umstände und schmerzvollen Geschehnisse letztlich zu ihrem Besten führen wird.

Lynn Austin
Oasenzeiten
Wie ich auf den Spuren Jesu neue Hoffnung fand
ISBN 978-3-86827-573-5
288 Seiten, Paperback

„Ich glaube, ich bin Gott ein bisschen böse, weil es nicht so gekommen ist, wie ich es mir immer ausgemalt habe."

Durststrecken und Dürreperioden kennt jeder Christ, auch die Bestsellerautorin Lynn Austin. Ihr Leben hat innerhalb kürzester Zeit eine andere Richtung eingeschlagen als die geplante. Auf einer Reise durch Israel will sie innehalten und Gott neu begegnen. Dabei besucht sie viele biblische Stätten, beschäftigt sich intensiv mit der Bibel und macht ganz erstaunliche Entdeckungen, die sie mit ihren Lesern in zwölf Kapiteln teilt.